アジアを設計する
東アジア共同体

進藤榮一 ◎ 平川 均 編

日本経済評論社

序　いまなぜ東アジア共同体なのか

進藤榮一

　東アジア共同体の時代が、いま足音を立てて近づいている。ここ数年、共同体論議は大きく様変わりした。もはや共同体は、できるかできないかの可能性の問題ではなく、どう実現し、どんな内容を盛り込んでいくかを制度設計する、現実の政策課題へと変貌している。共同体構築の前に立ちはだかっていた、3つの壁が崩れ始めたからである。

崩れ始めた「3つの壁」

　まず地理の壁。共同体とはいったい北東アジアなのか東南アジアを含むのか、はたまた南アジアやアジア太平洋経済協力会議（APEC）はどうするのかといった、共同体の範囲をめぐる議論の壁である。だが、1997年アジア通貨危機以後、現実の国際関係の展開下で、ASEAN＋3（東南アジア諸国連合と日・韓・中＝いわゆるAPT）を、共同体の核としていくことが、関係諸国家の共通了解事項となり続けているようだ。

　ASEANが、危機克服の戦略として、アジア自由貿易協定（AFTA）スキームの完成を打ち出し、APTを軸とした、首脳間や閣僚、実務者レベルの会合の定期化がはかられた。中国と韓国がそれに積極参入し、日本が支援した。そして統合推進の動きが、通商金融領域から、犯罪防止や海賊テロ対策、環境やエネルギーなど地域ガバナンスの各領域にわたって、APTを軸に進み続けているのである。

　構成国の地理的範囲については、なおオーストラリア、ニ

ュージーランドやインドを含む、いわゆる「A＋3＋3」の選択肢もあるし、さらにはロシアやアメリカなども加えるべきだという議論も交わされてはいる。

　しかし前者の選択肢については、現実に昨2005年12月のクアラルンプールで、APTからなる「東アジア共同体会議に先立って、インドなど３カ国をAPTに加えて、史上初の東アジア・サミットが開かれたけれども、そこでもその後もASEANは、統合の「誠実な仲介者」として、あくまで「A＋3」すなわちAPTを、東アジア共同体の核とすることを確認し続け、「A＋3＋3」からなる東アジア・サミットは、APT支える支援母体として位置づけている。また後者については、時に論議されるものの、すでにアメリカ、カナダ、オーストリアなどを含むAPECが、いまや単なる「パーティーの場」（バシェフスキー元米通商代表部代表）と化している現実を見た時、（「A＋3＋3」の選択肢がなお残されているとはいえ）、APTを、共同体の骨格とする流れは、今後も構成国の主軸として、強まりこそすれ弱まることはないだろう。

　次いで歴史の壁。欧州連合（EU）形成の歴史と違ってアジアは、経済的政治的に差がありすぎる。「今日のアジアは、EUをつくった昨日のヨーロッパではない」という類の歴史発展の差からくる議論の壁である。

　だが、冷戦終結をはさんだこの20年間、域内の貿易と投資の相互依存度が顕増した。すでに2000年に東アジア域内輸出入比率は、57.6％を記録し、北米自由貿易協定（NAFTA）をしのいでEUの62.2％に接近し、1985年のEU水準をすでに超えている。また域内対外直接投資額は、85年の41億ドルから、98年の699億ドルへと20倍近い伸びを示し、今日その額は900億ドルを超えるに至っている。

　それら貿易と投資の相互依存の深化は、単にアジア新興工業経済群（NIES）だけでなく、ASEANや中国の経済発展をも生

んで、域内の経済格差を縮めた。他方でその経済発展が、市民社会を強めながら、政治的民主化の流れを加速させ、政治格差をも縮小させた。社会経済的相互依存の深化が、経済発展を生み、経済発展が政治発展を連動し、歴史の壁を突き崩していく論理である。たとえ、(たとえばシンガポールとミャンマーのように一人当たり国民所得で) 域内諸国間になお3桁台の経済格差を残しているとはいえ、地域統合を担う中軸諸国家間の格差は、応分に縮まり続けている。

「全世界の経済発展の段階を見ると、一人当たり GDP が1,000ドルから3,000ドルまでの段階は、政治と経済が最も動揺して不安定である。今日、中国はまさにその段階に突入したのである」——2004年4月ボアオ・アジア経済フォーラムで、買慶林・中国人民政治協商会議議長はそう語っていたが、この言葉は、共産党支配であれ軍部独裁であれ、権威主義体制が、経済発展によって内側から切り崩され、市民主義体制へ転換し、政治発展を連動していかざるをえない現実を物語っている。

併せて中国の政治指導部が、転換のハードランディングによって国家にまで至った共産主義撤を踏むことなく、転換のソフトランディングに向けて入念な準備を推し進めている現実を、示している。

そして最後に、アイデンティティの壁。ベネディクト・アンダーセンのいう「想像の共同体」を現実の共同体に変えるには、共同体意識の醸成が必要だが、それには共通の脅威とプロジェクトを不可欠とする。

第2次大戦後の西欧は、ソ連共産主義の脅威と、戦後復興プロジェクトを共通のバネとして欧州共同体 (EC) の道を用意した。かつての仇敵——仏、西独、伊——が、小国連合のベネルックス3国を仲介役としながら、1951年にまず欧州石炭鉄鋼共同体を形成し、57年の欧州原子力共同体 (ユーラトム) と欧州集会の設立をへて、67年の欧州経済共同体 (EC) の結成に

つなげていった。

　冷戦終結後のアジアの場合、ドルとヘッジファンドが跳梁跋扈するいわゆるカジノ・グローバリズムが、1997年アジア通貨危機を契機に顕在化して、まず共通の脅威をつくり、それに対処して危機から脱する復興の試みが、共通のプロジェクトを生み出した。

　実際1997年9月、通貨危機下のアジア諸国への日本の金融支援、いわゆるアジア通貨基金構想に、ワシントンとIMF（国際通貨基金）が強硬な反対に出たことが、共通の脅威を浮き彫りにさせた。しかも、99年の世界貿易機関（WTO）シアトル閣僚会議の失敗と、新多角的貿易交渉（ドーハ・ラウンド）の膠着が、グローバリズムによるWTO体制の限界を露呈させ、その限界を補填する地域主義の動きを促した。

　その動きの中で、中・韓の協力を得て日本のイニシアティブ下で、通貨相互融通（スワップ）協定――チェンマイ・イニシアティブ――が2000年5月に合意締結を引き出した。その合意が、一連の東アジア債券市場創設への共同作業を連動させた。豊かなアジアが、豊富が外貨準備高を手にしながらそれを米国債購入に充てるだけでなく、域内インフラ構築整備などにまわせるよう、自国通貨立て債券市場の発達を促し、その先に、域内諸国は、東アジア共通通貨制度（ACU）をいま構想し始めている。

　かつての仇敵、日本、韓国、中国が、ASEAN10（10カ国）を仲介役としながらAPTを軸に、一連のプロジェクトを進め、それが、共通のアイデンティティを醸成させ、共同体形成へと向かわせる力学である。その力学が、2003年12月の日本ASEAN東京特別首脳会議で、東アジア共同体構築を謳った「東京宣言」に集約され、05年12月、クアラルンプールでのAPT会議と、東アジア・サミットとにつなげられた。なおも脆弱であれ、域内共通の脅威が、テロや海賊、津波、黄砂や森

林火災などの環境劣化、SARS（急性感染症）や鳥インフルエンザなど、いわゆる非伝統的安全保障への脅威と連動しながら、共通のプロジェクトを生んで、アジア・アイデンティティを、いま醸成し続けている。

情報革命が促す東アジア共同体

しかも21世紀情報革命の進展は、距離のコストをいちじるしく下げてグローバリズムの波をつくりながら、産業国際関係のかたちを三様に変化させ地域主義を作動させた。

第1に、通信運搬手段の発達が、単に域内貿易量ばかりでなく、企業の工場移転に見られる直接投資を急増させた。そのため経済的相互依存ばかりでなく、人々や地域相互間の社会文化的相互依存をも深化させ、戦争のコストの顕増とともに「世界戦争の時代」を終焉させた。

昨今の日本や中国における韓流ブーム（コリアン・ウエーブ）や、韓国における華風ブーム（チャイナ・ウインド）、東南アジアにおけるＪ（ジェイ）ポップの流行や中国に見る"村上春樹現象"が、その深化を象徴する。日中関係や日韓関係の悪化にもかかわらず、関係悪化に内側から歯止めがかかり続ける構造変化である。

第2に、国際分業の主要形態はもはや、19世紀流の垂直分業でも、20世紀流の水平分業でもなく、生産工程が、いくつもの国境を跨ぐネットワーク分業へと変化した。デザイン設計から部品生産、組み立て加工をへて、販売戦略や金融工学に至るまで、数カ国での工程を経る「工程大分業の時代」（堺屋太一）の到来である。

その到来が今日、モジュラー（部品）生産の連続した工程を発展させ、付加価値連鎖（ヴァリューチェーン）工程の地域内分業を普遍化させている。しかもモジュラー化は、パソコンや携帯電話など、部品接合部の標準化が容易な「組み合わせ型」

のデジタル機器にとどまらず、今日、自動車や一般機器などの「擦り合わせ型」工程にも及んでいる。それが、ASEANや中国の経済発展を生みながら、東アジア域内統合の動きを加速させ続けている。

第3に、情報革命の進展は、生産要素に占める資本（C）や労働（L）、資源（R）の相対的比重を下げ、逆に知識とイノベーション係数（I）の比重を決定的に高めて、知識基盤型社会を登場させる。重化学工業を中心とする重厚長大型の生産構造から、ハイテク情報産業を中心とする軽薄短小型の産業構造への転換である。その転換が、広範な市民層への高等教育の普及と科学技術の発達に支えられ、アジアNIESから、中国、ベトナム、インドにまで、広範な中間層を生み出し市民社会化を強める。その市民社会化が、時差を伴って民主化過程を促し、民主化の道を不可逆的なものにしている。

再び中国に関していえば、情報革命の波は、都市部を中心に今日、約8,000万人以上の中間所得層を生みだし、その数は、2008年北京オリンピックと2010年上海万博をはさんで、着実に増大し続け、かつての韓国や台湾、今日のマレーシアやタイと同じように「デモクラシーの第3の波」が、形を変えて大陸中国をも洗い続けるだろう。その時、拡延する中間層が、民主化の衝撃波を吸収する緩衝板として機能しているのだ。

開かれた地域主義へ

半世紀前、「均質な西欧」が、工業化社会の要請に応えて、石炭と鉄鋼の共同生産の制度化に着手し、農産物を軸に域内共通関税同盟をつくって、閉ざされた地域統合の道を進めた。半世紀後のいま、格差のなお残る「不均質な東アジア」が、情報化社会の要請に促されて、金融と通貨やヒトの移動や技術移転、環境保全の共同管理の制度化に着手し、投資と通商を軸に包括的自由貿易協定を拡延させて、開かれた地域統合の道を進めて

いる。

　そこで求められる地域安全保障の仕組みは、かつての西欧の場合と違って、もはや兵力均衡論や抑止による軍事同盟方式ではない。武力介入や制裁による集団安全保障方式でもない。社会経済的諸力を組み込んだ協力的安全保障方式、「合作安全」である。その新しい安全保障のかたちは、途上国の貧困や飢餓が紛争やテロを噴出させているととらえてそれに対処する、人間安全保障論に通底する。80年代日本の総合安全保障構想から、90年代金大中の太陽政策をへて、今日の（上海協力機構や6カ国協議などの）「周辺外交」を進める中国の「新安全観」に、そのかたちが表出している。

　その新しい安全保障観がいま、多様な形で東アジア世界の地域協力を促し、開かれた地域主義の道をつくり始めている。

　たとえば、1990年代中葉、地球異常気象下での森林火災を契機に勃発したインドシナ食糧危機に対処すべく2001年に、東アジアコメ備蓄（EARR）システムと、それを補完するASEAN食料安全保障情報システムが構築された。かつて79年のASEAN食料安保備蓄協定の具体化だ。

　しかもその安全保障政策は、日本、韓国などの先進国農業を、非効率的な第1次産業部門として切り捨てる、旧来型の原理主義的自由貿易政策でない。かつてECが、高い共通関税を設定することによって域内農業を保護した、西欧流の農業保護政策でもない。地域内の技術相互協力と環境保全に不可欠な知識集約的な第3次産業として農業を位置づけ、中国やASEAN諸国の成熟した消費者市場を前提に、途上国農業と共生する新しい共通農業政策に支えられている。

　東アジア諸国が志向し始めた協力型安全保障のかたちは、精強な軍事力を擁した近代ヨーロッパに原基を持つ、ウエストファリア体制のそれではない。第2次大戦後、政治経済的に不安定な、独立間もないアジア・アフリカに原基を持つ、いわばポ

スト・ウエストファリア体制のそれだ。それゆえにそこでは、主権尊重、内政不干渉、武力不行使、平和的紛争の解決、互恵平等が、外交と国際関係の新しい公理として措定されている。その公理が、国内的、域内的な強靭性を内側から強め合いながら、領土紛争を仲裁機関などを通じて非軍事的に解決する、ASEANウェイ（流儀）に集約され、そのASEANウェイが1994年ARF（ASEAN地域フォーラム）に結実した。そしてその外交流儀が、いま東アジア地域統合の外交メカニズムを、ゆるやかな形でつくり始めている。「噛み付く」（軍事攻撃する）より、「吼える」（ARFの日常英語の意味で、協議する）流儀だ。そして98年、その流儀を組み込んで域外メンバーにも開放されたTAC（ASEAN友好協力条約）に、2000年以後、中、印、日、韓などが参加し、東アジア地域共生のかたちをつくり始めている。

　その時、カネ、モノだけではなく、ヒトや技術、知識が国境を超えて往来する、緩やかに開かれた東アジア共同体の豊かな近未来が見えてくる。

　かつて19世紀産業革命がヨーロッパの時代を生み、20世紀工業革命がアメリカの時代をもたらしたように、いま21世紀情報革命が「アジアの時代」の中で、東アジア共同体の登場を促し続けるゆえんである。

目次＊東アジア共同体を設計する

序　いまなぜ東アジア共同体なのか　　　　　進藤榮一　　3

Ⅰ　経済通商のフェーズ　15

1　東アジア自由貿易体制をつくる　　　　　平川均　　16
2　シナリオ分析による共通FTA戦略　　　　堤雅彦　　25
3　アジア共通通貨創設のアジェンダ　　　　上川孝夫　　36
4　経済法制の共同構築へ向けて
　　──**投資・競争・知的財産権をめぐって**　　　金子由芳　　44
5　技術標準の共通化へ向けて
　　──**携帯電話の事例から**　　　　　　　　　丸川知雄　　53
6　アジア域内共同研究開発プログラムの提唱
　　　　　　　　　　　　　　　　　　　　安田英土　　61

Ⅱ　開発協力をつくる　71

7　環境問題と環境協力　　　　　　　　　　李志東　　72
8　エネルギー協力体制をどう構築するか　　後藤康浩　　80
9　漁業資源の共同管理レジーム　　　　　　廣吉勝治　　90
10　北東アジア・グランドデザイン策定の必要性
　　──**国際インフラ整備と地域協力関係の深化**　澤井安勇　　98
11　メコン地域協力の展開　　　　　　　　　白石昌也　　107
12　東北アジア地域統合へのアプローチ　　　李鋼哲　　116

Ⅲ　公共政策を構築する　125

13　共通農業政策をどうつくるのか　　　　　豊田隆　　126
14　イノベーション・アジアの構想　　　　　趙佑鎭　　134
15　セーフティネット構築のデザイン　　　　広井良典　　145

16 アジア型福祉政策とワークフェア .... 尹文九 152
17 健康権と共同保健体制の構築 .... 岩浅昌幸 163
18 非伝統的安全保障レジームの可能性 .... 加藤朗 173
19 アジア共通安全保障共同体構築 .... 林亮 182

Ⅳ 各国の地域共同体戦略 191

20 韓国の東アジア地域戦略 .... 李鍾元 192
21 北朝鮮の核問題と経済改革
　　──北東アジアの安全保障と経済協力にとって重要な意義
　　................................ 姜英之 200
22 中国外交の展開
　　──「平和的大国台頭」論をめぐって .... 加々美光行 210
23 日中両国の責任 .... 朱建栄 221
24 マレーシアの地域共同体戦略 .... 鈴木隆 231
25 インドネシアから見たASEAN共同体との重層性
　　................................ 首藤もと子 241
26 ASEAN外交流儀をいかに発展させるのか
　　................................ 黒川修司 250
27 ヨーロッパに学ぶ地域統合
　　──アジア共通通貨制度の必要性 .... 山下英次 259
28 米国の地域統合戦略とアジア
　　──NAFTAをめぐって .... 萩原伸次郎 270

Ⅴ アジア・アイデンティティへの道 279

29 人材交流移動とヒューマン・キャパシティーの構築
　　................................ 箕輪真理 280

30 東アジア中間層の3つの役割 ………………… 鳥居高 289
31 自治体ネットワークの連携 ………………… 佐渡友哲 295
32 越境する民族と東アジア統合
　　──東南アジアの場合 ………………… 小野澤正喜 303
33 共通歴史教材をどうつくるのか
　　──歴史認識の共有化のために ……………… 大日方純夫 314
34 「歴史和解」への道 ………………… 波多野澄雄 322

編者あとがき ……………………………………………………… 331
執筆者・編者紹介 ………………………………………………… 333

I　経済通商のフェーズ

1 東アジア自由貿易体制をつくる

平川　均

　FTA（自由貿易協定）ブームは1990年代にヨーロッパで顕在化し、アメリカに広がった。ヨーロッパでは85年に欧州市場白書が発表され、93年に市場の完全統合が実現する。同年EUが創設され、99年には共通通貨ユーロが誕生した。2004年のEU拡大で加盟国は東欧諸国が加わり25カ国に膨らんでいる。アメリカは89年に米加自由貿易協定、92年にはメキシコを加えて北米自由貿易協定（NAFTA）を結び、94年の全米首脳会議は05年の全米自由貿易地域（FTAA）の結成を採択した。こうした動きに敏感に反応した東アジアの地域はASEANである。92年の第4回ASEAN首脳会議はASEAN自由貿易地域（AFTA）の創設に踏み出した。だが、90年代この動きは北東アジアへ波及・拡大しなかった。日中韓の間では日本のアジア侵略の処理のあり方で強いわだかまりを消せず、他方、各国は輸出を通じて成長しており、自由主義的政策が好都合だったからである。

　東アジアのFTAはアジア通貨危機後に動き出す。危機の只中にあった1998年10月、韓国の金大中大統領は日本を公式訪問して経済協力の共同研究を提案し、翌11月に日韓FTAの共同研究が合意された。日本の通商政策は、これを境に従来の多角的貿易システム重視から2国・多数国間FTAの受容に政策転換する。そして、この政策転換を確たるものにしたのがシンガポールである。同国は99年12月、日本にFTAを提案し、02年1月に日本シンガポール経済連携協定（JSEPA）の調印にこぎ着ける。農業保護政策を頑強に守る日本には、貿易で農産物が

実質的に無いことが好都合であった。なお、シンガポールは2000年11月にニュージーランドと、05年末迄にアメリカ、インド、韓国などと合計10のFTAを締結している。現在交渉中のFTAはASEAN構成国としてのそれを含めて合計16に達する(http://app.fta.gov.sg/asp/fta/)。

　東アジア規模のFTAの波を決定付けたのは、中国のFTA締結への本格的参入である。1986年からWTO再加盟の交渉を長期にわたって続けてきた中国は2000年末、加盟交渉にほぼ目処が立つと、同年11月に開催されたASEANとの首脳会議において朱鎔基首相がFTAを提案した。ちなみに、シンガポールのゴー・チョクトン首相（当時）は、ASEAN＋3首脳会議で中国案の対案として東アジア自由貿易投資圏を提案した。中国のこの提案を日本は当初、ポーズと受け止めるだけであったが、翌01年11月に中国とASEANが10年以内のFTA締結に合意すると、事態は大きく変わった。

　小泉純一郎首相は、翌2002年1月にシンガポールとのJSEPAの調印と同時にASEAN諸国に対して包括的経済連携協定（EPA）を提案し、対抗姿勢を鮮明にする。だが、中国は同年11月ASEANと経済協力枠組み協定に調印して日本に先行する。原加盟国は10年迄に、新規加盟国は15年迄にFTAを完成させるが、中国は特定農産物（HSコード01～08類）の自由化を03年7月に前倒しして開始し（アーリー・ハーベスト）、06年1月に関税撤廃をするとの譲歩をして合意に導いた。同時に、日韓首脳に対してもFTAを提案するのである。この時、日本はASEANとEPAを10年以内のできるだけ早い時期に結ぶことで合意したが、日本がASEANとEPAの「枠組み」に署名するのは、さらに1年後の03年10月である。EPAの枠組みでは、05年の交渉開始を目指して04年はじめから協議を開始し、原加盟国6カ国が12年迄に、新規加盟4カ国が17年迄に実施措置を完了させるとした。韓国も03年10月のASEANとの首脳会議で

FTAの可能性を議論し、翌年の首脳会議で、ASEAN原加盟国は09年に少なくとも製品の80％を関税0にすることを共同声明に盛り込み、05年12月の首脳会議ではFTA枠組み協定に調印した。

地域を越えた2国間FTAも積極化する。中国は2005年末の報道によれば、南アフリカ、南アジア、ラテンアメリカの国々を含み、27カ国・地域と交渉中である（Xinhua News Agency, Dec. 10, 2005）。韓国も99年12月にチリと交渉を始め、02年10月に合意し04年4月に発効させた。韓国は04年11月にはシンガポールと交渉を妥結させ、現在、メキシコ、インド、米国などと交渉または共同研究を実施している。日本はメキシコの他、ASEAN諸国との2国間FTAを優先し、02～03年以降ASEAN主要国と交渉に入り、04年末以降、フィリピン、タイ、マレーシアと合意に達した。

東アジアのFTAに注目すると、ASEANを軸に日中韓が競い合う構造にあるが、それ以上に重要なのは、次に見るように東アジアのFTAが通貨危機を契機とした地域協力の枠組みのなかで追及されていることである。

アジア通貨危機から東アジア地域協力へ

北東アジアと東南アジアをひとつの東アジアに統合しようとする歴史的試みは、戦前の日本が唱えた「大東亜共栄圏」であろう。だが、その名称とは裏腹な侵略と敗戦によって、「大東亜」の理念は忌避された。1960年代初めにもEECの結成や発展途上世界の登場を背景に、国連アジア極東委員会（ECAFE）がアジア経済協力機構（OAEC）構想を描いたことがあるが受け容れられず、長く空白が続いた。第2次大戦後の東アジアの地域主義は、90年にマレーシアのマハティール首相（当時）が東アジア経済グループ（EAEG）を提唱したことで初めて前進を始め、この試みは、その前年に創られたAPEC（アジア太平

洋経済協力）を分断するものだとの米国の強い反対に遭い、EAEC（東アジア経済協議体）と名称変更したものの挫折した。この試みはその後も放棄されることなく続けられたが、明確な形で陽の目を見るのはアジア通貨危機後である。

　1997年12月、創設30周年を名目にASEANが日中韓の首脳を招いて実現したASEAN＋3首脳会議は通貨危機の真っ只中であった。首脳たちの共通の関心は言うまでもなく通貨危機からの脱出である。当時、米国や国際機関は通貨危機をクローニーイズム（縁故資本主義）の帰結であるとひたすら非難し自由化を押し付けるだけであり、通貨危機への対応は地域としてシンパシーを共有したASEAN＋3の会議しかなかったのである。

　翌1998年ASEANの招待で再びハノイに集まったASEAN＋3の首脳たちは、首脳会議の定例化を決定した。会議で韓国の金大中大統領は、将来の東アジア協力の可能性と方向性を探る東アジア・ビジョン・グループ（EAVG）の設置を提案した。翌99年の首脳会議で首脳たちはこの地域で史上初の「東アジアにおける協力に関する共同声明」を発した。声明では、経済・社会の分野で、貿易、投資、技術移転、情報技術と電子取引、産業・農業協力、中小企業支援、観光、メコン河流域開発、資本移動のモニタリング、コーポレートガバナンスの強化、金融システム強化などの協力を、政治の分野で、安全保障のための対話・調整・協力などを、共同して行うことを誓った。EAVGは2001年の第5回首脳会議に報告書『東アジア共同体に向けて』を提出し、00年の第4回会議で設置の決まった東アジア・スタディ・グループ（EASG）も、将来の東アジア首脳会議への発展と東アジアFTAの創設を提案する最終報告書を、02年11月の首脳会議に提出した。04年の第8回ASEAN＋3首脳会議は、05年の東アジア首脳会議（EAS）の開催を決め、オーストラリア、ニュージーランド、インドが加わって05年12月、初のEASが開催された。首脳たちは、東アジア共同体の創設へ

の努力を誓った。

　通貨危機から地域社会を守る枠組みは、金融協力の分野で順調に進展する。危機が深刻化する1997年秋、地域の通貨協力をめざして日本が提案したアジア通貨基金（AMF）は米国とIMFの反対で挫折したが、合計300億ドル相当円の危機国支援スキームである新宮沢構想が98年10月に表明されると、アジアの国々は期待を持って受入れた。2000年5月のASEAN＋3蔵相会議は、各国間での2国間通貨スワップ取決め（チェンマイ・イニシアティブ：CMI）に合意した。05年4月現在、各国間相互の通貨スワップ取決め額は総額395億ドルに達している（財務省「チェンマイ・イニシアティブに基づく通貨スワップ取極等の現状」）。域内貯蓄の利用を目指した域内債券市場の育成も図られている。03年8月にはASEAN＋3の枠組みでアジア債券市場イニシアティブ（ABMI）が開始され、東アジア・オセアニア中央銀行役員会議（EMEAP）も、ドル建てのアジア債券基金（ABF1）を03年6月に創設し、04年12月には現地通貨建てのアジア債券基金（ABF2）の創設に動きだした。ABF2は05年には、運用段階に入っている（EMEAP Press Release: 2 June 2003; 16 Dec. 2004; 12 May 2005）。

　FTAはもちろん経済協力の主要な形態である。FTAの議題がASEAN＋3の首脳会議や閣僚会議において討議・発表されているのは、その性格を典型的に示すものといえるだろう。

経済統合と「東アジア共同体」

　東アジア共同体（an East Asian Community）は、通貨危機後の地域協力の急進展のなかで語られるようになった。ASEANは1997年の首脳会議でASEAN共同体を2020年までに実現すると謳ったが、日本では99年8月に東アジアの危機国を回った奥田碩トヨタ自動車会長（当時）を団長とする外務省の東アジア再生ミッションが、この地を「運命共同体」（a community with common fate）と位置づけた。それは80年代以降、域内統合が進み貿易の半分が域内貿易となり、大量の日本資本がこの地に投下され生産を担っているという事実の反映である。日本経済団体連合会が03年1月に発表した意見書「活力と魅力溢れる日本をめざして」も、「東アジア諸国とともに『自由経済圏』を構築し、東アジア全体で連携してグローバル競争に挑んでいく」として、遅くとも20年までの東アジア自由貿易圏の完成を目標に掲げている。04年5月には、中曽根康弘元首相を会長に政財界や研究機関、研究者が会員となった「東アジア共同体評議会」が発足している。

　ところで、小泉首相は2002年1月、シンガポールで行った政策演説で「共に歩み共に進む共同体」（a community that acts together and advances together）を提唱した。また、03年12月の日本ASEAN特別首脳会議は、東京宣言を採択し、東アジア共同体の深化のための協力を謳った。04年5月のASEAN＋3高級実務者会合（SOM）の議論に基づいて日本政府は翌月、東アジア共同体（コミュニティ）、機能的協力、東アジア首脳会議の3点に関する論点ペーパーを作成し、東アジア共同体形成のための政策提案を行っている。不思議なのは、小泉首相が共同体の構築を訴えた02年1月の政策講演の場にも、03年12月の東京宣言を発した会議の場にも、中国と韓国の首脳はいない。その意味で小泉の東アジア共同体構想は言葉の裏づけが乏しい。しかし、彼の口から発せられた共同体構想は、日本が経済的には東アジアと不可分の関係にあることを図らずも示しているのではないか。ASEAN・韓国に始まり、通貨危機を契機に実質化した地域協力は今では日中を巻き込み、加えて日本の政財界の期待が一致して、東アジア共同体構想として大きなうねりとなっているのである。

　新古典派の理論によれば、自由貿易は当事国双方の厚生を高める。しかし、現実はそれほど単純でない。農産物保護を押し

通す日本の対アジアFTA交渉は大きな壁にぶち当たり、タイとのFTA交渉は鉄鋼、自動車など工業品の自由化でタイ側の反対が強い。日韓の交渉は、韓国側の自動車部品や機械工業の中小企業などから強い反対がある。一方、日本の農産物自由化の回避に不満が強く2004年11月以降06年4月に至っても交渉が途絶えている。04年11月に基本合意に達したフィリピンとのFTAも、日本の看護師、介護士の受け入れ人数問題で難航し予定の05年9月の署名はできず今日に至っている（『日本経済新聞』2005年2月12日、05年6月19日、05年6月30日付）。経済力を有する日本は大局に立った判断が求められている。

　それにしても、FTAは競争力のある産業・企業に成長の機会を与え、競争力のない産業・企業を淘汰する。実際、生身の人々の生活に直結する産業調整はた易いことではない。このことは、国内の調整はもちろん国家間でも同じである。地域としてバランスの取れた発展が保障される枠組みを真剣に考えておかねば、実現は難しい。

　ところで、経済統合の進展は、東アジア各国に通貨の安定性を要請すると同時に、共通通貨の現実性を増す。河合正弘は次のようにいう。日本、韓国、台湾、シンガポール、マレーシア、タイの間で実質GDP、個人消費、固定資本投資の成長率の相関度が高く、景気変動の同調性が見られ、「為替レートの域内安定が望ましくなってきた。……現在のEU域内に見劣りしないほど『最適通貨地域』の条件が満たされ、互いの為替レートを安定させるコストが小さくなっている」。政治的関係が成熟し共通の政策が合意できれば、「東アジアの通貨統合は20～30年の視野でみれば決して夢物語ではない」（『日本経済新聞』2005年7月15日付）。

　だが、共通通貨への段階的政策やFTAの実現のために採られる政策の採用には政治的決断が必要であり、それは相互の信頼に裏打ちされてはじめて実現する。ところが、北東アジア地

域は、経済の統合深化にも拘わらず、いわゆる「政冷経熱」が深刻である。日・中韓との間には、小泉首相の靖国神社参拝問題、「新しい歴史をつくる会」の歴史教科書問題、領土問題、東シナ海の日中国境付近のガス田開発問題、台湾問題など、多くの政治的課題が山積である。2004年8月北京のサッカー・アジア杯での反日騒動、05年4月に各地で起こった反日運動など中国でもナショナリズムの高揚がある。中韓からすれば、靖国問題を有する日本は国連常任理事国入りの資格に欠けた国としか映らない。

　日本での反中感情の背景には、ある種の中国脅威観があるだろう。また、外交官であった谷口誠は、「日本がこれまで東アジアの地域統合の流れに、本格的に踏み込めなかった最大の理由は、対米配慮と、未だに日本人のエリートの中にくすぶっている『脱亜入欧』の精神構造」であるという（谷口誠『東アジア共同体』岩波新書、2004年）。中国にあっては発展のなかで自信を取り戻し、長い歴史に根ざした中華思想がその行動を一層強めているかもしれない。両者が安易なナショナリズムに頼らず、開かれた心で地域のために協力しなければ展望は開けない。

　進藤榮一は、共同体形成について、①FTAだけでよい、②東アジアは事実上の統合である、③東アジア共同体は大中華にのみ込まれるだけだ、との神話がある。しかし、「これらの議論に共通して欠落しているのは、今日の地域統合の台頭を、第3の産業革命としての情報革命とそれが生むグローバリズムへの応答と見る視座である」と指摘する。そして、情報革命の進展、国際分業のネットワーク化、金融自由化によるカジノ・グローバリズムの環境変化が、「経済相互依存の深化がもたらす『波及効果』としての制度化を必然化させている」と記す（『日本経済新聞』2005年7月8日付）。実際、グローバル化が作り出す不安定性への対応として、東アジアの地域主義は強化されてきた。地域統合の動きは一層の制度化を求めている。

ただし、東アジアが共通のアイデンティティを創造しできるのか。船橋洋一は、「1986年のフィリピンのピープルパワーによるマルコス圧制打倒、87年の台湾の戒厳令撤廃、88年の韓国の民主化宣言、92年のタイの軍政打倒……と東アジアに進む民主化の波は、個人の政治的自由を尊重する欧米流の人権・民主主義観に則した展開ではなく、それぞれの国情を踏まえつつ、社会・共同体の安定を重視しながら経済発展に伴う中産階級の漸進的な政治参加を進める形の民主化である」との自負が、東アジアの各国にはあるという（船橋洋一『日本の対外構想』岩波新書、1993年）。中国社会主義と市場経済は和解不能である、としばしば主張される。だが、社会の大変動に中国は大胆に対応し発展を続けている。これも東アジアの現実である。グローバル化に対応して、東アジアが地域協力の枠組みを強化し、併せて経済統合を慎重に進めるならば、それぞれの社会は共通の東アジア社会への漸進的発展の道を切り開いていくのではないか。そのために、東アジアは、いわば求心力を強化する制度と思想を創造しなければならない。とりわけ日中は、地域協力の強化の過程で大きなイニシアティブを発揮したASEANや韓国の建設的役割を十分に認識し、また、貧困や後発地域への配慮を怠らず、自らの役割を見定めるべきだろう。東アジアFTAは、経済協力そして東アジア共同体の理念とその具体化と歩調を合わせなければ達成できない。粗野な国益でなく地域益に立ってFTAを共同体構想と並行して追求することが、結局は、東アジア社会の発展、ひいては各国の発展に資する道だろう。日本の外交上のイニシアティブはその時、大きく高まるに違いない。

2 シナリオ分析による共通 FTA 戦略

堤　雅彦

　ここでは、アジアにおける FTA（自由貿易協定）の経済的な効果・影響について試算したシナリオ分析例を参照しつつ、FTA 形成に向けた政治過程を産業という単位に着目して吟味する。

　FTA のシナリオ分析については、NAFTA や EU を題材としたものだけでなく、アジアを含めた事例や特定国・地域を想定しない理論的考察に近いもの等多様である。例えば、クルーグマンは、一般均衡タイプのモデルと最適関税の理論を用いて、大国が地域統合に参加する場合に域外国が交易条件効果により大きなマイナス効果を受ける可能性について分析している（Krugman Paul R. "Is Bilateralism Bad?" In Helpman、Elhanan and Assaf Razin、eds.、International Trade and Trade Policy、Cambridge、Mass: MIT Press, 1991）。これによると、地域ブロックの数と経済厚生の間には、地域ブロック数が1つの状態（世界統一市場が形成されている）のときに最も経済厚生が高く、2つ、3つと地域ブロック数が増えるにしたがってより低い水準（3つのときに最も低い）となり、さらに4つ以上になると逆に段々と経済厚生が高い水準になる可能性が高くなるという関係がある。すなわち、地域統合が活発になり、世界における地域ブロックの数が少なくなるにつれ、域外国へのマイナスの交易条件効果が域外国の報復関税設定の要因となり、世界の経済厚生を低下させることになる。

　これを拡張した後藤・浜田は、APEC は、主要な参加国の経

済厚生が十分に増大するので政治的に実現しやすいが、完全な世界自由貿易地域は、APECなどの自由貿易地域の場合に比べて主要国の経済厚生の上昇が小さいため、達成が非常に難しいとしている（Goto and Hamada "Regional Economic Integration and Article XXIV of the GATT," Review of International Economics, 1999.7: 555-570）。

こうした議論をまとめると、自由貿易の進展度と今後のFTA等によって得られうる経済厚生の間に一定の関係があり、追加的なFTA拡大が経済厚生を高めていくという単調増加が期待される場合は、FTAから世界自由貿易体制への移行に矛盾が生じないが、途中に最適なFTAが存在していると、世界自由貿易体制への移行が自国の厚生を低下させることになってしまうことがわかる。

アジアのFTAについては、日本とシンガポールの自由貿易協定（JSEPA）や日本と韓国のFTAの効果等が分析されている。これらによると、JSEPAによって日本のGDPは殆ど変化しないが、シンガポールのGDPは0.1〜0.6％程度の増加となり、等価変分で評価した場合は、日本に1〜2億USドル、シンガポールには5〜6億USドル程度の厚生改善利益が期待される。また、日韓FTAの代表的な事例では、JSEPAより平均的に大きな経済拡大効果が期待されている。何れの場合においても、技術の収斂や労働移動、国際的な資本移動を含めた場合には、日本側にも相当程度の利益が発生することが示されている。

さらに、JSEPAや日韓FTA以外のアジアのFTA構想を含めて比較した例もある（堤雅彦・清田耕造「日本を巡る地域経済統合──CGEモデルによる分析」JCER Discussion Paper No. 74、社団法人日本経済研究センター、2002年1月）。

この分析によると、各国が自らの経済厚生を最大化しようとするならば、1）NAFTAは選別的なFTAを模索する対外戦略を選択、2）アジア諸国は大国（例えば日本）とFTAを締結す

る戦略を選択、3）アジア諸国はAPECに魅力を感じるがNAFTAはそれほどではなく、そして、4）日本は選別的なFTAよりAPECの自由化を選択するという可能性を示した。また、日本の選択については、1）多角的貿易交渉の枠組みを重視してきたこれまでの対外政策は経済合理性を伴ったものであり、日本にとってアジア地域とのFTAはWTO補完的な政策となるが、2）NAFTAと日本がFTAを締結するような場合には、APECやWTOといった一層包括的な枠組みへの移行がNAFTA側の厚生を下落させることから、WTO補完的とは呼べなくなる、との含意を提示している。

産業単位の政策選好

先行研究では、日本とアジア地域のFTAは総じて望ましいものと結論付けられているが、そのような政策は実際に選択されるのであろうか。以下では、国内の意思決定過程に注目して検討を行う。具体的には、産業を政策選択の投票者と仮定し、経済的な利得変化に呼応した投票行動をとることで一国の政策が形成されていくというモデルを想定する。こうした分析は利益集団の合理的選択を仮定した理論分析と類似のものであり、FTAの選択についても同様の整理が出来ると考えられる。

まず、日本にとっての選択肢を想定する。今後新たなFTAが成立しない場合を基準ケースとし、日韓FTAをケース1、日韓中のいわゆる東アジアFTAをケース2、日韓FTAに中国が参加せず、代わりにASEAN諸国が参加する場合をケース3、ASEAN＋3といったアジア全体のFTAをケース4とする。また、日本を除く国・地域でFTAが成立する場合として、中韓FTAケースとこれにASEANが加わる場合をそれぞれケース5及び6とする。

表1 各ケースにおける GDP 成長率及び

	(1)		(2)		(3)	
世界 GDP	2.94		2.96		3.00	
日本 GDP	1.96		1.98		1.99	
農業	63	0.00	−731	−0.02	142	−0.00
林業	−18	−0.00	−48	−0.00	−99	−0.00
水産業	−80	−0.00	−167	−0.00	−177	−0.01
鉱業	−5	−0.00	−41	−0.00	−54	−0.00
食品加工業	−344	−0.01	−2,944	−0.09	−1,478	−0.06
繊維・アパレル	−345	−0.01	−31	−0.01	−1,913	−0.05
その他製造業	319	0.01	−667	−0.02	−140	−0.01
木材・パルプ	−23	−0.00	122	−0.01	−1,127	−0.04
石油化学	747	0.02	2,413	0.04	4,497	0.08
鉄鋼	1,422	0.03	3,476	0.07	7,552	0.15
輸送用機械	−4,080	−0.10	54	−0.02	7,470	0.15
電気機械	−907	−0.02	−2,145	−0.07	−12,348	−0.32
一般機械	3,314	0.08	6,863	0.15	7,219	0.15
電気・ガス・水道	112	0.00	356	0.00	591	0.00
建設	653	0.01	2,360	0.02	3,231	0.03
運輸業	216	0.00	1,054	−0.02	1,237	−0.03
通信	5	−0.00	18	−0.00	46	−0.00
金融・保険	6	−0.00	41	−0.01	169	−0.01
対事業所サービス	141	0.00	575	−0.01	724	−0.01
対個人サービス	149	0.00	507	0.00	760	0.00
その他サービス	39	−0.00	181	−0.01	275	−0.02
合　　計	1,386		11,246		16,579	

注：各ケースの左欄は1997年（データセットの基準年）から2010年（すなわち、化（100万 US ドル）であり、右欄は生産シェアの変化（％ポイント）であ
出所：堤（2004）「WTO・FTA と日本経済の再編成」、『国際問題7月号』No.532 表を加工。

産業別生産額並びにシェアの変化

(4)		(5)		(6)	
3.03		2.93		2.97	
2.01		1.95		1.94	
−564	−0.02	−148	−0.00	132	0.00
−120	−0.00	12	0.00	56	0.00
−250	−0.01	18	0.00	62	0.00
−83	−0.00	28	0.00	79	0.00
−3,681	−0.12	−320	−0.01	293	0.02
−1,922	−0.06	−1,766	−0.04	−2,149	−0.05
−1,320	−0.05	5	0.00	89	0.01
−1,022	−0.04	8	0.00	237	0.01
5,958	0.10	−158	−0.00	5	0.01
9,070	0.18	39	0.00	1,061	0.03
13,335	0.27	1,844	0.05	474	0.02
−14,258	−0.39	−939	−0.02	−8,975	−0.20
9,920	0.20	334	0.01	2,603	0.07
801	0.00	−45	−0.00	−101	0.00
4,872	0.04	−159	−0.00	−443	0.01
2,210	−0.04	330	0.01	902	0.04
68	−0.01	9	0.00	28	0.00
223	−0.01	6	0.00	102	0.01
1,150	−0.02	15	0.00	33	0.01
1,126	0.00	−42	−0.00	−127	0.00
430	−0.03	−44	0.00	−294	0.00
25,942		−975		−5,935	

FTA締結から13年後)における基準ケースからの生産額の変る。
(財団法人日本国際問題研究所、2004年7月)第2表及び第4

利得への感応度と投票行動

こうした各ケースにおける利得変化が表1である。GDPを厚生変化の指標とすれば、FTAへの参加は日本にプラスの効果をもたらす。また、周辺国でFTAが成立する場合には若干のマイナスが生じる。こうした結果は、先行研究の結果とも変わらず、FTAが国民経済的な意味で望ましいこと、特にASEAN＋3が望ましいことを示している。

他方、産業別の効果・影響は、FTA参加国・地域の組み合わせよって異なる。農林水産業の場合、ケース1では、基準ケースに比べて生産額がマイナス35百万ドル程度である。しかし、韓国加えて中国も参加するケース2では、変化幅がマイナス946百万ドル程度と基準ケースを大きく下回る。中国の代わりにASEANが加わるケース3では、マイナス134百万ドル程度と減少幅が縮小する。中国もASEANも加わるケース4では、マイナス934百万ドル程度となる。なお、日本以外でFTAが成立するケース5と6では、中国のFTA参加がマイナス、ASEANの参加はプラスである。

輸送用機械の場合、基準ケースと比べてケース1ではマイナス4,080百万ドル程度の生産減となるが、ケース2では54百万ドル程度とほぼ同じになる。ケース3では約7,470百万ドルのプラスに転じ、ケース4では約13,335百万ドルと拡大する。ケース5と6では何れもプラスの効果が生じるが、農林水産業とは異なり、中国のFTA参加がプラスの効果をもつ一方、ASEANの参加はマイナスの影響を与える。

最後に一般機械をみると、基準ケースと比べケース1では約3,314百万ドルの生産増、ケース2では約6,863百万ドルとさらに増加する。ケース3でも約7,219百万ドルと拡大が期待され、ケース4では約9,920百万ドルと大きく拡大する。なお、ケース5と6でもプラスの効果が生じている。

こうしたFTAによる産業別の生産変化を利得変化に等しい

と仮定すれば、他の事情に等しい限り、相対的ではあるもののマイナスの影響を被る産業がFTAに反対し、プラスの効果を享受する産業がFTAに賛成すると考えられる。投票（政治過程での活動）費用を想定しない場合、試算例からは、21産業のうち8～9産業がFTAに反対するだけなので、多数決であればFTAは締結されることになる。しかし、一定の投票費用が存在する場合には結論が変化していく。例えば、生産シェアの変化が0.025％ポイントを超えないと投票自体に経済合理性が生まれず棄権すると仮定した場合、賛成5票、反対7票、棄権9票となり、FTAは否決される。また、投票行動に至る閾値を0.05％ポイントとした場合は、賛成4票、反対3票、棄権14票となり、FTAは締結されるが、投票率は3分の2が棄権するという関心の薄いテーマとなる。さらに、プラスの利得変化に対しては0.05％ポイント、マイナスの変化に対しては0.025％ポイントから投票行動に合理性が生じるという非対称な閾値を想定した場合には、賛成4票、反対7票、棄権は10票となり、否決され易くなる。

したがって、この数値例からは、経済合理的な行動の下、利得分布や投票費用、さらには利得に対する非対称な感応度が原因となり、全体の厚生を押し上げる政策が選択されない可能性を示唆している。

国際的な生産代替と投票行動

次にFTAによる生産変化を国・地域間の生産代替としてみると、日本・中国・ASEANという3つの国・地域間における変化は表2のようになる。日韓中FTAが成立するケース2では、中国の多くの産業で生産が基準ケースより拡大し、日本では重工業への特化がみられる。FTAに参加しないASEANでは、貿易転換効果の影響を受けることで繊維・アパレルや電気機械が大きな生産減少を示す一方、際立ってプラスの産業はない。

表2　生産変化の地域間代替

ケース (2)	ASEAN	中国	日本	ケース (3)	ASEAN	中国	日本
農林水産業	-41	3,709	-946	農林水産業	2,135	125	-134
鉱業	78	1,943	-41	鉱業	2,342	174	-54
食品加工業	-469	638	-2,944	食品加工業	7,221	210	-1,478
繊維・アパレル	-3,198	2,296	-31	繊維・アパレル	23,506	-3,235	-1,913
その他製造業	-649	12,835	-667	その他製造業	14,902	-499	-140
木材・パルプ	-248	1,814	122	木材・パルプ	9,813	23	-1,127
石油化学	-604	2,587	2,413	石油化学	11,585	459	4,497
鉄鋼	-383	8,961	3,476	鉄鋼	9,319	672	7,552
輸送用機械	-243	752	54	輸送用機械	6,307	3	7,470
電気機械	-4,539	18,591	-2,145	電気機械	55,717	-5,668	-12,348
一般機械	-622	10,701	6,863	一般機械	22,573	712	7,219

ケース (4)	ASEAN	中国	日本	ケース (6)	ASEAN	中国	日本
農林水産業	2,312	3,782	-935	農林水産業	1,087	1,833	249
鉱業	2,506	2,073	-83	鉱業	1,473	1,198	79
食品加工業	8,580	-615	-3,681	食品加工業	4,806	-3,985	293
繊維・アパレル	22,479	562	-1,922	繊維・アパレル	11,196	-5,374	-2,149
その他製造業	15,073	12,879	-1,320	その他製造業	6,899	3,193	89
木材・パルプ	11,047	808	-1,022	木材・パルプ	4,661	-671	237
石油化学	12,473	4,127	5,958	石油化学	7,645	610	5
鉄鋼	9,542	12,366	9,070	鉄鋼	5,577	9,564	1,061
輸送用機械	7,478	-413	13,335	輸送用機械	11,613	7,426	474
電気機械	56,172	14,675	-14,258	電気機械	33,344	5,987	-8,975
一般機械	23,974	13,560	9,920	一般機械	13,740	7,802	2,603

注：単位は100万USドルであり、基準ケースと各ケースの乖離幅である。
出所：筆者による試算結果。

これは貿易転換効果によって生じる影響が資本蓄積を通じて経済全体の成長を鈍化させることによる。

次に日韓＋ASEANのFTAであるケース3では、ASEANの全産業で生産が拡大し、貿易創出効果と追加的な資本蓄積効果等により高成長が実現する。日本では、輸送機械及び輸送用機械並びに一般機械等が基準ケースより伸びる一方、電気機械等の生産が相対的に減少する。この場合、中国はFTAに参加しないため、貿易転換効果によるマイナスの影響が電気機械等に出ている。これと逆に中国がASEAN等とのFTAに参加して日本が参加しないケース6では、日本の電気機械、中国の食品加工や繊維・アパレルがマイナスになる一方、ASEANにおいて拡大がみられる。

最後にASEAN＋3と呼ばれるアジア全体でのFTAが成立するケース4では、食品加工と繊維・アパレルは日本や中国からASEANへ、その他製造業は中国とASEANが同程度の拡大し、輸送用機械の追加的拡大の多くが日本によって担われ、電気機械はASEANが担うことが示されている。

1国内の分析では、国内産業間における生産変化の違いがFTAに向けた投票行動に影響すると想定して検討したが、多くの企業、特に製造業が既にアジア各国・地域において立地の多様化を進めている現状にかんがみると、FTAを締結する国・地域間で生じるこうした生産代替の一部は、日本から進出する企業によって担われると考えることが自然である。こうした企業単位の変化が十分に大きい場合には、FTAによって縮小を迫られる産業においても、閾値の高低に関わらず、FTAに賛成する可能性が生じる。別の点からは、国際間を移動しやすい生産要素がある場合、産業は投票行動を吟味する適切な単位とはならなくなり、改めて労働や資本といった生産要素に着目する必要が増してくる。

ここでは複数の FTA を想定し、それぞれの利得変化を踏まえた産業単位における投票行動を検討した。それによると、アジアの FTA においては、一部の産業に生じるマイナスの影響から FTA が進展しない可能性があり、それは投票費用の大きさと利得変化に対する感応度による。もちろん、こうした分析フレームから具体的な結論を得るためには、利得の規模のみならず、各産業における利得変化への感応度や政治過程への依存度を精緻に調べることが必要である。

　FTA の推進には、一部の産業に生じる損失を他の産業の利得によって補償することで投票行動を変化させることも有効と考えられる。しかし、こうした補助金による経済厚生の再分配が効率的に実施できれば FTA の推進に資するが、補助金は既得権益となりやすく、貿易利益を相殺するような非効率、イノベーションの阻害要因となることも多い。

　次に、FTA の参加国・地域間で生じる生産代替による国内生産の縮小に触れたが、企業のグローバル化が進展している現状にかんがみれば、必ずしも産業単位で FTA に反対するとは限らないことを検討した。これは、産業が利益集団の単位として貿易政策を形成するという分析の妥当性を低下させ、改めて資本や労働といった生産要素に着目した分析の有用性を示唆している。

　本稿で利用した試算では、例えば労働が産業間を自由に移動するといった理論的な前提を置いているが、現実の労働者が、産業や職種間、さらには国内地域間を横断して離転職することは容易ではない。また、離転職は失業の原因となり、人的資本の喪失という個人的・社会的なコストを生み出す。

　こうしたことを勘案すると、アジアの共通 FTA から試算例のような経済利得を得るためには、FTA の内容だけでなく、国内における産業・雇用調整を円滑に進める方策を合わせて実施することが不可欠である。基本的に、個々の企業や雇用者の

問題であるとしても、短期的には補助金等によって厚生変化を補償しつつ、中期的にはこうした変化を吸収するような雇用慣行を確立し、企業がより高度化・差別化した財生産に移行する誘因を失わないようにすることがFTAによって得られるメリットを生かす必要条件となる。

3 アジア共通通貨創設のアジェンダ

上川孝夫

世界のなかの東アジア

現在、東アジアは、日本、NIEs に続いて、ASEAN、中国など、新興工業国が次々に台頭しており、まさに世界から目を離せない地域になっている。東アジアのプレゼンスの高まりを示す最近の例は、中国の人民元の動向だろう。史上最大の貿易赤字額を記録しているアメリカは、貿易黒字を増加させている中国に対して、人民元の切り上げ圧力を強めている。このような事態は、かつて1985年9月の「プラザ合意」の際に、日本が円高を求められたのと類似している。しかしながら、アメリカの貿易赤字の裏側には、国際分業体制の急速な変化やアメリカの過剰消費体質・財政赤字などがあり、為替レートだけに頼って貿易不均衡を解決しようとするのは、困難というべきであろう。そのことは、プラザ合意後の急激な円高にもかかわらず、日米間の貿易不均衡が一向に解消しなかった事実をみても明らかである。

ところで、東アジアは、近年、域内の経済的相互依存が高まっているとはいえ、輸出先としてのアメリカ市場への依存度がなお大きく、域内の貿易決済などでも圧倒的にドルが使用されている。この意味で、東アジアは、依然として「ドル圏」である。しかしながら、この東アジアにおいても、近年、域内の通貨・金融協力が急速に進展しつつある。そのきっかけになったのは、1997年のアジア通貨危機と99年の欧州共通通貨ユーロの登場であろう。この2つの歴史的な出来事は、東アジアを大き

く揺さぶり、域内の対話を前進させる契機となった。

　まず、1997年7月のアジア通貨危機は、タイ・バーツの急落から始まり、近隣諸国に波及した。危機の影響が最も深刻だったのは、ASEAN4（タイ、マレーシア、フィリピン、インドネシア）と韓国であった。通貨危機以前、これらの地域には、その成長への期待から、巨額の外国資本が流入していた。しかし、そこでは証券投資や銀行融資などの民間短期資本のウェイトが高く、一部では資産バブルも引き起こしていた。結局、バブルの崩壊や貿易収支の悪化などをきっかけとして、通貨危機が発生したのである。

　このほぼ1年半後の1999年1月、欧州において共通通貨ユーロが誕生したのであるが、このことも東アジアにとっては衝撃的な出来事であった。当時、東アジアは、まだアジア通貨危機の影響が残っていたうえ、地域協力の点で、欧州とは歴然とした差があることを見せつけられたからである。歴史を振り返ると、欧州においては、50年代に石炭鉄鋼共同体、原子力共同体、経済共同体が創設されており、67年にはこれらが一本化されて、EC（欧州共同体）が創設された。その後93年には、マーストリヒト条約の批准により通貨統合計画が確定されたのを機に、ECはEU（欧州連合）へと改称されている。この過程で欧州は、関税同盟、共通農業政策、市場統合へと進んだ後、通貨統合に踏み出したのである。

　このような内外のインパクトを背景にして、東アジアでは、近年、「東アジア共同体構想」をめぐる議論が活発化している。2005年12月に初めて開催された東アジア・サミットでは、サミット参加国の範囲や東アジア共同体の役割などをめぐって、様々な議論が交わされた。欧州の歴史からすれば、「共同体」とは加盟国の主権に制約を加えない市場統合までの歩みを指しており、通貨統合計画の確定を機に「連合」形態へと移行したのであるが、東アジアは、どう考えるべきであろうか。アジア

通貨危機から8年を経た現在、東アジアは、まさに大きな歴史的転換期にさしかかっているのである。

アジア通貨危機と域内通貨・金融協力の進展

周知のように、第2次大戦後のブレトンウッズ体制は、金ドル交換と固定相場制を特色としていた。この体制は1970年代初頭に崩壊し、それ以降、先進国は、現在のような変動相場制へと移行した。これに対して、通貨危機前の東アジアが採用していたのは、概していえば、自国通貨をアメリカ・ドルに対して安定させようとする政策であった。これは「ドル・ペッグ」（釘付け）政策と呼ばれる。こうした政策がとられたのは、外資の導入、輸出指向型工業化の推進、さらには物価安定による社会統合などの目的があった。しかし、アジア通貨危機を契機にして、この構図は大きく動揺した。

アジア通貨危機の教訓を整理すれば、次のようになろう。第1に、このドル・ペッグ政策の弊害である。東アジア諸国が自国通貨をドルのみに固定させていたことは、円がドルに対して下落したり、自国のインフレ率が上昇したりすると、自国通貨を割高にするという問題があった。第2は、急激な資本自由化と短期資本依存の弊害である。とくに、海外から短期で借りた外貨を、為替リスクの回避策を講ずることなく、現地通貨で長期に運用していたことは、危機の被害を大きくする要因になった。これは通貨と満期の「ダブル・ミスマッチ」と呼ばれる。第3は、「伝染性」と呼ばれる事態である。つまり、投機筋は、ファンダメンタルズや対外ポジションの点で、似たような状況にある近隣諸国を次々に襲ったのである。第4に、危機の過程で救済に入ったIMF（国際通貨基金）も、その処方箋が実情にあったものではなく、かえって危機を深刻化させた。マレーシアは、IMFの融資を拒否し、資本流出規制を実施した。

通貨危機後、東アジアでは、通貨危機の再発や連鎖を防止す

るとともに、経済の再生を図るための様々な取り組みが開始された。とくに注目されるのは、域内の通貨・金融協力が進展したことである。ここでは、大きく３つの動きが注目される。

　まず、2000年５月には、ASEAN＋3（日中韓）の財務相会議において、通貨危機の際に、介入資金を相互に融通するために、中央銀行間のスワップ網を整備していくことで合意された。いわゆる「チェンマイ・イニシアティブ」である。さらに05年５月にイスタンブールで開催された同会議では、その強化策について合意をみている。04年末現在、スワップ協定の締結は、計16本、総額375億ドルとなっている。

　次に、アジア債券市場の育成に向けた動きも注目される。これには、ASEAN＋3の取り組みである「アジア債券市場育成イニシアティブ」（ABMI）、MEAP（東アジア・オセアニア中央銀行役員会議）による「アジア債券基金」（ABF）構想、さらにAPECによる「APEC域内債券市場発展イニシアティブ」などがある。例えば、最初のABMIは、アジア通貨危機の背景に外貨建ての短期資本依存の構造があったことから、アジア各国で現地通貨建ての債券市場を育てようとするもので、その発行残高は、1997年から８年間で約４倍の１兆4,800ドルに達するなど、広がりをみせている。

　さらに、為替相場制度についても、アジア通貨危機の背景に過度なドル依存があったとの反省から、通貨バスケットに対する関心が高まっている。通貨バスケットとは、複数の国民通貨で構成される通貨単位のことである。つまり、ドル以外の通貨もにらんだ政策運営を行うことで、自国通貨の割高化などを避けようという試みである。通貨バスケット制は、アジア通貨危機以前からシンガポールなどが導入しており、2005年７月には、中国が通貨バスケットを参考にした人民元の相場運営を行うことを発表した。アメリカは、人民元相場がその後も硬直的な動きを示していることに苛立ちをみせているが、この中国の新為

替相場政策の最も重要な点は、それによって中国が、過度なドル依存からの脱却、ひいては「脱ドル」への道に踏み出すのかどうかということである。

欧州通貨協力の回顧と東アジアへの教訓

既に述べたように、1999年の欧州共通通貨ユーロの誕生は、東アジアに対して大きな影響を与えた。この欧州の経験を振り返る場合に重要なのは、共通通貨ユーロの誕生そのものよりも、むしろ、そこに至る過程で行われた欧州通貨協力であろう。この欧州通貨協力として特に重要なのは、79年に創設されたEMS（欧州通貨制度）である。それは次の3つの要素から構成されていた。すなわち、域内為替相場の安定、共通通貨バスケットの創出、そして欧州通貨協力基金の創設、である。

第1に、域内為替相場の安定であるが、これを制度的に保証したものがERM（為替相場機構）であった。これは、域内2通貨間の許容変動幅を上下2.25％に抑えるものであり、この変動幅の上下限に張りついた国（強い通貨国と弱い通貨国）の中央銀行の双方が、為替市場に介入して、この範囲内に抑えるものとされていた。この許容変動幅は、1992～93年の通貨危機後は上下15％へと拡大されたために、致命的な打撃を与えたかに思われたが、その後も欧州は、通貨統合路線を放棄することはなかった。

第2に、共通通貨バスケットとしてのECU（欧州通貨単位）の創出である。ECUは、当時のEC加盟9カ国の通貨で構成された通貨バスケットであり、各通貨のウェイトはGNPや域内貿易額などによって決められていた。また、アメリカ・ドルは最初から除かれていた。共通通貨ユーロは、まさに、このECUを引き継ぐ形で導入されたものである。つまり、1ECU＝1ユーロという関係であり、ユーロ参加国は、それぞれ自国通貨のECUに対する換算比率にもとづいて、自国通貨をユー

ロに交換したのである。

　第3に重要なのは、EMCF（欧州通貨協力基金）である。これは、域内の為替安定を維持するためには、介入資金を融通する役割などを果たしていた。そのために、加盟国は、それの保有する金・ドル準備の各20％をスワップ（買戻し条件付き預託）の形で、そこに預け入れたのである。今日の欧州中央銀行（ECB）は、このEMCFを発展させる形で創設されたものである。

　このようにして、欧州においては、まず、域内の為替相場の安定を図ることが重視され、そのために独自の外貨プール機関が設立された。また、域内通貨から構成される共通通貨バスケットが創出され、それが最終的に共通通貨ユーロへ移行するというプロセスをたどっている。さらに、その過程では、参加国の間で、経済政策をはじめ、様々な協議や調整などが行われたことはいうまでもない。

　EUが現在直面している最も重要なテーマは、加盟国の拡大問題、さらには統合の最終段階に位置する政治協力に関する問題である。昨年、フランスとオランダにおいて、EU大統領や外相の設置などを盛り込んだEU憲法条約の批准が、それぞれ国民投票により否決された。また、近年、ドイツとフランスの2大国では、財政赤字や高失業率が続くなど、様々な難問を抱えていることも否定できない。欧州統合が真に市民主導型のものになっていくのかどうか、その帰趨が東アジアに与える影響も大きいだけに、注意深くウォッチしていく必要がある。

　欧州のこれまでの経験を参考にして、アジア共通通貨創設のシナリオを描くとすれば、次の2つの段階が考えられよう。第1段階は、共通通貨バスケットの創出である。この名称としては、ACU（アジア通貨単位）などの候補が挙がっている。また、その構成通貨としては、当初はドル、ユーロ、円などであるが、ゆくゆくはアジア域内通貨だけで構成することが考えられる。

第2段階は、ACUからアジア共通通貨への移行である。ここに至ると、各国通貨は廃止され、単一名称での現金通貨が創出される。欧州の経験は、この第1段階から第2段階へと移行した例である。では、東アジアの現状はどうであろうか。

アジア共通通貨構想と東アジア共生への道

まず、現在の東アジアにおいて最も重視されなければならない課題は、域内の為替安定であろう。域内の経済的相互依存が強まっているなかで、近年進展しているFTA（自由貿易協定）なども、それ自体の中身の検討は当然必要であるが、そのインフラともいうべき域内の為替相場が不安定であれば、その効果は大いに減殺されるであろう。欧州が関税同盟から為替安定（前述のERM）へと進んだ背景のひとつも、ここにある。「安定通貨圏」の形成、それが欧州の悲願であった。他方、この為替安定を図るためには、チェンマイ・イニシアティブの枠組みを超えて、外貨のプーリング制が必要になると考えられる。これは、欧州のEMCFのアジア版といってよいものである。

また、既に述べたように、東アジアの重要な特徴は、最終消費地としてのアメリカ市場への依存度がなお大きく、貿易取引や外貨準備などでも圧倒的にドルが利用されるなど、比較的強固な「ドル圏」であることである。したがって、アジア通貨危機を契機にして「ドル・ペッグ」政策に対する反省も生まれたとはいえ、現在でも対ドル安定志向は強いとみられている。この点で、欧州のような「脱ドル」が緊急の課題になっているとは思われないが、他方では「過度のドル依存」ということが、アジア通貨危機の教訓でもあった。それゆえ、当面は、上で述べたアジア共通通貨創設のシナリオのうち、第1段階が目標となろう。この点では、既に述べたように、2005年7月に中国が通貨バスケットを参考にした政策運営へ踏み出したのに続いて、同年10月にはアジア開発銀行がアジア域内通貨のみで構成され

た通貨バスケット指標を使用する方針を明らかにしたことが、注目される。

　さらに、東アジアが現在直面している国際環境は、欧州が統合を進めてきた時代とは異なる面がある。欧州の統合運動は、戦後冷戦期、2度にわたる石油危機、さらにはグローバリゼーションへと、時代が大きく旋回する中で進められてきた。これに対して、東アジアの議論は、まさに、グローバリゼーションが進展する只中で開始されたのである。このグローバリゼーションを主導しているアメリカは、巨額の貿易赤字を記録している。このようなドルの無規律な供給と周辺国の資本自由化が相まって、1990年代には通貨危機が頻発した。すなわち、92〜93年の欧州、94〜95年のメキシコ、既にみた97〜98年の東アジア、そして98年のロシア、99年のブラジルなどである。21世紀に入ってからも余震は続き、トルコやアルゼンチンなどで発生している。それゆえ、東アジアは、通貨危機の再発を防止するための通貨・金融協力を、FTAなどと同時に進めているという現状がある。これは、実物的統合から出発した欧州統合との大きな相違点である。

　最後に、東アジアが、これまで複雑な歴史的・政治的緊張関係を抱えてきたことは、統合のための確固とした組織を形成することを不可能にしてきたように思われる。しかしながら、近年、急速に存在意義を増してきたASEAN＋3というフレームワークは、東アジアのこの間の経緯を踏まえれば、ひとつの知恵であり、将来、東アジア共同体形成の核になる可能性がある。

4 経済法制の共同構築へ向けて

投資・競争・知的財産権をめぐって

金子由芳

東アジア版デファクト・スタンダードは成るか?

　東アジア統合がどの程度まで共通の法制構築を進めるかは、各種構想で語られる統合の実質的性格に依存する。「共同体」、「経済共同体」、「協力」など名称は多様であり、中核を成す合従連衡の顔ぶれも千差万別だが、はたして各構想が、構成国の立法主権の縮減・共同化をどこまで想定しているのか、内容的実質はいずれも判然としない。たとえばEUのように、各国法のあらゆる分野でハーモナイゼーションを推進する強力な社会統合を想定しているのか。中国の主唱する東アジア協力は、日本で語られるECEA (Economic Community of East Asia) 等のアンチ中国的な構想と政治外交的には対抗しあうようにみえるが、実質面では、経済政策領域に限った一定の主権の縮減・共同化を志向する点で互いに近似するように見える。これに比べて、ASEAN諸国の提言するAEC (ASEAN Economic Community) 構想などは、'community' なる用語に拘わらず経済主権の共同化に及び腰に見え、実質的には、米国の働きかけるEAI (Enterprise for ASEAN Initiative) 構想の想定するような2国間FTA主体の自由貿易圏構想と大差ない路線と見受けられる。東アジア統合の制度構築を論じていくうえでは、華々しい政治的力学に眼を奪われず、各構想がめざすところの異同を見極めていく内容論が不可欠であろう。本節では、経済政策領域における制度の共同化を具体的に考えるために、主要な経済法制のなかからとくに争点の多い投資ルール、競争ルール、知的財産

権を取り上げたい。

　これら経済法制の設計を考える上では、WTO主体のマルチラテラルな合意形成の動向、およびFTA（自由貿易協定）の合従連衡を通じたリージョナルなデファクト・スタンダード形成の動向を、両睨みする必要がある。WTOの場ではよく知られているように、自由化に先立つ基盤整備の課題である投資・競争・環境・労働といったいわゆる「非貿易関心事項」の取扱いが、棚上げされてしまい、もっぱらサービス貿易・電子商取引・知的財産権などの自由化促進ルールの形成のみが先行している。言い換えればマルチ・レベルの制度形成は、自由化の実体的内容には踏み込まぬまま、自由化の手続面の整備にのみ傾注する傾向にある。他方で、米国やEUをそれぞれハブとするFTAネットワークは「非貿易的関心事項」にもある程度踏み込み、自由化の実体内容に関する自己解釈を既成事実化せんと競うかのようである。東アジア独自の制度形成を考えるにあたって、こうした欧米主導のデファクト・スタンダードの政策選択と対比するなかで、互いの共通理解を深めることはひとつの早道である。そこで以下では、論点毎に、マルチ・レベルの合意形成や、FTA他の欧米系デファクト・スタンダードの動向を概観し、また、東アジア版デファクト・スタンダードの牽引に意欲をみせる米国・日本・中国・ASEANがそれぞれ推進する最近の国際協定を鳥瞰しながら、東アジアの共通の制度構築へ向けた選択肢を考察してみたい。

投資ルールをめぐって

　WTOの2001年ドーハ閣僚宣言は投資ルールの交渉アジェンダを示さず、04年の事務局提言July Packageでうやむやのうちに棚上げが決定した。他方、NAFTAを嚆矢とする米国系FTAが投資ルールのデファクト・スタンダート形成を進めており、その特色ある論点のひとつとして、投資家の待遇規定が

挙げられる。いわく「内国民待遇と最恵国待遇のいずれか有利なほう」の提供を原則とする内容である。これは決して純然たる平等・透明待遇ではなく、不透明な裁量や交渉余地を含みこんでいる。具体的局面として、ローカル・コンテントや輸出義務など製造業直接投資家を苦しめてきた悪名高い「パフォーマンス義務」(performance requirements)の規制方針を取り上げると、たとえば WTO-TRIM（貿易関連投資措置）協定では純然たる内国民待遇を要求する見地から、（射程こそ貿易関連に限定されているものの）パフォーマンス義務を例外なく厳格に禁止する。ところが NAFTA 流の投資ルールにおいては（規制の射程こそ広いものの）、優遇措置との交換供与を条件としてパフォーマンス義務の許容余地を設けており、このほかにも２国間交渉しだいで多くの例外事由が盛り込まれていく。このように米国系 FTA の投資ルールでは、交渉次第で特権的な優遇を引き出しうる裁量余地を意識的に組み込む性向を示し、すでに国際スタンダードと化している。つまり交渉能力の高い投資家は最小限のパフォーマンス義務に応じるのみで内資にも優る最大の優遇措置を引き出せるが、逆に交渉能力の弱い投資家はわずかな優遇措置を正当化根拠とした多大なパフォーマンス義務の賦課に喘ぐ、といった不平等な帰結が含みこまれている。

　東アジアの国際協定を眺めわたすと、米国 EAI 構想の中核協定として2003年に締結された米国・シンガポール FTA（第15章）では、当然のごとく NAFTA 流に特権的優遇を原則化する裁量交渉余地の多い規定を採用し、パフォーマンス義務規制の例外事由もはなはだ多い。しかし02年締結の日本・シンガポール EPA では内国民待遇を厳しく原則化し、パフォーマンス規制の例外余地はあくまで WTO-TRIM 協定を犯さない一線を置いている。いっぽう ASEAN 諸国の共同投資圏構想である1998締結の AIA（ASEAN Investment Area）協定では、内国民待遇に長期の時限猶予を設け、パフォーマンス義務規制を努力規定に

とどめる点など、先進国側の想定する投資ルールとは一見相容れない印象を与えつつも、しかし裁量余地の多さという一点では、米国系 FTA とむしろ通じあうものがある。介入主義的外資政策の続行を狙う ASEAN 諸国の意図と、交渉優位の多国籍企業利益とが出会うのである。かくして日系投資ルールの志向するような自由主義的な平等・透明原則は、東アジア版デファクト・スタンダードの形成上、たいへん不利な戦いを演じることになる。注目されるのが中国の出方であろう。中国は2003年「日中韓 3 国間協力促進共同宣言」を受けた投資ルール共同研究などの場において、投資許可時点での内国民待遇の提供に難色を示しているが、逆にいえば投資参入後の内国民待遇の原則化に前向きなのであって、ASEAN 諸国とは明らかに一線を画する自由主義的立場を示唆している。キャスティング・ボートを握る中国とどのように内実のある制度形成議論を深められるかが、投資ルールの形成のうえでの鍵と見られる。

競争ルールをめぐって

競争ルールもまた、WTO ドーハ閣僚会議以降に棚上げされた「非貿易的関心事項」の一領域である。欧米系 FTA は競争に関する章を設けているものの、各国国内法の相互調整や国内法整備支援に関心を割いており、国際共通ルールとしての実体的な競争規定を盛り込む向きは少ない。むしろ世銀・OECD が1998年に公表した"A Framework for Competition Law"や2004年に UNCTAD が公表した"Model Law on Competition"といった国際機関主導の競争法モデルが、各国国内法の実体内容に直接影響を及ぼすデファクト・スタンダードの位置にある。注目すべきは、第 1 にこれらモデル競争法が規制のクロ領域を限定しシロ領域を拡大し、さらにグレー領域については裁量的な例外余地を拡大するなど、一貫した規制緩和方針を示す点である。とくに世銀・OECD モデルが、功利主義的な社会的総

余剰(消費者余剰と企業利益の総計 = GNP拡大)として計測される「効率」を基準に競争制限効果との衡量を行い、安易に例外余地を広げていくレトリックは、米国シカゴ学派の賜物である。第2に、こうした衡量・例外といった裁量権を集約する競争行政当局については、産業行政からの独立性の確保が必ずしも要請されていない。結果、競争政策の実施は大いに産業政策によって歪むおそれがあり、市場秩序の基盤制度としてはあるまじき介入主義的な帰結となろう。

グローバル市場が競争ルールを欠いたまま予定調和しうる完全市場だと信じる者はいない。規制緩和・裁量主義モデルを受けた各国国内法が、いかにパッチワークのように継ぎあわされて世界を覆ったとしても、グローバル市場を統べる競争秩序を構築できるとは考えにくい。欧米系FTAは国際共通ルールの形成を意識的に回避しようとし、いっぽうで競争法モデルは各国国内法の規制内容を規制緩和方向に誘導しようとし、ともに多国籍企業行動の便宜優位の実体ルールを推進している。

こうしてグローバリゼーションが競争ルールを欠いて進む現状に対して異を唱える声は、アジアから起こりえないのだろうか。中小企業家の新規参入を可能にし、開発途上の経済過程を活性化する競争環境は、守られねばならない基本的制度ではないのか。アジアの地域協定を見渡すと、米国・シンガポールFTAの競争規定は基本的にNAFTA踏襲型で、一般的な競争ルールについては「経済効率と消費者利益」を基準とする裁量的運用を示唆するばかりであるし拘束力もなく(12.2項)、いっぽうで利権分野での私的独占の肯定など、国家独占分野への外資参入促進の利害に直結する実体規定のみが拘束力を与えられている(12.3項・12.7項)。対照的に日本・シンガポールEPAの競争規定(第12章)は各国法の相互尊重と協力を謳うのみで、実体ルールの形成に何ら乗り気ではない。ASEAN諸国ではアジア危機以降に競争立法が進んだが、欧米の規制緩和気

運に呼応した概括的な規定ぶりのなかに、広範な裁量解釈余地を組み込み、産業行政直属の実施体制を探るなど、介入主義的な様相を呈している。中国は自らの独占禁止法草案の形成にいまだ難渋し、自由主義志向を強く見せていた2000年公表時点の草案から徐々に後退し、裁量的例外の基準や競争行政当局の性格などをめぐって逡巡を見せている。中国のこうした迷いは、東アジア版スタンダードの抱える迷いに他ならない。規制緩和型競争法と自由主義的競争法それぞれのもたらす帰結を客観的に予想し、東アジアの開発課題に引き戻して考える実体的再論なくして、選択の糸口はないであろう。

知的財産権をめぐって

知的財産権をめぐるマルチ・レベルの合意形成は WTO-TRIPS 協定に結実し、強力に実施が推進されている。TRIPS 協定じたいは知的財産権制度の中身に立ち入る実体規定と、制度の実施強化を意図した手続規定とを含むが、手続促進に比重が置かれ、実体規定の後退的見直しは阻止されている（71.2項）。発展途上国は一定の時間的猶予を与えられてはいるものの、期限までに WTO 作業部会の監視のもと TRIPS 対応型の立法措置を迫られるという厳格な構図のもとにある。米国系 FTA ではこうした手続規定の実施に特化する傾向がさらに著しい。いわば、知的財産権をめぐる実体的議論に終止符を打ち、もっぱら手続的実施強化に特化する傾向が否定できない。

東アジアにおいても、米国・シンガポール FTA では手続的実施強化を迫る米国の意図がむき出しに現れ、のみならず、たとえば著作権の保護期間を70年に延長するなど実体面の権利強化にも乗り出している。

こうした国際圧力に対して、ASEAN 諸国や中国の近年の立法は、表面的には TRIPS 対応を鋭意進めている。しかしこれら立法が飾り物に終わり、有効な実施につながらないおそれは

十分残る。いかに詳細な手続規定を整備しようとも、その実施を担当する行政機関や司法機関に実施の意思がなければ画餅に帰する。実施担当者の胸に、先進国製のルールに従って先進国企業利益を守るために自国の税金を費やして実施強化を図る道理があるのか、疑問が去来している状況では本格的な実施促進はあり得まい。逆にいえば、法の有効な実施のためには手続規定をいじり回すのみでは足りず、まず納得のいくまで実体論を深め、自国自身の利益につながるという納得が自己確認されることが先決であろう。WTOやFTAの牽引する知的財産権制度は、あまりに欧米主導で形成され、実施強要され、発展途上国の実体的利益を軽視してきた。

　東アジア版スタンダードの形成過程で、知的財産権制度のありかたを再論する機会を作り出すことが可能だろうか。先進国企業の正当な利益を擁護すると同時に、途上国の独自技術の芽を育てつつ世界レベルへと橋渡ししてゆくチャンスを制度設計する両立はいかに可能なのか。このような詳細設計議論を鋭意闘わす必要がある。日本・シンガポールETAでは特許登録制度の共通化を謳っているが、たとえば途上国の独自技術育成に配慮した小特許制度の育成や、強制許諾条件の考え方などといった、共通特許制度の全体像を論じることなくして登録共通化のみを促進することは難しい。さらに技術の高度利用・普及に資する汎用技術や、健康など人類的便益につながる公共財的知識についての利用独占のありかたを問い直し、たとえば利用量との兼合いで投下資本回収に相当する程度に利用独占期間を限定する方法などを論じていく必要があろう。また著作利用権に人格権並みの利用独占を当然享受させ、さらにそれを70年に延長せんといった類の論理飛躍を、どこかで押しとどめる理性的役割が求められている。日本が知的財産権分野の実施促進に関心を有するならば、域内途上国側とのこうした実体的見なおし議論を牽引し、共通の納得のいく制度の全体像を確認しあう役

割が求められよう。

東アジア版スタンダードの価値選択

　以上、投資・競争・知的財産権をめぐって、東アジア版スタンダードの内容面の同床異夢を描き出してみた。将来へ向けて法制度の共同化が可能となるためには、関係諸国が避けることなく実体的な政策議論に向き合い、共通の利害にめざめていくほかない。はたして、そのような共通の実体規範は、うまく探り当てられていくだろうか。

　多様性に満ちた東アジアの社会経済の現実に立ち返って考えれば、東アジア版スタンダードは、手続論先行のWTOやFTAが体するような欧米系スタンダードの鵜呑みでは済まないと同様に、アジア域内の特定価値の画一的スタンダード化でもありえないはずである。しかし逆に、価値相対主義的な多様性や緩い連帯を強調しすぎるならば、普遍的基準が必要とされる局面でなんら共通ルールを打ち立てていくことはできない。東アジアが必要とする普遍的な実体規範とは、多様性を積極的に尊重し保障しあう装置としての共通基準に他ならないのではないか（今井弘道他編『変容するアジアの法と哲学』有斐閣、1999年、参照）。市場においては、それは、平等な自由の保障ともいうべく、あらゆる多様な属性を維持する主体がそのまま競争に参加し便益を享受する機会均等の制度基盤を意味するだろう。たとえば投資ルールや競争ルールでは、交渉による裁量の余地を最小化し透明・衡平な機会提供を旨とする実体設計が示唆されよう。また知的財産権法や土地法のような財産法では、絶対的所有権を無批判に前提とすることなく、利用の公平を期する一定の制限を伴う実体設計が示唆されよう。東アジア統合の理念的な共通理解から演繹的に下りきたって、個別領域での政策選択を論じあい、具体的な法制設計へと落としていく一連の共同作業が、東アジア版スタンダードへ向けた最も現実的な階梯と考

えられる。

　ではこうした制度構築の共同作業は、どのような形で開始しえるだろうか。ここで日本から東アジア諸国へ向けた近年の「法整備支援」の経験がヒントを含んでいる。

　域内先進国の筆頭を行く日本は、法制面ではことさら欧米モデルの消化吸収に徹して近現代を歩んできたので、日本の法学界にはアジア諸国の法制を研究することすら異端視する空気があり、ましてやアジア諸国と法制を共同構築する意欲は乏しい。しかしODA「法整備支援」の現場では昨今興味深い変化が見られている。すなわちベトナム・カンボジア・中国といった支援現場では、日本法の移植が容易に実現しないどころか、逆に日本法の有用性について自問自答を強いられる局面に出会っている（拙著『法整備支援における政策判断に資する立案・評価手法の検討』国際協力事業団、2006年）。必要とされるのは、正確な比較法的見識に裏打ちされた政策論に他ならない。どのような法制設計の体系的選択が、どのような政策課題について成果を挙げてきたのか。特定国モデルに拘泥することなく、また国際機関のモデル法を鵜呑みにすることもなく、支援国・被支援国対等のキャッチボールのなかで、ともに虚心坦懐にテーラーメイドの制度構築作業が必要とされている。こうした対等の共同作業スタイルは、そのまま東アジア統合の多国間フォーラムに持ち込まれてよいと考えられる。政策論→制度設計選択→条文設計へと下り至るODA政策型支援の立案・評価サイクルを、ひとつの作業枠組みとして、多国間フォーラムの試行錯誤の議論過程に持ち込むことも有用だろう。こうしたフォーラムが願わくは、各国の一部行政官僚と御用学者に牛耳られることなく、開かれた超国家的なアドボカシーの場として現出してくることが、東アジア統合の未来を用意するひとつの道筋となるように考えられる。

5 技術標準の共通化へ向けて
携帯電話の事例から

丸川知雄

市場の分断をもたらす技術標準

東アジアでは活発な貿易と投資を通じてデファクトの経済統合が実現している、という言い方がよくなされる。しかし実は経済統合とはほど遠い現実があることは、例えば次のような質問をしてみるとよくわかる。「日本ではとても安く売られている携帯電話を中国や韓国に転売することができるだろうか？」「中国ではとても安いテレビや野菜を日本に持ってきて販売することはできるだろうか？」答えはいずれも否である。日本の携帯電話を中国で売ると、違法な機械になってしまうし、そもそも多くの機種は通話さえできない。中国のテレビを日本に持ってきても映らないし、最近話題のPSEマークをとらないと販売できない。中国の野菜は、日本の残留農薬の規制にたぶん引っかかるだろう。

このように、東アジアの各国で売られている製品をそのままアジアの他の国に持っていっても、規格が違っていたり、規制に合致しなかったりして販売できないことが多い。他のアジアの国で製品を販売するためには、その国の基準を満たすように製品を設計し、輸出先国の評価機関で認証を受けなければならない。つまり、東アジア各国の市場は国ごとに異なる技術標準によって分断されているという側面がある。

技術標準の違いは、例えばBSE問題のように、各国国民の安全性に対する意識の違い、あるいはテレビや携帯電話の方式のように、各国が過去に採用した技術の違いに基づいているた

め、そう簡単に統一できるものではない。だが、もし統一が成し遂げられるものならば貿易の活発化をもたらすだけでなく、消費者にも大きな利便性をもたらす可能性がある。技術標準を統一することのメリットを示す代表例としてここでは携帯電話のケースを取り上げよう。

携帯電話における欧州統合と日本の孤立

最近、成田空港から出発するときに携帯電話のレンタルを利用する人が増えてきた。日本では2001年から日本で使っている携帯電話の番号のまま海外でも通話できるようになった。場合によっては、通話相手に自分が海外にいることを知られないまま通話することも可能になったわけで、「国際電話」という敷居が低くなり、海外に携帯電話を持っていく人がぜん増えた。

だが、欧州では日本よりも10年近くも前からこういうことが可能になっていた。今や欧州の人々は出国する時に携帯電話を借りる必要もなく、自分が使っている機械をそのまま海外に持ち出して使える。日本でもそのまま海外へ持ち出せる機種もあるにはあるが、まだ数は限られており、多くの人は出国の時に1日1,000円ほどのレンタル料を払って電話を借りている。ヨーロッパに比べて日本人が不便を強いられてきたのは、日本で使われている携帯電話の通信方式が外国とは異なっているからである。ヨーロッパでもかつては国によって規格が異なっていたが、EUの発足と同じ1993年に、携帯電話の技術標準の共通化が実現し、域内では携帯電話を自由に持ち歩けるようになった。

携帯電話の世界では、なぜ欧州は統合の道を歩み、東アジアは統合されていないのか、少し歴史をひもといてみよう。携帯電話は1980年代初めに先進各国で実用化された。最初の携帯電話はアナログ技術を採用した第1世代と呼ばれるもので94年頃まではこれが主流であったが、この時代にはアメリカ、日本、

ドイツ、フランス、イタリアなどがそれぞれ独自の技術標準を採用していた。だが、ヨーロッパではEU発足に向けて域内での人の移動の便を図るため、また市場規模の拡大と競争の促進によって欧州の電機産業を強化するために、早くから通信市場の統合を目指し、82年には次世代（すなわち第2世代）の携帯電話に関して26カ国で共通の技術標準を採用することで合意した。こうして欧州の共通規格「GSM方式」が誕生した。

　一方、日本でも欧州とほぼ同じ1990年代前半に第2世代に移行したが、日本は独自路線を貫き、NTT（ドコモ）と日本の電機メーカーが開発した「PDC方式」を採用した。日本が独自路線をとったのは、アメリカからの競争圧力をはね返して国内の産業を守る意味もあったようである。というのも、それまでの第1世代の時代にはアメリカ、とりわけモトローラ社が世界的に強い競争力を持ち、日本市場を盛んに攻め立てたからである。モトローラは単に売り込むだけでなく、当時日本との貿易不均衡を問題視していたアメリカ政府を動かし、日本政府に対して圧力をかける戦略をとった。アメリカ政府は、日本は自国方式の携帯電話を優遇する政策を採ることでアメリカ（モトローラ）の対日輸出を困難にしているとして、日本の対米輸出に対する報復関税をちらつかせながら、モトローラの携帯電話が売れるような政策を採るよう迫った。

　こうした苦い経験が、日本が携帯電話の第2世代において独自路線を貫いた理由のひとつであろう。その結果、日本市場は携帯電話の世界でだんだん孤立していった。欧州発のGSM方式はヨーロッパ全域、さらには中国や東南アジア、アフリカ、中東、南米、アメリカなどの通信会社でも採用され、今や世界で210カ国・地域、全世界の携帯電話加入者の75%をカバーしている。一方、日本発のPDC方式は技術面ではGSMに劣らないとされるが、結局日本以外どこの国の通信会社も採用しなかった。東アジアでもどこも採用していないので、日本の

PDC方式の電話をアジアに持ち出しても使えないのである。

　もっとも、PDC方式は日本国内では事業として成功し、カメラ付き携帯、写真メール、インターネットなどの高付加価値サービスでは日本は世界の先端を走っている。だが、高度化する日本市場に力を入れた日本の電機メーカーの世界における地位は、日本市場の孤立とともにじりじりと下がっていった。すなわち、ノキア、モトローラなど欧米の携帯電話メーカーはGSM方式が世界に拡大する波に乗って世界シェアを伸ばしていったが、NEC、松下電器など日本の携帯電話メーカーは日本市場でしか成功せず、売上の伸びも鈍い。日本のメーカーもGSM方式の携帯電話に取り組んでこなかったわけではないが、日本国内の仕事に精力を削がれ、海外市場がおろそかになった。そのため、海外市場に積極的に取り組んだ後発のサムスンにも抜かれ、世界の携帯電話市場の中でジリジリと後退した。

背を向けあう日本・中国・韓国

　1990年代後半には日中韓の間で技術標準が三者三様になってしまった。すなわち、日本はPDC、中国と東南アジアはGSMを採用したのに対し、韓国はCDMAというまた別の方式を採用した。その後日本でも98年にIDOとセルラー・グループ（のちのau）がCDMAを採用し、中国でも2002年に一部でCDMAが採用されたものの、日韓で使う周波数が異なるなどの相違を残しているため、CDMAのユーザーに限っても、日中韓で自由に携帯電話を持ち歩けるわけではない。まして、中国の携帯電話加入者の大多数を占めるGSMのユーザーは、ヨーロッパやアメリカには自分の携帯電話を持っていって使えるが、日本と韓国では使えないし、日本のドコモとボーダフォンの加入者の多くも韓国と中国に行くときは別の携帯電話機を持って行かなくてはならない。

　1990年代前半に始まり現在まで続く携帯電話の第2世代の間

に、携帯電話は一部のビジネスエリートの持ち物から万人の持ち物になった。すなわち、92年に世界の携帯電話加入者は2,000万人程度にすぎなかったのが、2005年秋には20億人を数えるまでになっている。その大発展の時期に日本は独自路線をとって世界市場に背を向け、結果的に大きなビジネスチャンスを逃した。その反省から次の第3世代ではドコモと日本の電機メーカーは積極的に世界的な技術標準を目指し、ノキアなど欧州企業と共同してW-CDMAという新しい技術標準を開発した。そして日本では01年からこの方式による携帯電話サービスが始まり、韓国でも04年からサービスが始まった。

ところが、中国がこのW-CDMAの輪のなかになかなか入ってこようとしない。中国は、これまで携帯電話を含め、いろいろな産業で先進国の技術を受け入れるばかりで高い特許料を払わされてきた（ないし、特許を侵害していると責められるばかりだった）との思いから、第3世代の携帯電話では何とか独自の技術標準を打ち出そうと考えた。基本特許の多くを自国企業が握るような技術標準を成功させることができれば、自国企業に機器の売上や特許料収入など大きな利益をもたらすことができると目論んだのである。そこでドイツのシーメンス社が開発したもののどこも採用していなかった第3世代の技術標準を拾い上げ、これをもとに国内の企業を動員して独自規格TD-SCDMAの開発を進めている。

ただ、中国の通信会社としては、W-CDMAなどすでに外国で実績のある技術標準を採用し、早く第3世代のサービスを始めたいというのが本音である。しかし、中国政府はTD-SCDMAに市場を確保させるために、これが実用化できるようになるまで他の規格による第3世代のサービス開始を認めようとしない。そのため日本では2001年に始まった第3世代が、中国では06年の現在もまだいつ始まるかもわからない状況である。

もし中国政府の優遇策が効を奏し、第3世代携帯電話の加入

者の多くがTD-SCDMAに誘導されるとすれば、引き続き日中韓の主流の規格はバラバラなままとなり、少なくとも2010年までは携帯電話の世界における「東アジア統合」は実現できないだろう。

手を握り合う日本・中国・韓国

もっとも、政府の思い通りにならないのが中国の常であり、中国でもW-CDMAなど日韓と共通の方式が主流になる可能性もある。そうなれば、日中韓の事実上の統合が実現する。さらに、次の世代の携帯電話（つまり第4世代）については、日中韓の間でより積極的に技術標準の統合を目指そうという動きがある。その発端は、2002年にモロッコで開かれた国際電気通信連合の総会のおり、中韓の大臣に日本が呼びかけて実現した日中韓の情報通信大臣の会合であった。それ以来、日中韓の情報通信大臣の会合はほぼ年1回のペースで続けられており、第4世代の携帯電話に関して3国間で自由に移動可能にすることや、共同研究によって共通の技術標準を作るといった話が具体化しつつある。すでに、日本の情報通信研究機構と中国の科技部高技術研究発展中心などによって、技術標準の制定方法に関する共同研究が始まっているほか、ドコモが北京に第4世代の移動通信技術の研究所を03年に設立した。こうした共同研究や交渉を通じて、日中韓では最終的に国際電気通信連合に対して第4世代に関する共通の技術標準を提案し、それを世界規格のひとつとすることを目標にしている。ただ、現在はまだ第4世代においてはどのようなサービスが必要か、どのような技術が必要か、周波数幅を計算する計算法をどうするかといった基礎的な話し合いの段階で、共通の提案を練り上げるまでにはまだ時間がかかりそうである。

とはいえ、これまでともすると技術標準を自国産業保護のために利用する傾向の強かった日中韓が、政治的な関係が冷えき

った中でも、通信行政の面では歩み寄りを見せ、通信の共同体作りに向かっているのは注目すべきことである。但し、この共同体は東アジアで完結するべきものではなく、むしろGSMのように世界を覆うものを目指すべきである。いうまでもなく消費者の便から言えば、東アジアのどこでも同じ携帯電話を使えるだけでなく、世界中どこでも使えた方がいいに決まっている。最近は、複数の技術標準の間を瞬時に切り替えることのできる携帯電話も開発されているが、技術標準がひとつであった方が端末や設備の設計はより簡潔になり、さらに端末や機器の生産における規模の経済性も働くので、価格低下を通じて消費者により多くの便益をもたらす。世界最大の携帯電話ユーザーを抱える中国と、世界でもっとも先進的な携帯電話サービスが展開されている日本、そして世界的に有力な携帯電話メーカーを持つ韓国が手を携えて共通の技術標準を提案することになれば、それがグローバル・スタンダードとして広く採用される可能性は高い。

　また、技術標準の統一と並行して、通信機器の相互承認協定の締結も進められるべきだろう。つまり、機器を輸出する際に、輸出相手国で要求される安全基準等を満たしているかどうかに関する認証を輸出国の側で行えるようにすることである。携帯電話端末の場合は、相手国に持ち込んで使用することにもなるわけだから、相互承認からさらに一歩進んで安全等の基準も統一することを目指すべきである。

　もっとも、そうなると日本の携帯電話業界の秩序に影響を及ぶことは必至である。日本では今まで通信会社が携帯電話端末の流通をがっちり抑え、電話端末と通信サービスの抱き合わせ販売が行われてきた。消費者には高級機種しか選択肢がなく、消費者は高付加価値サービスに誘導され、通信会社は高額の通信料を稼いで高度なサービスを展開するのに必要な投資を回収するというビジネスモデルをとってきた。一方、中韓にはきわ

めて多数の中低級機種があふれている。もし日中韓の技術標準が統合され、同時に通信会社の抱き合わせ戦略に部分的にでもほころびが生じると、安価でデザイン製に富んだ中国や韓国の携帯端末が一気に日本に流入してくる可能性がある。そうなると、これまで高付加価値サービスを本当は必要でなかったユーザーが大量に安価な端末の方に流れ、日本の通信会社の抱き合わせ戦略自体が動揺することも考えられる。もっとも、そうなれば日本の消費者にとっては、端末が安くなり、選択肢も増える、とメリットずくめである。

　本稿では携帯電話の例を取り上げたが、技術標準が時には関税よりも有力な市場保護の手段になりうるということ、また技術標準の統合は消費者にメリットをもたらすのみならず、欧州で見られたように産業にも長期的には好影響をもたらす可能性があることを納得いただけたのではないかと思う。従って、経済共同体を作ろうとするならば関税引き下げだけでは話は終わらず、技術標準の問題も取り上げなければならない。

　ただ、技術標準の話は専門的になりがちなため、消費者の声が反映されにくく、どうしても生産者の側の論理で話が進みやすい。ところが、技術標準は消費者の安全や利便性のために制定されていることが多いので、しばしば消費者保護を隠れ蓑として実際には生産者の保護になってしまうこともある。従って、政府は技術標準の話を国民にわかりやすく伝え、消費者も議論に巻き込んでいくべきである。

6 アジア域内共同研究開発プログラムの提唱

安田英土

日本とアジア諸国の研究開発の現状について

日本では科学技術の振興・推進の基本的な方向性を定める政策として、科学技術基本計画が5年おきに制定されている。2006年4月から開始された第3期科学技術基本計画（06年度～10年度）では、科学技術面における「アジア諸国との連携」が明確に謳われることとなった。

実際に、日本は中国、韓国、インドネシアと2国間科学技術協定を締結しており、APECをはじめとする多国間の枠組みでもアジア諸国と技術交流・連携を行っている。これらの取組や様々な制度に基づき、多数の外国人研究者・技術者が日本を訪問すると同時に、日本の研究者・技術者も海外へ派遣されている。文部科学省の「国際研究交流調査（2003年版）」によれば、全国807の大学・研究機関で受け入れた海外研究者のうち、約50％はアジアの研究者・技術者であった。また、法務省「出入国管理統計」によれば、04年度に技術や技能、研修といったR&D活動や技術習得に関わる入国目的を持った入国者は、アジアからの入国者比率が非常に高い結果となっている。学術研究領域や技術指導・支援領域でアジア諸国と活発な交流が行われている。

昨今のアジア共同体に関連する議論の中心は、アジア各国の経済面における相互依存の深化やアジア域内における企業間あるいは工程間分業ネットワークの深化を背景にしたものと捉えることもできる。このような展開の中心的役割を担っているの

はまさに企業であり、新しい経済社会構造を実現するイノベーションの担い手も企業が中心である。日本は科学技術政策レベルの中でアジア諸国との連携を模索しているが、大企業クラスの日本企業を中心として、アジア諸国で産業技術領域の研究開発活動（R&D活動）が既に実施されているのである。

具体的なデータから、日本企業のR&D国際化を眺めてみたいと思う。日本企業の海外R&D拠点設置の動きは1980年代後半以降に活発化したが、その主な進出先は欧米諸国が主流であった。最近の傾向を把握するため、東洋経済新報社「海外進出企業総覧」や各社の報道発表資料などを基にして、日本企業の海外R&D拠点の調査を行った。結果を述べると、2003年時点で北米地域334カ所、欧州地域192カ所、アジア地域461カ所、その他地域43カ所、合計1,030カ所のR&D拠点の設置が確認された。これらの拠点について地域別に活動機能を見ると、アジア地域に設置された日本企業のR&D拠点と、欧米地域に設置されたR&D拠点の間に相違点を指摘できる。たとえば、基礎的なR&D活動や先端技術情報収集を役割とする拠点は欧米地域に多く設置されている。一方、設計やテクニカルセンターといった機能を持つR&D拠点はアジア地域に多く、アジア地域では現地の事業活動を支援するためのR&D拠点が優勢と言える。

また、アジア地域に設置された日本企業のR&D拠点461カ所について国・地域別に分類すると、中国への設置比率が最も高く46.0％、次いでASEAN諸国への設置比率が36.7％となっている。韓国と台湾の設置比率はほぼ同数（約7.0％）であり、ASEAN＋中韓（＋台湾）以外の地域に設置される拠点は少数である。中国へのR&D拠点新規設置件数は2000年代に入って、米国への新規設置件数を上回るようになっており、日本企業の中国重視の姿勢が窺い知ることもできる。さらに、中国では北京大学や清華大学、上海交通大学等の有力大学と共同R&Dを

行う例も見ることができる。

　具体的な企業例では、松下電器産業が中国・北京と蘇州、大連にR&D現地法人を設置し、これらの法人傘下に複数の研究所を置いている。同社は、台湾、シンガポール、マレーシアにもR&D現地法人を設置するとともに、現地市場に直結する製品開発を担う現地法人もアジア域内に置いている。他にも、NECやキャノン、日立製作所、トヨタ、ホンダ、NTTドコモといった日本の有力企業の多くが、中国をはじめとするアジア諸国にR&D現地法人を設立している。これらの拠点の中には、欧米地域に設置された拠点同様、基礎的なR&D活動に取り組んでいる例も見られるのである。

　一方、日本でR&D活動を行うアジア諸国企業も既に存在している。韓国企業では三星電子やLG電子、現代自動車がその代表格である。また、中国系企業でもハイアール（中国海爾集団）、レノボ（聯想集団）、ギャランツ（格蘭仕）などが日本でR&D活動に取り組んでおり、日本企業や大学、研究機関との共同R&Dや日本人研究者／技術者の雇用を通じて、日本の技術資源を有効活用する試みが行われていると言える。

アジア域内の技術格差について

　以上の実態的なデータは、科学／産業技術面における日本とアジア諸国との関係が非常に深いものであることを物語っている。次に、日本、中国、香港、韓国、マレーシア、シンガポール、タイ、台湾の各国・地域について、2002年における一国全体の研究人員数と研究開発費をUNESCO、中華民國科學技術統計要覽、JETROなどの資料を用いて比較した結果を紹介したい。2002年において研究人材がもっとも多い国は中国（1,035,197人）で、研究開発費がもっとも多いのは日本（15兆5,515億13百万円）となっている。しかし、総人口に占める研究人材比率で見ると、日本の比率（0.67％）がもっとも高く、シ

ンガポール0.52％、韓国0.36％、台湾0.28％、香港0.19％、中国0.08％、タイ0.05％、マレーシア0.04％と続く。また、研究開発費の対GDP比率を見れば、日本が3.13％、以下、香港3.04％、韓国2.53％、台湾2.31％、シンガポール2.15％、中国1.22％、マレーシア0.69％、タイ0.25％となっている。したがって、研究人材比率では日本・シンガポールが最上位グループであり、中国・タイ・マレーシアが最下位グループとなる。研究開発費比率では日本・香港が3％超の最上位グループで、マレーシア・タイは最下位グループとなってくる。

さらに、産業技術の側面からアジア地域の研究開発力を見てみたいと思う。ここではアウトプットの共通的な尺度として、特許の出願／取得件数に注目する。

日本の特許庁が毎年報告する『特許行政年次報告書』の結果を見ると、2000年における日本の外国人（ほとんどの場合は外資系企業と考えられる）出願比率は20.0％だった。だが、中国は79.1％、韓国が57.4％、シンガポール・香港・ベトナムは約99％、インドネシアに至っては国内出願特許の100％が外国人からの出願となっている。2002年における出願動向にも同様な傾向を読み取ることが可能であり、中国はやや下がって77.7％となっているが、インドネシア、ベトナムの外国人出願比率は100％であった。しかしながら、日本の外国人出願比率は世界的に見ても極めて低く、日本以外のアジア諸国が低水準な産業技術開発能力と即断はできない。外資系企業が進出先国で模倣を防ぐために、特許を積極的に出願していることも考えられるのである。

確認のため、2000年から05年の間に米国で取得された特許のうち、ASEAN10カ国と日中韓いずれかに居住する発明人が関与した特許件数について、米国特許庁がWeb上で提供するデータベースの検索を行った。その結果、日本居住者が発明人である米国特許取得件数は213,414件であり、以下、台湾

40,000件、韓国25,228件、中国4,012件、香港3,388件、シンガポール2,839件と続く。マレーシア、タイ、フィリピン、インドネシア居住者が発明人の特許は数百件から百数十件の取得があり、ベトナム、ブルネイ、カンボジア、ラオス、ミャンマー居住者が発明人の特許取得件数はごく僅かであった。日本の特許件数は他を圧倒する数となっているものの、台湾、韓国とも相当大きな値と言える。たとえば、EU諸国を対象に同様な条件で米国取得特許件数を調査すると、もっとも多いドイツ居住者が発明人である特許件数は73,230件だが、第2位のイギリスは28,428件、第3位のフランスで26,970件、第4位のイタリアになると12,574件となってしまう。つまり、日本、台湾、韓国の3カ国に居住する発明人が関与する米国特許の件数は、EU諸国の上位国と遜色の無い水準にあると言える。シンガポール居住者である発明人による特許件数は、EU25カ国の中で言えばスペインの2,483件を上回り、デンマークの3,721件に次ぐ第11位に相当する件数となる。研究人材数や研究開発費、そして特許出願／取得件数という実態的数値に基づけば、日本、韓国、台湾、中国、香港、シンガポールはアジア諸国の中でも、技術先進国として捉えて問題ないものと考えられる。

　以上の実態調査の結果は、アジア諸国の技術水準が階層的に区別され、上位グループ諸国と下位グループ諸国の間に明確な技術格差が存在することを示している。従って、アジア域内に技術協力ネットワークや技術移転システムを包含する共同研究開発プログラムを構築しようとするならば、技術水準が上位の国から低位の国へ技術移転していく技術協力関係（垂直的な関係）が中心となる制度と、技術水準が同等水準にある国同士で共同研究・技術協力を行う（水平的な関係）制度を両立する必要があると言える。

アジア域内共同研究開発プログラムの構築に向けて

アジア諸国間に存在する技術水準格差という現実に対応した上で、アジア域内に技術協力・技術移転を推進するための共同研究開発プログラムを構築する可能性を以下では探って行きたい。

日本企業のアジア地域 R&D 拠点はアジアの技術先進国・地域に多く置かれている。そして、これらの拠点では現地事業活動の支援のみならず、本格的な新技術・新製品開発の領域にまで踏み込んだ活動が行われているケースも既にある。多くの拠点が現地大学の構内やサイエンスパークに立地し、現地大学・研究機関や現地企業と共同研究を実施するための環境は既に整っていると言える。また、アジア技術先進国の企業が日本で R&D 活動を実施しているという事実は、日本企業や大学、研究機関と共同 R&D 活動を実施することが可能なことを意味している。これまで見てきた技術水準や基盤を考えれば、日本、中国（香港含め）、韓国、台湾、シンガポールに所在する企業、大学や研究機関は対等的な関係で、すなわち水平的な共同研究開発・技術協力活動が可能であろう。また、これらの国・地域に置かれている欧米多国籍企業の R&D 拠点と受入国側の大学や研究機関、企業等と共同 R&D 活動を行うことで、欧米多国籍企業の持つ技術的知識が受入国に移転されることも考えられる。アジア域内の技術先進国間だけでも先行して、共同研究開発プログラムを推進していくべき段階にあると思われる。事実、2006年3月26日に中国・アモイで開かれた日中韓の情報通信相会議では、第4世代の携帯電話システムの標準技術を共同開発することで合意している。このような取組は、水平的な共同 R&D の先駆的事例となることが期待される。

一方、技術発展途上にあるアジア諸国を包含した共同研究開発プログラムは、どうあるべきなのだろうか。

日本から低開発諸国に対する技術協力・指導は、従来、政府

図　アジア域内共同研究開発プログラムの展開概念図

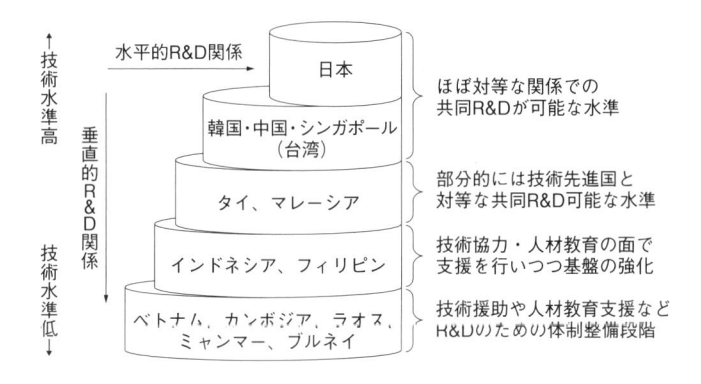

```
技術水準高　　　　水平的R&D関係
　　　　　　　　　　　　　　　日本　　　　　　　ほぼ対等な関係での
　　　　　　　　　　　　　　　　　　　　　　　　共同R&Dが可能な水準
　　　　　　垂　　韓国・中国・シンガポール
　　　　　　直　　　　　（台湾）
　　　　　　的
　　　　　　R　　　　タイ、マレーシア　　　　　部分的には技術先進国と
　　　　　　&　　　　　　　　　　　　　　　　　対等な共同R&D可能な水準
　　　　　　D
　　　　　　関　　インドネシア、フィリピン　　技術協力・人材教育の面で
　　　　　　係　　　　　　　　　　　　　　　　支援を行いつつ基盤の強化
技術水準低　　　ベトナム、カンボジア、ラオス、　技術援助や人材教育支援など
　　　　　　　　　　ミャンマー、ブルネイ　　　R&Dのための体制整備段階
```

開発援助（ODA）の枠組みなどを利用して行われてきた。国内の産業基盤が整わない国、地域への協力であれば、従来型の技術支援活動が有効であろう。だが、ある程度の産業基盤が整備された段階で、より実用的な産業技術協力や基礎的・長期的な技術課題に取り組む共同R&D活動へ移行していく必要があると言える。このような場合、アジア地域では域内技術先進国の企業が大きな役割を果たすことが期待される。生産技術の移転であれば、R&D拠点のみならず生産拠点も活用し、進出先国の技術者に技術移転することが可能である。また、現地大学・研究機関、企業との共同研究を通じて、アジア域内の技術先進国から技術後進国へ技術移転が行われることも想定される。このような場面では、既にアジア域内分業ネットワーク体制を構築している日本企業などは、進出先国の産業技術力向上に大きな役割を果たすことが期待される。図のような形で共同研究開発プログラムを考えるのであれば、日本をはじめとする上位グループとタイ・マレーシアなどの中位グループとの間で、共同R&D活動を行ったり、中位グループの諸国とベトナムをはじめとする下位グループ諸国の間で共同R&D活動を行うケース

が考えられるだろう。もちろん、上位、中位、下位グループ諸国の大学・研究機関・企業がチームを形成し、アジア共通的な技術課題について共同 R&D 活動を行い、技術移転していくケースも想定できる。

水平的な共同 R&D は同一階層グループの技術水準をより向上させると共に、グループ間をまたがる垂直的な共同 R&D によって、アジア地域全体の技術水準向上に結び付くことが期待される。

アジア域内共同研究開発プログラムの課題と期待

アジア諸国の技術水準に大きな格差が存在している現実を克服し、アジア域内を包含した技術協力や共同 R&D を推進する域内共同研究開発プログラム実現には多くの課題が存在する。

全ての課題について解決策を提示することは困難であるが、いくつかの課題については以下のような考え方を示して本稿の締めくくりとしたい。まず、資金的な課題が存在する。共同研究開発プログラムを創設するとなれば、その活動のために必要な費用を参加国が用意する必要がある。必要な資金を対等に分担することは各国・地域の経済力の面から考えても相当困難であろう。しかし、経済規模に応じて資金を拠出することは可能ではないだろうか。日本の場合で言えば、政府の研究開発資金を助成する代表的な機関として、日本学術振興会（JSPS）、新エネルギー・産業技術総合開発機構（NEDO）、情報通信研究機構（NICT）等が存在している。これらの機関は国際共同研究助成制度を整備しており、多数のプロジェクトが実施され成果も輩出している。こうした制度をアジア域内共同研究開発プログラムに適用していくことによって、日本としての役割を明確に示すことも可能であり、また、科学技術／産業技術協力の面でイニシアチブも発揮しやすくなるだろう。

また、実際の企業活動の場面では、日中韓の企業が競争関係

にあることも少なくない。共同 R&D を行うことによって、先端的な技術知識がライバル企業に漏洩したり、知的財産権を侵害されることに懸念を抱く企業は少なくないと思われる。従って、共同 R&D を行う場合は、市場化段階の R&D テーマではなく、その前段階における R&D テーマを中心とする必要性があるだろう。この意味で、日中韓で共同開発に合意した第四世代携帯電話システムの標準技術開発などは良い事例と言える。企業間競争が激しい携帯電話サービスや携帯電話端末の開発に関する共同 R&D は、個別企業の意思決定に委ねられるべきである。だが、標準技術の開発であれば市場競争の前段階に位置付けられ、技術を公共財として捉えることも可能であり、アジア地域だけでなく世界の他地域へ普及・採用を共同で働きかけることにより、世界標準技術となる可能性も否定できない。こうした取組によって、アジア地域が世界のイノベーション・センターとなっていくことも期待される。市場化前段階での共同 R&D は、EU で行われている域内共同研究開発プログラムであるフレームワーク・プログラムでも同様であり、決して実現不可能なシステムではないはずである。その上で、企業の懸念を払拭するためにも、各国の政策担当機関が知的財産権保護のための政策を整備・実行していく必要性があると言える。

　アジア域内共同研究プログラムを整備することの意義は、アジア発の科学／産業技術を産み出す事だけではない。アジア諸国の産学官が共同して R&D を進めることによって、相互の信頼感や理解を深め、科学／産業技術の分野で共通的な価値観を育んでいく点にも大きな意義があると言える。日本がアジア共通の技術課題として掲げている防災、感染症対策、資源・エネルギー、環境問題に対する技術開発を共同で取り組むことは、共通的な価値観の育成に大きく貢献することであろう。このような基盤的技術分野での協力と同時に、産業技術に近い領域でもアジア各国の各研究主体が共同 R&D を遂行することで、ア

ジア版フレームワーク・プログラムあるいはアジア研究圏を現実化し、東アジア共同体の一部を構成するサブ・システムとして定着していくことを期待したい。

Ⅱ　開発協力をつくる

7　環境問題と環境協力

李　志東

　東アジア共同体の目指すべき命題は、域内の持続可能な発展を達成し、地球規模での持続可能な発展を促進することである。そのために、東アジア地域は共同体として、持続可能な発展を脅かす最も重大な問題である環境問題に取り組む必要がある。一方、欧州連合の形成プロセスが1951年に調印された欧州石炭鉄鋼共同体の設立から始まった経験や、東アジア地域における経済統合をベースとする共同体作りが必ずしも順調ではない現実などを考えれば、エネルギー共同体に加え環境共同体の早期設立が、東アジア共同体設立の突破口になる可能性さえ秘めている。

　本章の目的は、東アジア環境共同体の早期設立を念頭に、同地域の環境問題の特徴、発生メカニズムを明らかにするとともに、環境協力のあり方を検討し試みることである。

東アジアの環境問題の特徴

　北東アジアと東南アジアから構成される東アジア地域には、世界人口の約3分の1が居住し、世界全体のGDPの約2割を生み出している。しかし、欧州や北米などと比べて、域内各国間では、歴史文化や宗教、政治体制、市場メカニズムの発達度合い、経済発展段階などに差異が顕著である。そのため、環境問題の様相も明らかに他の地域と異なる。

　国際的にみると、工業化がすでに完成した先進国では、概ね「自然破壊問題」→「一般公害問題」→「地球環境問題」の順

で、経済発展とともに新たな問題が出現し、その解決が迫られるという歴史的過程を辿ってきた。宮本憲一によると、日本の場合、産業革命が始まった1880年代（明治20年代）から公害問題が観測され、戦後経済復興期と高度経済成長期で4大公害事件に代表される公害問題が全国規模で発生したが、公害対策の結果、1970年代には一定の解決へと向かっていた。そして現在では、環境問題の中心は温室効果ガスの排出削減目標を如何に達成するかなどといった地球環境問題に移りつつある。

しかし、「日本→ NIEs →その他アセアン諸国、中国→ベトナム」などのような雁行型経済発展を展開している東アジア諸国では、環境問題の様相は日本とは明らかに異なる。その特徴を最も適切に表すキーワードは恐らく複合型環境問題と圧縮型環境問題であろう。

複合型の定義はさまざまである。寺西俊一は、①産業公害と都市公害の複合、②伝統的問題と現代的問題の複合、③国内的要因と国際的要因の複合、として複合型を定義している。ここでは、「自然破壊問題」+「一般公害問題」+「地球環境問題」が同時に発生していることを複合型環境問題と呼ぶ。例えば、東南アジアでは熱帯林が急減しており、1981〜90年における天然林面積の年平均減少率はタイとフィリピンでは3.3％、マレーシアでは2.0％、インドネシアでは1.0％に達している。中国では、砂漠化が進行しており、砂漠化面積の年平均拡大速度は50〜70年代1,560平方km^2、80年代2,100km^2、90年代後半3,436km^2へと加速し、2001年総面積は国土面積の18％を占めるまでに拡大した。中国社会科学院環境と発展研究センターによると、中国の砂漠は63％が20世紀以降に形成された若い砂漠で、その94％が土地の過度利用、水源破壊など人的要因によって引き起こされている。これらは自然破壊の例である。一方、大気汚染、水質汚濁など公害問題も深刻である。世界銀行のレポートでは、95年において、中国都市部の室外大気汚染によっ

て17.8万人が、室内空気汚染によって11.1万人が早死になったと推定した。さらに地球環境問題に目を向けると、北欧と北米で抑制されつつある酸性雨汚染問題が東アジア地域では深刻化の一途を辿っており、温室効果ガス排出量は世界平均を上回る速度で増大している。

　圧縮型とは、産業革命以来数百年にかけて欧米先進国で発生してきた諸問題が1980年代以降、アジア途上国で一気に噴出してきたことである。例えば、中国では、98年夏に被害者2億人にもおよぶ大洪水災害が発生したが、その主な原因は森林破壊を中心とする生態破壊にあると言われている。一方、大気汚染、水質汚濁などの公害問題も深刻化している。酸性雨汚染面積は85年の175万 km^2 から十数年間で2倍以上に拡大し、水質汚染物質の化学的酸素要求量は89から95年に掛けて年率9.1％で増加したことはその証左であろう。さらに、エネルギー起因の二酸化炭素排出量は80年の4.1億トン（炭素換算）から2002年の9.5億トンへ急増し、アメリカに次ぐ排出大国となった。

　このように、東アジア地域では、複合型環境問題が短い期間に圧縮される形で出現し、対応を同時に迫られているのである。

東アジアの環境問題の形成メカニズム

　では、なぜ複合型かつ圧縮型の環境問題が東アジアで起きているのか。

　ひとつの解釈は、東アジア経済がかつてない急成長を成し遂げてきたことである。寺西俊一は、①圧縮型工業化の進展、②爆発的都市化の進展、③大量消費型社会への突入、は、高度経済成長と複合型環境問題を同時にもたらす3大要因である、と指摘している。しかし、先進国が自然破壊と公害問題を抑制できた原因のひとつは経済成長に伴う所得水準の向上である。また、経済成長が止まったら、途上国では貧困故の環境破壊が進み、先進国では環境保護への支出が削られることが予想されよう。

このように、経済成長は環境悪化の可能性と環境問題解決の可能性を同時にもたらす要因であるといえる。

もうひとつの解釈は、途上国制約説である。すなわち、政府が環境保護に取り組んでいるにも関わらず、発展途上国であるがゆえに、資金制約も技術制約も厳しく、法意識も環境意識も低い、その結果、環境悪化を防ぎきれないという仮説である。日本以外の東アジア諸国の現状をみると、本仮説は確かに一定の説得力があると思われる。しかし、途上国制約説は「経済水準が高くなるまでに、環境悪化は避けられない」という現状追認型の仮説であり、環境悪化が正当化されかねない仮説でもある。また、経済発展水準の最も高い日本では、途上国ほどの技術制約と資金制約がなく、典型的な公害問題としての窒素酸化物汚染や、西欧諸国で抑制されつつあるダイオキシン汚染などがすでに解決されたはずだが、残念なことに、現実は深刻な状況にある。つまり、資金制約と技術制約がなくても、それを環境保護に向かわせるシステムが整備されなければ、環境問題は決して解決されない。

上記解釈の代わりに、筆者は中国に関する実証分析を通じて、環境保護システム説を提唱した。すなわち、中国における環境悪化は、環境保護システムの欠陥によるものであり、健全な環境保護システムを構築すれば、高度経済成長の維持を前提にしても、環境悪化を食い止められる、という仮説である。環境保護システムは、環境経済主体を取り巻く環境保護活動に関連する諸政策体系、法体系、行政制度、裁判制度、社会慣行、国民意識、国際社会との関わり方などの影響要因が、お互いに影響し合うことによって形成される複合システムであり、具体的には、対策システム、監督システム、環境意識、資金調達メカニズムと技術導入メカニズム、エネルギー需給システムなどを中心に構成される。

環境対策システムは、環境法体系に基づく環境保護の戦略と

原則・政策および制度によって構成され、環境保護システムにおける最も基本的な要素である。作本直行と大久保規子は、アジア途上国の環境法体系の整備について以下のように指摘した。

　①1972年のストックホルム会議を契機に、環境基本法と公害規制や自然保護の個別法からなる環境法体系が整備された。②許認可と罰則による規制的手法から経済的手法まで、法的手段の多様化傾向が認められる。③多くの国が日本に先駆けて様々な事業を対象とする横断的な環境影響評価法令を導入している。④汚染者負担原則のほか、部分的に無過失責任（例えば、中国や韓国）、または厳格責任（例えば、インドネシア）の考え方を採用する国が少なくない。⑤実効面について、フィリピンやインドネシアでは環境影響評価制度が有効に機能していない、タイでは環境基準が守られていない、などの問題が確認されている。

　すなわち、東アジア諸国の多くは、比較的早い時期に環境法制の整備に取り組み、先進国で有効性が実証された様々な環境対策を導入してきた。しかし、環境対策が法律通りに実行されていないという事実も同時に観測された。その原因のひとつは環境対策間の整合性が取れていないことであろう。例えば、中国では、汚染処理施設を生産設備と同時に計画・導入・運転させる「３同時」原則が設けられているが、現実をみると、導入率は６割前後、導入された汚染施設の稼働率は僅か３分の１に過ぎない。汚染物排出に対する課徴金（汚染費）が、技術開発と設備導入のコストとは比べられず、設備運転コストよりも遙かに低いことがその原因である。

　環境監督システムは、行政監督と個人や市民団体など非政府組織による社会監督によって構成され、１国の国情、特に政治体制によって強く影響される。多くのアジア途上国では、いわゆる開発独裁型の体制を取っている影響で、民主化の進展が遅れており、組織的な公害反対運動の条件が整えているとは言い

難い。そのため、欧米先進国と比べると、社会監督の能力が欠如している。一方、開発独裁型の体制が強力な行政監督体制をもたらすと思われがちだが、環境行政に関しては必ずしもそうではない。例えば、中国では中央レベルと省・市レベルの組織作りが確かに進んでいるが、基礎組織としての県レベル以下の組織作りが遅れており、しかも下層組織ほど活動経費が保証されていない。それにより、行政組織網の空洞化が生じ、行政監督能力も極めて限られてしまう。このように、行政監督能力と社会監督能力の欠如が環境悪化を防止できなかった重要な一因であろう。

　上記のような対策システムの不備や監督能力の欠如などが環境保護システムに欠陥をもたらしている。そして、この欠陥のある環境保護システムが、高度経済成長と途上国制約によってもたらされる環境悪化の危険性を回避できず、逆に現実化にしてしまったのである。その意味では、健全化されていない環境保護システムこそが環境問題を深刻化させた根本的な原因であると考えられる。従って、途上国制約を受けながら、経済成長を維持すると同時に、環境問題の解決を図るために、各国の実情に適合する環境保護システムの再構築が必要不可欠であろう。

東アジア共同体としての環境政策アプローチ

　東アジアでは、市場メカニズムを通じて各国が経済的に密接不可分な関係にあり、各国が経済活動を通して域内の環境に影響を与え、同時に、域内の環境悪化の影響を受けている。今後も、著しい経済成長と2国間や多国間の経済連携の活発化が予想され、それに伴い、すでに危機的状況にある環境問題がさらに深刻化する恐れがある。一方、域内環境協力については、2国間ベースの政府開発援助、地方レベルの環境協力（例えば北九州市と中国大連市の連携）、地域レベルの環境協力（例えば、ASEANの包括的な国際環境協力枠組み、日本と北東アジア諸国と

の2国間環境協力協定、環日本海環境協力会議、北東アジア環境協力プログラム、日中韓3カ国環境大臣会合、東アジア酸性雨モニタリングネットワーク)、民間や学術分野の協力、などがすでに展開されている。

今後においては、東アジアは環境共同体を結成し、域内各国が共同体の一員として、自国発の環境問題に取り組むだけではなく、地域の環境問題をも自らの問題として捉え、自らが責任を持って取り組み、かつ環境協力を進めることが必要である。

環境共同体の目指すべき初歩的目標は、各国の実情に適合する健全な環境保護システムの構築を図り、各国の比較優位性を生かす環境協力を効率的に推進することであろう。

健全な環境保護システムの構築は簡単ではない。前述したとおり、環境保護システムは環境経済主体の行動に影響するあらゆる要因によって構成される複合システムで、社会経済的要因を網羅した制度のひとつであるので、その再構築は制度的な革命にも等しいからである。日本の経験を踏まえ、かつ東アジア諸国の多様性を十分に反映しきれないことを承知の上、再構築の共通項目として以下のように提示したい。

①資金調達メカニズムと技術開発導入メカニズムが機能できることを目標に、経済的手法を中心とする環境対策システムを再構築すること。例えば、中国では、汚染費単価の引き上げと物価水準への連動を中心とする改革が必要であろう。

②行政監督と社会監督を同時に強化できるよう環境監督システムを再構築すること。社会監督の強化にあたっては、中央集権とトップダウン式の行政手法の見直し、民主化の促進に繋がる政治体制の改革が必要となろう。

③情報開示、環境教育などを通じて、環境意識の向上を促進すること。

④廃棄物の発生抑制、再使用、再生利用(3R)を中心とする循環型社会の形成を促進すること。

一方、環境協力は域内各国の比較優位性を生かして効率的に展開することが重要である。

　東アジアでは、日本が3Rを中心とする世界最高水準の技術力を持ち、資金力も高く、環境対策の経験やノウハウも豊富に蓄積される。それに対し、その他諸国は環境技術の市場容量が大きく、技術が移転された場合のコスト競争力などの面で比較優位性を持つ。それぞれの比較優位性を生かせば、東アジアの環境問題を効率的に解決できると同時に、産業振興の効果も期待できる。

　電力産業の環境技術の例をあげてみよう。

　中国では、電力需要の増大に伴い、石炭火力の導入拡大は避けられないが、課題は石炭消費の抑制と石炭燃焼に起因する硫黄酸化物や二酸化炭素など環境汚染物質の削減である。その場合、発電端熱効率が39％しかなく、脱硫装置の外付けが必要な既存の国産最高技術と比べると、熱効率が十数ポイントも高く、99％の脱硫能力も内蔵される石炭ガス化複合発電技術など国際先進技術の方が遥かに効果的である。一方、このような先進技術を持つ日本は、今後、国内では電力需要の大幅な拡大を見込めない。規模の拡大によるコスト競争力の強化を自国市場に求められない「閉塞状況」を打開できなければ、せっかくの先進技術も宝の持ち腐れになりかねない。設備産業が衰退する憂い目に会う危険性さえ否定できない。

　このような日中両国の悩みを同時に解決できる方法は、共同体の一員として、中国が持つ巨大な潜在市場と日本が持つ先進的な発電技術を共有し、協力し合うことであろう。

8 エネルギー協力体制をどう構築するか

後藤康浩

　急成長を続けるアジア各国が必要とするエネルギーをいかに確保していくかが、世界の関心を集めるようになってきた。2004年に始まった原油価格の高騰は、中国、インドなどアジア地域のエネルギー消費の急激な伸びが原因のひとつとなっているからである。アジアは原油、天然ガスなどエネルギーを中東はじめ他地域から大量に輸入することなしには高成長を維持することができない。アジア経済の失速は世界経済のリスク要因でもある。だが、アジアのエネルギー安定調達に対する取り組みは日本、韓国を除けば、遅れており、供給途絶や価格高騰への備えは薄いといわざるを得ない。他方、資源確保をめぐるアジア各国の行動は東シナ海のガス田をめぐる日中対立はじめ様々な利害相反、軋轢を生み始めている。アジアは地域全体としてエネルギー安全保障の枠組みづくりに取り組む時を迎えている。

　「アジアの奇跡」と呼ばれた1980年代以降のアジア諸国の経済発展には様々な要因があったが、エネルギーが低コストで安定供給されたことは見逃すことはできない要因である。70年代の2回の石油危機で高騰した原油は85年末から翌年にかけて起きた「逆オイルショック」で一気に1バレル10ドル割れの水準にまで暴落した。「逆オイルショック」がアジア諸国の成長に追い風となったことは、産油国であるインドネシアを除くアジア各国・地域の成長率が85年を境に高まったことでうかがえる。

　1980〜85年の期間と86〜89年（90年は湾岸危機が起こり原油価

格が一時的に急騰したため除外する）の期間で年平均成長率を比較すると、韓国は6.2％から9.6％、台湾は6.8％から10.1％、タイは3.5％から10.1％、フィリピンは0.0％から5.2％など、おしなべて成長が加速しているのである。

　アジアは産業の発展度合いでみれば、日本、韓国、台湾の3カ国を頂点とし、その下に中国、ASEAN各国が位置する多層的な産業連関を形成している。地域全体が電機・電子から自動車、素材、繊維、雑貨まで幅広い産業分野を抱える「世界の工場」となっている。その産業的な本質は原材料を他地域から輸入し、加工・組み立てによって付加価値を加えたうえで域外に再輸出する加工貿易であり、鉄鋼生産、化学から組み立てまでアジア域内で莫大なエネルギーを消費する構造となっている。エネルギーの安定供給は日常生活のみならず、アジア経済の根幹を揺るがす大きな課題なのである。

　アジアには中国、インドネシア、マレーシア、ブルネイなど有力な産油国、産ガス国が存在する。中国は日量349万バレルを産出する世界第6位の産油国であり、インドネシアは石油輸出国機構（OPEC）に加盟する有力産油国であるうえ、世界第8位の産ガス国でもある。しかし、中国は1993年、インドネシアは2004年に石油の純輸入国に転落している。経済成長に伴うエネルギー需要の伸びを国産エネルギーで賄えなくなっているのである。アジア全体をみれば、石油の70％、天然ガスの30％を域外から輸入する状態になっており、アジアが域内で自給できる化石燃料は石炭のみにすぎない。これも鉄鋼生産の増加などで原料炭などは輸入が増えており、全体としても早晩、輸入超過に転ずる可能性がある。

高まるエネルギー調達リスク

　アジアはエネルギーの域外依存の高まりという調達リスクに直面しており、1970年代の石油危機のような供給減少、原油価

格の急騰などに対し、きわめて脆弱といわざるを得ない。一方で、域外依存のリスクを軽減するための方策は日本、韓国というアジアの先進国を除けば、ようやく始まったばかりである。供給途絶などへの最も効果的な対応である原油備蓄は国際エネルギー機関（IEA）加盟国である日本、韓国が輸入量の百日分以上を備蓄しているが、他のアジア諸国は製油所における操業用の在庫や流通在庫を持っているにすぎない。中国は第10次5カ年計画（2001〜05年）において石油の国家備蓄制度を創設し、上海沖合の舟山群島、山東省黄島、浙江省鎮海、遼寧省大連の4カ所に原油備蓄基地の建設を進めており、合計1,400万トン（20日分に該当）の原油備蓄能力を10年までに整備する計画である。だが、原油輸入量が急激に伸びているため、日数ベースで備蓄目標を達成するのは容易ではない。

　エネルギー安定供給のもうひとつの方策といわれる域外での油田、ガス田などエネルギー資源の自主開発については、各国とも積極的な取り組みを展開している。日本は1950年代末のサウジアラビアとクウェートの中立地帯におけるカフジ油田の開発成功に始まり、資源権益の取得、開発を着実に進めてきた。73年の第一次石油危機後に創設した石油公団（当初は石油開発公団）は「自主開発原油の拡大」のために、2002年の解散までに累積で3兆円近い資金を開発プロジェクトに出資、融資の形で供給した。中国、インドが国営石油会社を通じ、世界各地で資源開発への参入を進めているのは、制度的な仕組みは異なるとはいえ、日本の発想に近い。

　ただ、こうした国家をバックにしたアプローチは資源開発プロジェクトにおいては必ずしも成功確率が高いわけではない。石油公団の例をみれば、開発段階のプロジェクト会社に最大70％まで公的資金が出資されるというインセンティブが逆に民間の石油開発会社の事業への姿勢を甘くさせた面がある。現在、中国、インドが中東、アフリカ、南米などで参加しているプロ

ジェクトも権益獲得に莫大な資金を投じており、採算性よりも量的な確保に注力している面が強い。原油価格が今後、反落したり、自国通貨が対ドルで切り上がれば、事業としては大きな赤字を出しかねない。石油公団の出資した日本の石油開発会社で、為替差損と原油価格の反落で巨額の債務を抱え行き詰まった企業が相次いだ。石油公団自体も清算され、石油天然ガス金属鉱物資源機構（JOGMEC）に改組されたことをアジア各国は教訓とすべきだろう。

　さらに問題なのは、アジア諸国間での資源獲得競争といった要素が出ていることである。一例としては、2005年に2回にわたって実施されたリビアの油田開発の鉱区入札では日本企業と中国、インドの石油会社との競合が起きた。サウジアラビア、ロシアなど資源量の大きい産油国の多くは外資に開放することに消極的であり、世界で新規に公開される鉱区は決して多くはない。限られたチャンスに日本、韓国、中国、インドなどのエネルギー企業が殺到することはアジア諸国間のエネルギー獲得競争の過熱という別の問題を生じさせかねない。現実に日本では「中国、インドとの資源獲得競争に負けるな」といった短絡的な主張が増えている。

　エネルギーの安定確保は第一義的には、各国が自己の責任で果たすべきである。しかし、アジアにおける経済の相互依存、産業連携の高度化、深化をみれば、自国のみのエネルギー安定確保で、エネルギー安全保障が完結する状況ではなくなっている。各国の個別のエネルギー政策に加え、アジアとして地域的な取り組みが必要になっているのである。

アジアエネルギー機関の創設を

　地域的な取り組みとしてまず必要なのは、アジアエネルギー機関（AEA＝仮称）といった地域のエネルギー専門機構の創設だろう。エネルギーに関する専門的な機構としてはIEAがす

でに存在する。しかし、IEAは先進国の集まりである経済開発協力機構（OECD）の下部機構であり、74年に設立された際の目的は「OPECに対抗する石油消費国の連合」であった。もちろん現在のIEAは産油国との対話に力を入れ、OPECとも協調関係にあるが、先進国のみの組織であることは変わりはない。

AEAの加盟国、目的はIEAとは大きく異なるものになるだろう。中国、インドなどIEAのメンバーではないものの世界のエネルギー情勢に大きな影響を与える国を取り込み、すべてのアジア諸国を加盟国とする。アジアでは「ASEAN＋3」のエネルギー相会合が定期的に開催され、情報交換やアジアにおけるエネルギー協力を討議しているが、常設機構としてのエネルギー機関は存在していない。AEAは常設機関としてアジアのエネルギー問題を包括的に取り扱う組織となるべきである。

具体的な機能として想定されるのは、第1に原油備蓄体制と相互融通スキームの構築である。IEAは加盟26カ国に輸入量の90日分という原油備蓄を義務づけており、加盟各国はほぼ履行している。すでに触れたようにアジアでは日韓しかIEAに加盟していないため、エネルギー消費が世界でも突出して伸びているにもかかわらず、原油の備蓄に乏しい。中東における混乱などで原油供給が細れば、アジアはたちまち大混乱に陥る恐れがある。原油備蓄の整っていなかった1973年の第1次石油危機に日本で起きた社会的なパニックは、現在のアジアのどの国でも起きる可能性があるのである。AEAにとってアジアの原油備蓄の拡充は緊急の課題である。

しかし、原油備蓄はタンク基地の建設や貯蔵する原油の購入に莫大な資金が必要となる。財政基盤の弱いアジア諸国に自主的な努力を求めるだけでは、備蓄が遅々として進まないのは明らかである。AEAはそうした問題への対応するため、第1歩としてアジアの原油共同備蓄を推進すべきだろう。アジア域内に数カ所の共同備蓄基地を機構の負担で建設し、加盟各国が緊

急時に国別の枠内で利用できるようにする仕組みが考えられる。各国が個別に原油備蓄基地を建設、整備していくのに比べ、共同備蓄基地は規模の経済が働き、低コストで実効をあげられる可能性が高い。備蓄基地は大型タンカーの着桟のための深い喫水の港湾や重量のある原油タンクを設置するための強固な地盤が必要である。こうした好適地を捜すことも実は容易ではない。アジア域内の好適地に一括して備蓄基地を持つことは様々な利点を有している。

　もちろん本来、国家単位のエネルギー安全保障の柱となる原油備蓄を他国の領土内に置くことには抵抗が大きいと思われる。仮に日本が単独で、アジアの原油共同備蓄構想を進めようとすると、各国から反発が出る可能性も少なくない。エネルギー分野において、経験や技術で先行する日本が主導的立場を取ることには、中国、韓国が反発することも十分にあり得る。それゆえに中立的に事業を推進し、各国の利害を調整する専門機関としてのAEAが必要となってくるのである。

　相互融通スキームはAEA加盟国の一部が何らかの原因で、石油の不足状態に陥った時に共同備蓄から当該国に原油を貸し出す仕組みである。IEAなどでは融通スキームが発動される条件（トリガー）を供給減少の比率などで定めている。IEAは石油のみを対象としているが、アジアは液化石油ガス（LPG）、液化天然ガス（LNG）の利用国が多いだけに、備蓄の範囲を原油以外に広げることも検討する必要があろう。

　原油備蓄に関し、日本がAEAに対し、貢献できることがある。共同備蓄基地の提供である。日本は国内に国家備蓄基地や民間備蓄で十分なタンク容量が確保されている。今後、日本の石油需要がマイナスに転じることを考慮すれば、日本国内に原油備蓄タンクの余剰が生まれる。その一部をアジアの共同備蓄用に提供するのである。既存の設備を使えば、共同備蓄制度のスタートアップを早めることができるうえ、小さなコスト負担

で済む。とりわけ日本はASEANや中国に近い沖縄に「沖縄石油基地(OCC)」はじめ3カ所の原油備蓄基地を持ってる。これらをアジアの原油共同備蓄用に無償で提供すれば、AEAのような地域エネルギー機構の意義、効果をアジア諸国が実感しやすい。

　AEAの第2の機能としては、加盟各国の原油、石油製品などの生産、在庫について情報交換を進めることである。域内の原油、石油製品の状況がリアルタイムに把握できれば、各国ともそれに基づく合理的な調達行動を取りやすくなるからである。世界の石油市場は投機資金の流入によって価格変動が激しくなっており、市場に対して正確な情報を発信していくことが、消費国にとっても利益となる。

　第3の機能としては、エネルギーの利用効率向上のための技術支援である。日本は世界で最もエネルギーの利用効率が高い国であり、優れた省エネ技術を有している。アジア諸国は多くが、夏場に冷房を必要とする地域にあり、冷房の普及によって電力需要が急増している。ところが、エネルギー効率を向上させるコージェネレーション設備などの導入は日本を除けばほとんど進んでいない。AEAを通じて、エネルギーの効率的な利用技術を広げる意味合いは大きいといえる。

　エネルギー利用技術としてもうひとつ重要な分野は環境である。アジア各国は今後、電力需要の増加に対応するため発電用燃料として石炭の利用を増やさざるを得ない。石炭火力発電所への脱硫、脱硝設備の整備は大気汚染防止のために不可欠である。また、日本の持つ石炭の超臨界発電や石炭ガス化発電など「クリーン・コール・テクノロジー(CCT)」も拡げていく必要がある。日本がODA予算などを使って2国間で技術支援を進めるアプローチも重要だが、技術の浸透をより加速するにはAEAのような機関が効果的と思われる。

課題となるマラッカ海峡の通航確保

　AEAとして、もうひとつ取り組むべき課題はエネルギー輸送の問題である。アジアは原油、石油製品、LNGともに中東産油国からの輸入が着実に増えている。その大部分はマラッカ海峡を通過しており、船舶の渋滞とともに衝突や座礁など事故などの危険性が高まっている。大型船の通航を円滑化するための、より高度な誘導・監視システムの導入が必要となっている。日本1969年に「財団法人マラッカ海峡協議会」を設立し、自主的に航行標識の設置など海峡の安全対策を進めてきた。だが、現在は日本以外にも韓国、中国向けの原油、LNGタンカーが多数マラッカ海峡を通航するようになっており、多国間の協力が不可欠となっている。そうした機能はAEAにふさわしいものといえる。

　海峡内で大型原油タンカーが衝突、沈没したり、LNG船が火災事故などを起こせば、通航が不可能となり、たちまち東アジアへのエネルギー供給は混乱しかねない。マラッカ海峡を迂回する航路としてはロンボク海峡などがあるが、2〜4日程度は遠回りになり、経済性、船の手当てなどの面で大きなマイナスとなる。また、マラッカ海峡では海賊事件も起きており、場合によっては船舶を乗っ取られ、行方不明になるケースすらある。海賊の発生は海峡の渋滞によって船舶の速度が遅くなり、乗り移られやすくなっていることとも関わりがある。

　マラッカ海峡問題は今後、中国の原油、LNG輸入がますます拡大することを考えれば、航行システムなどの整備だけでは済まない。根本的な解決は迂回ルートを確立し、中東から東アジア向けのエネルギーの輸送路を複数確保することである。現在、提案されている迂回ルートはマレー半島を横断しインド洋とシャム湾をつなぐ原油パイプライン構想である。これは1980年代から検討にのぼっているものだが、タクシン前政権のもとで「戦略パイプライン」として具体化に向け、一時動き出した。

内容的には、インド洋側またはシャム湾側に原油備蓄基地を設け、原油の流れを安定化させるとともにアジアの原油市場を置くアイデアだった。現在は再び、頓挫した状態にあるが、AEAのような組織が誕生すれば、具体化しやすいテーマといえる。

AEAのような常設機構によるアジアのエネルギー協力の可能性をみてきたが、現実はアジアのエネルギー需要の拡大とともに対立の芽が増え、エネルギーがアジア地域の安定の阻害要因になるケースも出ている。東シナ海のガス田開発をめぐる日中間の対立はその典型である。これは本来、領土、領海をめぐる問題であるが、そこにエネルギー資源が存することが事態をより複雑にしている。アジア各国とも自国のエネルギー資源を有効利用するため、従来以上に領土、領海内の資源探査に力を入れているが、アジア地域は領海が複雑に入り組んでおり、東シナ海のような対立が今後、発生する可能性は少なくない。

領土、領海紛争は最終的には国際司法裁判所や国際海洋法裁判所などで解決される事柄だが、審決には時間がかかり、紛争解決の過程で2国間関係が悪化し、将来に禍根を残す恐れもある。日中両国が東シナ海問題をどう解決するかは、アジアにおける同種のエネルギー資源紛争解決の雛形になる可能性がある。エネルギー問題をナショナリズムに結びつけず、地域紛争の種にしない先例を日中両国は築くべきであり、それが東アジア共同体をにらんだアジアの両大国の責任でもあろう。

今後、アジアにおいて共同で取り組むべきエネルギー分野のもうひとつのテーマは、原子力発電である。原子力発電は、安全性の面あるいは核不拡散の面でアジア各国に普及させることに反対意見も多い。だが、急増するエネルギー需要とりわけ国民生活に密着した電力需要を賄うエネルギー源として原子力の持つ可能性、有用性は否定することができない。化石燃料の消費拡大を抑制し、二酸化炭素の排出を削減するという環境対策の面から原子力利用はアジアでも真剣に検討されるべきなので

ある。現実にインドネシア、ベトナムでは原子力発電所の建設計画が進み始めており、原油価格の高騰を考慮すれば、ASEAN諸国では今後さらに原発建設が検討されるとみるべきである。

　原子力利用にあたって、地域として取り組むべきテーマは核燃料の供給と使用済み核燃料の処理である。言うまでもなく、ウラン濃縮技術や使用済み核燃料の再処理技術は核兵器製造につながるからである。今後、原子力を導入するアジア各国がすべて濃縮や再処理を目指すことはあり得ないとしても、核燃料の安定調達や自国の原子力技術向上のために濃縮の研究などを求める国が出てくることも想定しておくべきだ。原子力利用国は国際原子力機関（IAEA）の査察下に置かれるとしても、核燃料供給、濃縮、再処理などに関してアジアで一定のコンセンサスを形成する必要もあろう。アジアにとって原子力の平和的かつ安定的な利用は避けて通れない課題であり、地域的な取り組みも欠かせない。

　以上、みてきたように、アジアにおいて、エネルギーは多面的な要素を含み、かつ地域の不安定要因になりかねない問題である。課題解決には各国の個別の対応に加え、本章で設立を提唱したアジアエネルギー機関（AEA）など地域としてのアプローチが有効と思われる。そうした地域としての協調的な取り組みは現状では困難を伴うのは事実だが、逆にエネルギー問題への共通の取り組みがアジア各国間の相互理解、相互信頼、協調を生み出す契機にもなり得る。むしろ困難の中にこそ可能性を見いだしていくべきであろう。エネルギー問題は「東アジア共同体」の中で解決されるというよりも「東アジア共同体」構築へのプロモーターとして捉えることがより重要であり、現実的でもある。

9　漁業資源の共同管理レジーム

廣吉勝治

問題の出発点は海洋新秩序の形成

本稿は、日本海、並びに日本海と連接する東シナ海・黄海（ここでは北東アジア海域と呼ぶ）における漁業資源の管理問題に絞って述べたい。当該海域の資源管理問題は、20世紀末から今世紀にかけて漁業大国の地位から転落した日本と世界で最強の漁業勢力として急成長しつつある中国を含む北東アジア各国が輻輳して豊かな資源を利用し合う関係にある海域の利用秩序形成に関わるからである。

ところで、当該海域は今日国際的な海洋利用問題においても、最もホットな話題を提示している海域であると言われる。それは、日中両国間で境界画定が棚上げになっている東シナ海において中国は日本が主張する日中中間線付近で一方的にガス田開発を開始した（2005年10月竣工）ことから、日中政府間の応酬が繰り広げられていること、そしてまた、日本海西部域における「竹島」（韓国では「独島」）の領有をめぐり、島根県議会が「竹島の日」条例制定（05年3月）をした行為が日韓の領土問題の溝をさらに深くしてしまったことである。これらの海をめぐる事柄においても日中間、及び日韓間の友好関係を悪化させ、（「靖国問題」以外にも）新たな火種となる問題を追加してしまったからである。

しかしながら、もっとも深刻な問題であると思われるのは、北東アジア地域の海域管理における問題に関して言うならば、長い間相対的安定を維持してきた漁業資源利用の相互関係が、

日中韓のEEZと共同利用水域

注：片岡千賀之（2005）による。

　国連海洋法条約の発効（1994年）を契機として本格的な200海里体制に移行したことで日中韓の各国は海洋分割・資源分割（囲い込み）の方向へと漁業秩序の変化を余儀なくされ、これにより却って当該海域における漁業資源問題の解決の見通しを

困難にしたことである。

中国の台頭と漁業勢力のバランスの変化

　当該海域における漁業生産を1980年代と現在を比較して見ると、日本は東シナ海・黄海では「以西底びき網漁業」は10万トン台を維持したが現在は1万トンもない状態であり、この漁業は消滅の可能性さえ予感させる。また、50万トンに及んだ「まき網漁業」生産は15万トンに縮減した。一方、日本海における主力業種である「沖合底びき網漁業」も7～8万トンから3万トン台に減少した。

　韓国においても、120万トン近くあった沖合漁業の生産量は70万トン台に落ちている。他方、漁労・養殖の技術移転を達成しつつ漁場条件や労賃等のコスト競争力で優位に立った中国は当該海域でも300万トン台から800万トン以上へと増産をしている。世界の漁業・養殖業生産は最近約1億4,000万トンで停滞気味であるが、中国は2003年、海面漁業生産だけで1,700万トン、養殖業や内水面の生産を含めると5,000万トンという驚異的な生産実績を示している。日本、そして韓国は遠洋・沖合漁業を中心とする漁業先進国としての地位にあったが、1970年代以降の「200海里時代」に入り漁場の縮減、途上国の追い上げ、水産物輸入増大等により撤退する漁業経営が増加した。「2003年漁業センサス」によれば、日本における総トン数500トン以上の稼働大型漁船は17隻しかない。中国は、輸出のみならず自国の水産物需要への対応を強めた側面が伺われる。このなかで日本の水産企業などにおいては、中国等への買付、及び加工、冷凍拠点の確保を指向する直接資本投資を強める動きが目立っている。

　こうして、当該海域における漁業勢力のバランスは大きく変化することとなった。

　日中韓の漁業勢力が一定のバランスの上に成り立っていた時

代は漁場利用関係も双方協議に基づく相互主義（等量主義とも）による相互入漁が了解事項として続いてきたのである。事実、1970年代後半（77年）に先進各国が距岸200海里までのEEZ（Exclusive Economic Zone：排他的経済水域）の宣言を一方的に行った場合においても、日中韓の間においてはEEZのルールを機械的に適応せず（例えば日中、日韓の漁業協定に基づき）、「お互いさま」の考えで当該海域のような狭隘な漁場で資源が共通に賦存、分布する実態応じた、漁業秩序を維持してきたのである。

しかし、1990年代に入ると日本の遠洋漁業の勢力の後退，衰退が非常に明白となる一方で、中国漁船や一部韓国漁船は当該水域のみならず道東方面や三陸海域の経済水域にもしばしば出現するに至り、乱獲、漁具被害、領海侵犯等の問題が頻繁に起こるようになって上記のような従来の漁業秩序維持が次第に困難となったのである。このような動向は近年ますます増長する傾向にあるという。海上保安庁『海上保安レポート』によれば我が国の領海、及び経済水域で確認される外国漁船数は2000年は14,249隻（中国漁船、74％）であったが、03年には21,857隻（同、77％）に増加している。

新漁業協定の現状と問題点

日中韓の各国は1996年に国連海洋法条約を批准し、それぞれ改めてEEZ設定、従前の漁業協定廃棄と国内法整備の下で海洋新秩序の形成に入った。狭隘な当該海域では各国EEZの輻輳は避けられず、「竹島」、「尖閣諸島」等の領土問題、領海及びEEZの基線の設定方法、境界の確定（中間線か大陸棚延長線か）などにおいて各国の意見は一致せず、新たな漁業協定を締結せざるを得ないこととなった。

新日韓漁業協定（1999年）は「竹島」と大和堆という有数の漁場を多く含む日本海の部分と東シナ海における済州島沖合の

南側部分の双方に暫定水域（共同利用水域）が設定され、新日中漁業協定（2000年）では北緯27度以北の東シナ海に広大な暫定水域が設定された。中韓の協定（01年）では両国は黄海における領海基線の計測方法で意見が違い、中間線の両側に両国の面積が等しくなるように暫定水域と「過渡水域」（4年後に両国のEEZに編入するもの）とを設けている。

　こうした各協定の特徴（問題点）は、第1に、領土問題はタナ上げ、或は適用除外とし（韓国は領土問題は存在しないという立場、中国は尖閣諸島を除外しかつ台湾問題を避けた）、利害関係が一致せずに意見一致をみない問題部分は暫定水域（共同利用水域）を広く取ることで妥協を図ろうとした協定である。これは漁業成長の著しい中国側の漁業実績、並びに実効支配と操業実態の事実を有する韓国側の現行操業の維持という既得権確保のポリシーであることを意味する（かつて、漁業大国の日本が使ってきた論法である）。新日中漁業協定では暫定水域内の漁獲量を「国連海洋法批准の1996年時点を上限として凍結する」となっているが、実はこの時点での漁獲実績の上限は日本側が1,000隻・10万トンであるのに対し、中国側は2万隻・210万トンであった。新協定は漁業勢力のある側の実績確保お墨付きを与える形になった感じが強い。第2に、暫定水域の漁業取締は沿岸国ではなく漁業者の属する国が行うという「旗国主義」を原則としており、資源の管理と保全の実効性が乏しいことである。また、同水域における当事国以外の第3国への入漁や割り当ての仕組みの問題は明確には規定されてはいない。第3に、各EEZ内への相互入漁は国連海洋法での「余剰原則」（TAC：Total Allowable Catch：漁獲可能量の余剰分は関係国等に割当てられるべきである）の規定もあり、従来の相互主義（等量主義）を受け継ぐものとして推奨されているのであるが、自国EEZの囲い込みを基本とする漁業新秩序によって相互主義的配分は事実上縮減の方向にある。例えば、日中の相互入漁量は2000年に

約7万トンであったが、05年は12,711トンに大幅に圧縮されている。また、国連海洋法条約が資源保護の目的で沿岸国に義務づけているTAC設定について言えば、日韓とも資源減少の著しい魚種（例えばズワイガニのような高価格種）や主要漁場が200海里周辺海域に分布し勝ちな魚種で、かつ外国漁船との漁獲トラブルが予想されるような魚種（例えばサバ、アジ、イワシのような浮魚類）がTAC対象魚種とされており、TAC設定は資源保護と言うよりも当該魚種の外国漁船による漁獲と入漁の抑制を念頭においたものであると思われる（なお、中国はTACを未設定である）。

共通海域における共通漁業資源の管理の方向

漁労体数や漁業就業者数の減少が進んでも漁業技術の進歩・発展は日進月歩であり、沿岸各国は減船等の施策をはじめとする漁獲努力の削減に取り組んでいる。当該海域においても各国の漁獲努力量は過剰であると考えられており、資源研究者は「当海域の底魚類資源は極めて憂慮すべき状況にある。……それを適切に管理するために、沿岸国の協力の下、共同研究・共同調査を実施する体制が早急に整備されなければならない」（堀川博士・山本圭介・青沼佳方「東シナ海・黄海の漁業資源」『地域漁業研究』第45巻第3号、2005年）と警告している。

日本おいて当該海域における遠洋業種である「以西底びき網漁業」、「大中型まき網漁業」は競争力を失うと共に経営破綻や減船で大幅な縮減を余儀なくされてきた。他の業種（沖合底びき網漁業、イカ釣漁業、フグ延縄漁業等）においても漁労体数の減少傾向が続いているものが殆どである。他方、当該海域のEEZ内では、2002年から政府は減船や休漁に対する補償を条件により広域的資源を中心として「資源回復計画」なる施策をスタートさせた。当該海域に関係する計画ではアカガレイ、マガレイ、ハタハタ、ベニズワイガニ、トラフグ等を対象に実施

されている。魚種別の施策は限界があると思われるし、当該海域全体の資源維持政策として遅きに失した感もないではないが、ひとまず前向きの対策として評価しうる。

中韓両国もEEZ自国水域については資源管理方策を実施している。臨海部の経済成長と個別経営への転換が推進されてきた中国では、漁船建造と漁業着業ブームにより漁業許可証・漁船登録証・漁船検査証を所持している漁船隻数は52％程度しかないという不法な状態であると言われるが、中国政府は年間減船6,000隻・転業5万人の漁業縮減政策を2002年から5年間実施する計画であるという（片岡千賀之「新漁業秩序の形成と漁業管理」『地域漁業研究』前掲号）。また、底びき網と張網を中心に「夏期休漁制」の実施にも踏み切ったという（妻小波「中国『夏期休漁制』漁業管理と制度評価」『漁業経済研究』第48巻第3号、2004）。韓国では、沖合・沿岸漁船3,000隻余の減船事業が1994年から04年まで実施され、沖合漁船については全隻数の3分の1が削減され、さらに沿岸漁船を中心に第2次の減船が計画されているという（片岡千賀之・西田明梨・金大永「韓国近海漁業における新漁業秩序の形成と漁業管理」『長崎大学水産学部研究報告』第85号、2004年）。

しかしながら、狭隘な当該海域の資源管理は、共通の利用規制と管理のシステム構築こそが重要であることを強調しておきたい。国連海洋法条約に基づく海洋新秩序形成は、漁場利用は200海里までを管轄権の及ぶEEZと認知したうえで、TAC制度等によってEEZ内の生物資源管理の義務づけが生じるものとするのが基本となっている。こうした理念は、行き過ぎれば、漁業勢力の強い沿岸国の海洋分割＝資源ナショナリズムを正当化し、排他的性格を強め、共通の資源管理の方向に消極的な姿勢が全面に出るような弊害をもたらし兼ねないと思われる。もし、そのような状態が当該海域で続くならば、当該海域における漁業資源利用の持続的生産は不可能となる危険性がある。

近年は、日本、韓国、台湾のみならず中国における魚食消費拡大傾向が著しい（ロシアもその兆候が見られる）。「日本は漁業大国から水産物輸入大国に変身した」というのは過去の話である。北東アジア地域はアジア地域の同じ「魚食国」として世界の水産物市場拡大傾向をさらにリードすることになる可能性も高い。そうなれば、沿海州から日本海、東シナ海にかけての狭域な海域における有望資源の獲得を巡ってさらに漁獲密度が高まるような状況が危惧される。

　境界確定は中間線がよいかとか、ファジーな「暫定水域」を共同管理すべきだとかの意見もあるが、妥当とは思えない。当該海域のような、各関係国の境界を越えて賦存、分布し、回遊する漁業資源の管理は、EEZの幅をむしろ狭くとると共に北東アジアの利害関係国・地域（さし当たり日本、中国、韓国、北朝鮮、ロシア、台湾）が共同に資源の利用、管理、保全の在り方を協議をする体制を構築することが急がれるべきである。当面は共通資源の利用、管理、保全のための調査研究や勧告等の権限を持つ、政府から独立した機関の組織化が重要な課題ではなかろうか（将来は、資源配分の在り方にも権限と責任を持つ組織が望まれる）。

　近年は貿易制度・システムにおいても、東アジアをひとつの共通市場と見なしうるような水産物貿易の広がりが確認できるし、市場システムの側からも資源争奪の弊害を除去し、持続的生産の方向に導くルール化も必要とされよう。

　当該海域の漁業においては、かつて「漁業大国」であった日本が特に幾度も漁業紛争の中心にあって漁業調整に多くの苦労をしてきた歴史を有し、基本的に輻輳しつつ分布する漁業資源を相互に利用する関係を作る努力の教訓を蓄積してきたところである。上記の組織体制作りにおいては、こうした歴史の中心にあった日本のイニシャティブが重要であると思う。

10　北東アジア・グランドデザイン策定の必要性
国際インフラ整備と地域協力関係の深化

澤井安勇

東アジアの地域統合に向けた基本的な考え方

従来から、わが国の地域協力政策の基本的なスタンスとして、東アジア・太平洋地域重視の伝統があるが、最近の動向として、経済連携協定（EPA）あるいは自由貿易協定（FTA）の締結交渉にみられるようにASEAN、日中韓3国との経済協力関係を中心とした積極的な対話の推進等に積極的な姿勢を明確にしている。特に1997年のアジア金融危機を契機として、97年にASEANと日中韓3国の首脳会議が行われた後は、「ASEANプラス3」会議を軸として東アジアの地域協力に向けた動きが本格化している。

一方、中国および朝鮮半島に加えてロシアの極東・シベリア地域、モンゴルなどを含む北東アジア地域は、日本の最近隣地域であるのもかかわらず、現代史に起因する様々な政治的困難性が存在し、地域協力関係の進展が極めて緩慢な地域として取り残されてきた経緯があり、経済・文化交流の活発化現象は見られるものの「政冷経熱」と言われるように、北東アジア地域全体における地域協力関係は、政治的次元では相対的に立ち遅れており、わが国の北東アジア地域への地域協力政策もその動きは緩慢であった。

しかしながら、近年、経済・社会の諸分野において北東アジア各国間における実態的な相互交流・補完関係は急速に高まっており、人・物・エネルギー・情報の循環も増大しつつある。1999年の日中韓3国首脳サミットの設置以来、諸分野間での3

国政府間協議や公的シンクタンクなどを中心とするトラック2レベルの共同研究も年々盛んになっている。また、中国を中心とする域内経済活動の急速な拡大に伴い、中東など以遠地域に大半を依存している域内エネルギー問題についてもエネルギー安全保障の観点から、身近なロシアのエネルギー資源の安定供給が、3国経済にとってもロシア経済にとっても極めて重要な課題として意識されるようになっている。

さらに、日韓共催のワールドカップの開催を契機とした韓流ブーム、朝鮮半島を巡る6カ国協議の開催、中国経済の飛躍的発展などを背景として、わが国における北東アジア地域に対する関心も急速に高まっている。こうした諸情勢を考慮すれば、最近時における北朝鮮情勢や中国・韓国における一部の反日感情を考慮しても、今後のわが国の対外地域協力政策においては、政治的安定性が高い対ASEAN政策に加えて、北東アジア地域への地域協力・連携政策の強化が極めて重要であり、そのため政治的和解・合意につながるあらゆる実質的・機能的アプローチを探る努力が必要と考える。ASEANプラスCJK（日中韓）という枠組みとCJKプラスロシア、モンゴルおよび北朝鮮という枠組みが並行的に形成されながら、緩やかに統合されて広義の東アジア共同体に向かう、というシナリオが自然であり、望ましいと考えられる。

国土政策における北東アジア的視点の導入

北東アジア地域内の相互交流・補完関係が高まり、人・物・エネルギー・情報の域内循環が増大しつつある現状を見れば、わが国をはじめ域内各国において、こうした域内循環をさらに円滑に促進するための機能的アプローチの必要性が高まっている。具体的には、域内主要地域を結ぶ交通インフラやエネルギー供給インフラ、地域に活力をもたらす戦略的なクラスターの整備など基幹的な社会資本の総合的整備およびその効用を高

める制度的バックアップなど所用のソフトインフラの整備に関する期待と関心である。

　現在、このような北東アジア地域全体の視点から各国の共通利益を高めるために有効な、国境を越えて計画される長大インフラ整備構想や各国が独自に進めている国内の基幹的インフラ計画の多国間調整を促進する状況が生まれつつあるように思える。ちなみに、中国では、2006年3月を目処に第11次5カ年計画を作成中であり、05年秋までに基本骨子を決定済みであるが、新計画においては、ロシア・モンゴルなどとの接点となる中国東北地域の交通インフラの整備などにも重点が置かれていると聞く。また、韓国では、05年末に既定の第4次国土計画（National Territorial Plan）の改訂作業を終了させているが、この作業の過程においては、韓国内だけの視点ではなく、朝鮮半島全域さらには近隣地域との接続を想定した様々な開発構想の検討が行われたと聞いている。さらに、わが国においては、05年に旧国土総合開発法が見直されて国土形成計画法に変り、これまでの全国総合開発計画の体系を廃して、新たに国土形成計画が作成されることとなった。新計画においては、開発主義からの転換、地方サイドの関与拡大という2つの転換の柱を持つが、05年秋に開催された国際シンポジウムにおいても、東アジアまたは北東アジア地域との連繋という視点を重視した高速物流システムや日帰り交通圏の拡大などを構想したい旨の担当者の意向が述べられており、それが実現すれば、これまでの国土計画から大きく前進した内容となろう。こうした情勢を考慮すれば、今後、相互依存関係が深まっている日中韓3国が、それぞれの国土計画の改訂・策定時において、極力北東アジア的視点を導入し、北東アジア全域を視野にいれた広域総合開発ヴィジョンであるグランドデザイン研究等を通じて、国境を越えて相互に影響しあう基幹的な大規模インフラの整備計画等について相互に情報交流を重ね、共通利益を高める方向で効果的な国土形成プログ

ラムに組み込んでいく努力が望まれており、またそれを可能とする状況が生まれようとしている。

北東アジア・グランドデザイン研究の基本的視点

NIRAにおいては、これまで、北東アジア地域全体を視野においた総合開発ヴィジョンである北東アジア・グランドデザインの作成を行い、域内各国・各地域の共通利益の極大化が見込まれる多国間国際インフラの整備構想を中心とした、いわゆる機能主義的なアプローチによって、北東アジア地域における地域協力関係の促進および地域統合に向けた動きの深化・拡大を図ることに努めてきた。折しも、1999年に開催された日中韓3国首脳会議で3国の代表研究機関（日本はNIRA）による経済協力促進に関する共同研究が提案され、2001年からは、3国間の貿易・投資環境の改善、FTA締結問題などについて継続的な研究が行われることとなった。この時期から、NIRAにおいては、従来の環日本海経済圏という比較的狭いエリアを対象とした総合開発的視点を修正し、わが国にとっての最近隣関係である日中韓3国関係をコアにしながら、域内エネルギー安全保障の視点から注目されてきたロシアなどを加えた、いわゆる広義の「北東アジア地域」の地域化の促進、経済的地域統合の推進という目標を設定し、日中韓3国にロシア、モンゴル、北朝鮮を加えた北東アジア6カ国における多国間地域協力関係を確立し、長期的には、いわゆる北東アジア共同体（NEAC）の形成を念頭においた幅広い取組を行ってきた。その中心的な戦略研究テーマとして、機能主義的なアプローチの具体的な適用手法としての北東アジア・グランドデザイン研究を、01年から逐次、フェーズ1・フェーズ2というステップを踏みながら実施し、現在、フェーズ3の段階に至っている。特に、第3フェーズの研究段階では、日中韓3国の国土計画のレビュー時期と重なるため、極力、北東アジア・グランドデザイン研究の作業を

通じて北東アジア的視点を各国の国土計画に反映させることが必要であると考え、中国、韓国の国土計画策定作業に影響力のある公的シンクタンクとの協働や日本の政府担当者との意見交換などを積極的に進めるとともに、より戦略性・緊急性の高いテーマに絞った整備課題の検討やパイロット・プロジェクト構想の提案などを行うこととしている。

北東アジア・グランドデザインのフレーム・ワーク
　これまでのグランドデザイン研究の過程で確立されてきたグランドデザインのコンセプトおよびそのフレーム・ワークは、概ね次のとおりである。
〈北東アジア・グランドデザインに期待される目的及び役割〉
　・北東アジア地域全体の有機的なつながりを重視しつつ機能的な視点から作成される多国間総合開発計画としての機能
　・域内各国の効果的投資政策の選択および域外諸国からの投資誘引のためのガイドポストの役割
　・グランドデザイン研究への参加を通じた共通の地域コンセンサスの醸成
　・北東アジア共同体に向けた長期的ロードマップの役割
〈北東アジア・グランドデザインの主なるデザイン・ポリシー（設計思想）〉
　・インフラ整備における統合的視点の導入（Physical Integration）
　・戦略的クラスター開発とその効果的ネットワーキング（Cluster-Networking）
　・地域的多様性の確保（Diversification）
　・人間開発（Human Development）
なお、デザイン・ポリシーとなっているフィジカル・インテグレーションについては、域内における国際インフラ等の整備に当たっては、各国毎に国内事情のみを考慮したバラバラの計

画を行うのではなく、中長期視点から北東アジアの全体的繋がりを視野に入れた広域的視点を考慮に入れ、さらに、各種インフラの整備に当たっては、それらの建設を極力一体的に推進するなど、クロス・セクターの視点をも導入すべきであるという考え方であり、また戦略的機能集積拠点（クラスター）については、従来型の工業型クラスターに限定せず、知識情報化対応は勿論、エコツーリズムの拠点などをも意識した多様なコンテンツを備えたコンセプトで考え、開発の広域的波及効果および既存開発集積とのシナジー効果を期待できるよう効果的なネットワーキングを促進すべきものと考えている。

〈計画対象地域の概念および計画期間〉

　北東アジア・グランドデザイン研究の対象地域としては、同構想の最終的な目標を北東アジア地域における多国間協力関係の樹立においていること、近年、各種ランドブリッジ、アジア・ハイウエイなどの長大プロジェクトが数多く定期されつつあることなどを考慮して、従来の環日本海地域という局地圏ではなく、日中韓3国プラスロシア、モンゴル、そして北朝鮮の6カ国の主権がおよぶエリア全体を構想対象地域とすべきと考える。ただし、実際に各種のプロジェクト構想が描かれるのは、ベイシック・エリアと呼ぶロシアの極東・シベリア地域、中国の東北地域（吉林省、遼寧省、黒龍江省）・華北地域（内モンゴル、河北省、北京市、天津市）および山東省、韓国、北朝鮮および日本の地域となろう。なお、プロジェクトの種類によっては、北米およびEU諸国との調整も必要となるため、それぞれ北太平洋リンケージ、ヨーロッパ・リンケージというリエゾン的意味合いを持つ機能的な地域概念も用意されている。

　また、大規模プロジェクト構想のタイムスパンについては、概ね20年程度を視野に、かなり自由な発想で、ヴィジョンを描き、フィーズィビリティーの高い事業計画は、10年タームで考えていくという方針を採っている。

北東アジアの主要発展ベクトルとプロジェクト構想および今後の展開

　北東アジア・グランドデザイン作成にあたっては、北東アジア地域における経済発展の動向、すなわち成長可能性ベクトルの方向を見定めたうえで、様々な制約関係の除去・緩和を行いながら、エネルギーその他の自然資源、資本、技術、労働力等に関する各国間の相互補完性を最大限に活用できるよう効率的な国際インフラの整備方向・手法等を示すことが必要である。同地域における現時点の主要成長ベクトルとしては、環日本海（韓国では東海）・環黄海の2つの成長リングと日本列島軸・朝鮮半島およびロシア極東軸・中国東北軸の3つの軸が指摘でき、このベクトル周辺、国境周辺の主要交通ネットワーク拠点、エネルギー基地周辺などに、経済特区などの開発クラスター及びその予備軍が形成されつつある。（図参照）なお、当然のことながら、北朝鮮の対外開放状況をどのように設定するかにより、朝鮮半島に想定されるベクトルの連続性・方向は大きく異なってくることに注意する必要がある。

　次に、グランドデザイン研究の中で検討されてきた多国間インフラ整備構想は、各国の当面の共通関心事項でもある運輸交通関係およびエネルギー供給関係に関するものが多いが、運輸交通関係のヴィジョンの一例としては、北東アジアの主要都市を結ぶ高速鉄道システムである「ビッグ・ループ」構想、日中韓3国の新幹線ネットワークを組み合わせた近未来の高速鉄道システム構想などが検討されている。これらは、主要都市を結ぶ高速鉄道サーキット・システムであるビッグ・ループに日本・韓国に出来上がっている新幹線・高速鉄道軸と中国に整備されつつある新幹線・高速鉄道軸を相互に連結することにより、運輸交通上の相乗効果（Synergy）が期待できることを示唆した提案となっている。

　また、北京・ソウル・東京を基軸とする都市連携構想として

図　ベイシック・エリアにおける成長ベクトルとキーエリア

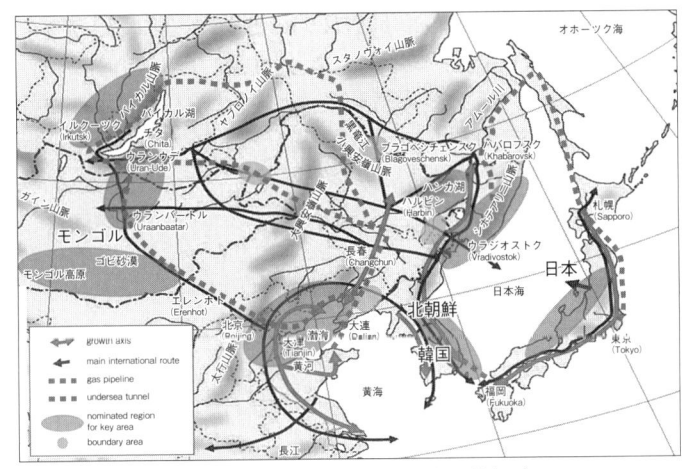

出典：NIRA 研究報告書0507『北東アジアのグランドデザイン』

以前から韓国などを中心に提案されてきたベセト（BESETO、3都市の頭文字をつなげたもの）回廊構想をより現実化するため、3都市および関連の大都市を結ぶ日帰り航空便のシャトル・サービスシステムや陸上のアジア・ハイウエイ・ルート A1 および新幹線・高速鉄道ネットワークなどを一体的に整備して、日中韓3国の物的交流の促進を図ろうというベセト回廊高速交通システム構想なども提起されている。

さらに、北東アジア地域全体のエネルギーの安定供給・省エネ対策もこの地域の当面の課題となっているが、特に、環境対策面でも優れたロシアの天然ガスの域内各国への供給システムの確立が急務となっている。その中には、地政学的にも北東アジアの中心であり、また現在、国際安全保障の上でもキーエリアとなっている朝鮮半島へのサハリン・シベリアからの天然ガスパイプラインの導入構想などのアイデアも提案されている。

2001年からスタートした NIRA のグランドデザイン研究は、

05年度から、それぞれ各国の国土計画づくりに影響力のある中国のISPRE（国家発展改革委員会・国土開発地域経済研究所）と韓国のKRIHS（韓国国土研究院）との共同研究体制が組まれており、研究員の交流や定期的なワークショップの開催などを実施して、共通的なイメージを纏めていくという新たな局面に入っている。今後も、いろいろな機会を通じて、その共同成果については、公表し、またそれぞれの政府関係筋に情報提供し、各国の国土計画等の参考にしてもらうことを考えている。そして、現在の３国シンクタンクの共同研究体制の充実に加えて、近い将来には、ロシア、モンゴルさらには北朝鮮のシンクタンク・大学などの参加も得て、文字通り北東アジア各国の協働と連携によるグランドデザインづくりを目指したいと考えている。

11 メコン地域協力の展開

白石昌也

ポスト冷戦期におけるメコン地域協力の展開

「メコン地域」とは、広義には、大陸部東南アジア5カ国（カンボジア、ラオス、ミャンマー、ベトナムのいわゆるCLMV諸国とタイ）そして中国西南地方（当初は雲南省のみ、最近になって広西チワン族自治区も加わる）を包含するサブ地域、すなわち「大メコン圏」（GMS：Greater Mekong Sub-region）を指す。この地域を舞台とするマルティレベルの協力が本格化したのは、ポスト冷戦期になってからのことである。

植民地支配期、そしてとりわけ冷戦期を通じて、この地域は分断と対立に彩られてきた。しかも、多くの域内諸国は長らく、国内的には統制的な経済運営システムを、対外的には孤立的、閉鎖的な政策を維持してきた。そのような状況に変化の兆候が生じたのは、1980年代後半にそれらの国々が市場経済への移行を開始し、対外開放的な政策を採用してからである。そして、この地域に平和と協調の時代が訪れたのは、ようやく91年末にカンボジア和平協定が成立し、中越の関係が修復してからのことである。

そのような状況の中で、地域組織としてのASEAN（東南アジア諸国連合）は、メコン地域のCLMV諸国を次々と仲間に加えることによって10カ国体制となった。また、APEC（アジア太平洋経済協力、1987年）に続いて、ARF（ASEAN地域フォーラム、94年）、ASEM（アジア欧州会合、96年）、ASEAN + 3（日中韓）サミット（97年より非公式、99年より正式に年次化）、東アジ

アサミット（2005年）などといった、ASEAN（諸国）を重要な構成要素とする拡大地域主義もしくは地域間協力の試みも、続々と始動した。

視点をメコン地域に移せば、1990年代初め以来、その全体もしくは一部を対象とするマルティラテラルな協力枠組みが、ほぼ一斉に産声を上げた。確かに、当初は計画の立案や模索が中心であり、かつ90年代半ば過ぎには、タイを震源地とするアジア通貨危機の影響を受けて、協力の機運がいったん停滞した。しかし、アジア通貨危機以降、様々な活動が復活、あるいは新たに誕生し、以前にも増す盛り上がりを示している。

なかでも、ADB（アジア開発銀行）がイニシアティブを発揮し強力にバックアップする GMS 開発協力（1992年発足）は、この地域における協力の骨格と方向性を定め、また域内諸国のみならず国際社会の関心を喚起する上で、牽引車的な役割を果たしてきた。ちなみに、今話題を集めているメコン地域の東西回廊や南北回廊の構想が提起され関係国によって承認されたのは、1998年の GMS 閣僚会合においてであった。

また、2002年10月にプノンペンで ASEAN および ASEAN ＋ 3 の首脳会談が開催された折には、GMS 開発協力10周年を記念して大陸部東南アジア5カ国と中国（および ADB 総裁）が参加する第1回 GMS サミットが開催され、3年に1度の定例化が合意された。第2回 GMS サミットは05年7月に雲南省の省都・昆明で開催され、広西チワン族自治区を GMS 協力の対象として新たに加えることが合意された。

その他の協力枠組みで首脳レベルの会合を擁するものには、タイの提唱によって開始され大陸部東南アジア5カ国が参加する ACMECS（エーヤワディ・チャオプラヤ・メコン経済協力戦略）、インドなど南アジア諸国とタイ、ミャンマーが参加する BIMSTEC（環ベンガル湾マルティセクター技術・経済協力）がある。それ以外に、閣僚レベルおよび事務レベルで運営されてい

るものを加えれば、現在、メコン地域の全体もしくは一部を対象として展開中の協力枠組みは、合計で十余件となる（専門家の中には20以上とする者もいる）。まさに、「メコン・コンジェスチョン」と称される状況が出現しているのである。

メコン地域協力の意義

メコン地域をひとつの「サブリージョン」として捉え、マルチレベルでの協力を展開することの意義は多岐にわたる。

第1に、この地域では長期間、しかも域外大国を巻き込んでの戦乱や対立が続いてきた。そのために、域内の国同士は政治的、心理的にも、物理的にも分断されてきた。これら諸国の間に対話と協力の場を設け、また物理的に連結するためのインフラを整備することは、信頼醸成や相互理解、経済・社会発展に貢献し、この地に根づき始めた平和と安定の趨勢を補強することになる。そのことは、域内の諸国や人々の運命にとってのみならず、東南アジアやアジア太平洋、さらには国際社会全体の安定にとっても重要である。

第2に、この地域には、戦乱や統制経済によって疲弊し、経済・社会発展に遅れた国々が集中している。CLMV諸国が市場経済化と対外開放へと路線を転換したのは1980年代後半以降のことである。70年代末に改革開放を開始した中国にしても、その波が辺境の南西地方に及ぶのは90年代に入ってからのことである。また、物理的インフラが未整備、もしくは紛争によって荒廃したがゆえに、とりわけ内陸に位置する国（ラオス）や地方（雲南、東北タイ、北部カンボジアなど）は、海へのアクセスにおいて困難を抱えてきた。それら諸国・地方に共通する課題に対処し、国境を跨ぐ交通・通信インフラなどを整備するためには、地域を一体として捉えるマルティラテラルな協力枠組みが必要である。

第3に、この地域には経済の発展が遅れている国・地方が存

在する一方で、グローバリゼーションの波に乗って比較的順調に発展を遂げてきた国や地方、さらに、それを追いかけて初期的な成果を上げつつある国や地方も並存している。このような域内格差は、一方でそれを縮小、解消することを課題として提起するが、他方においては、そのような格差の存在ゆえに、原材料、エネルギー、労働力の供給、資金、技術の提供などの面で、相互補完が（潜在的に）可能であることをも含意している。

第4に、メコン地域の諸国・地方は地理的に近接している以上、ひとつのグループとしてまとまることによって、その潜在的なスケールメリットを最大限に活かすことが可能な筈である。大陸部東南アジア5カ国に雲南省と広西自治区を含めた広義のメコン圏は、面積250万平方キロ、人口3億人に及ぶ。しかも、改革開放に着手してまだ日の浅い国が多いだけに、未開拓のままに眠る資源も豊富で多岐に及ぶ。グローバル化の進展によって激化する国際競争に勝ち残るためにも、地域としてのアピール力を高めることが必要である。

第5に、メコン地域の国・地方には（GMS協力に新たに参加した広西自治区を除いて）、国際的河川としてのメコン水系（本流、支流）が貫流する。メコン流域に所在する資源の持続的開発と環境の保全、国際的な商業航行の活性化などには、したがって1国レベルを越えてマルティレベルでの協力、調整を必要としている。

さらに、メコン地域諸国は地理的に近接し、長大な国境線（メコン河によって画された水の国境を含む）を共有している。物理的、制度的インフラが整備されるに従って、越境するモノやヒト、情報の量が拡大することは、一方においてメリットも大きいが、また他方においては、マイナスの影響（麻薬の密輸、非合法な人的移動、疾病や公害の越境浸透など）をも生み出す。メリットを確保しつつ負の影響に対処するためには、バイ、マルティを含めた各国間の協力、調整が必須である。

第6に、大陸部東南アジア諸国と雲南・広西は、地理的に近接し、また（タイを除いて）市場経済への移行と対外開放に着手してまだ日が浅いという点で共通しているのみならず、さらには、エスニシティーの面でタイ語系諸民族が広く分布しており、文化的には（大乗と上座部の相違はあるにせよ）仏教圏に属するといった共通点を有している。すなわち、メコン地域は中国と東南アジアという2つの「世界」の境界を跨ぐ空間であり、また両者の接点となっている。したがって、メコン地域協力は、中国と東南アジアの関係如何に左右されると同時に、両者の関係を拡大する上での媒介的な役割を果たすこともできる。

経済回廊の形成

　以上のような意義を有するメコン地域協力において、主要な具体的な成果のひとつとして最近関心を集めているのが、地域を東西もしくは南北に貫く複数の「回廊」の構築である。この構想を最初に提起したのは、上述のとおりADBであり、その趣旨は、基幹となる交通インフラ（主に陸路、さらには鉄道と水路）に加えて通信インフラなどをも整備し、それを起爆剤としてモノやヒト、情報のフローを促し、回廊沿いへの投資を誘引し、経済発展に繋げることにある。とりわけ、南北と東西のルートが交叉する地点や、回廊の終着点としての海の玄関に、物流と産業の集積地を形成し、そこから周辺へと発展の波を広げていくことを予期している。

　この地域における国境を越えての交通インフラ整備の構想としては、すでに1950〜60年代に、ESCAP（国連アジア太平洋経済・社会委員会）の前身ECAFE（国連アジア極東経済委員会）が提唱したアジア・ハイウエーやアジア縦貫鉄道の建設構想がある。ただし、ECAFEの構想がメコン地域を一部分に含みつつアジア大陸（もしくはユーラシア大陸）全体を連結する青写真であるのに対して、ADBの提起する「回廊」構想はメコン地域

内において一応完結しており、かつ、内陸に位置する国や地方を太平洋やインド洋の玄関口（海港）へと連結する（land-locked から land-liked area へ）との発想が強い。なお、両者の構想を比較すると、具体的なルート設定に関しても完全に合致しているわけではない。

　ADB による構想の今ひとつの特徴は、単なる「交通回廊」の形成に留まらず、それを「経済回廊」へと転化させていくとの展望を明示していることである。ただし、現状においては、「交通回廊」形成の前提条件としての物理的インフラ整備が（幾つかの回廊で）進捗しつつある段階であり、それを活用してヒトやモノの往来を円滑化するための制度的インフラ（国境ゲートにおける出入国審査や通関の簡素化、複数国家間の車両相互乗り入れ制度、国際貨物のトランジット制度など）の整備、ましてや、国境貿易区もしくは特別経済区の建設、地方ごとの特色に即した産業振興政策の具体化などは、今後の課題である。バンコクやホーチミン市に立地する企業（日系を含む）が、豊富で安価な労働力を求めて、もしくは原材料の生産地に近接するという地の利を求めて、生産工程（の一部）を移転する動きがすでに生じているとはいえ、それが本格化するまでの道のりは、まだ長そうである。

メコン地域協力における政治的力学と「東アジア共同体」

　メコン地域協力において無視できない要素のひとつは、域外諸国を巻き込んでのイニシアティブ争いが顕在化し、また各国・地方ごとの思惑や利害が錯綜していることである。

　例えば、多くの協力構想においてタイが地域の「ハブ」としての扱いを受けていることに対して、マレーシアは ASEAN 諸国全体でメコン地域開発支援に取り組むための協力枠組み AMBDC（ASEAN メコン流域開発協力）を新たに提唱し、かつその目玉プロジェクトとして、シンガポールを起点とし自国を

経て昆明に至る鉄道ルートの整備計画（SKRL）を位置づけている。

　同様に、アジア通貨危機によってタイの関心が国内経済問題に集中した「間隙」をいわば縫う形で、ベトナムがイニシアティブを発揮し、カンボジア、ラオスとの3国間で、国境諸省の開発と貧困削減を趣旨とするトライアングル構想に合意した。これに対して、通貨危機から立ち直ったタイは、ミャンマー、カンボジア、ラオスに呼びかけて新たな協力枠組み（ACMECS）を立ち上げた。結局ベトナムはこれに遅れて合流し、大陸部東南アジア5カ国で構成される枠組みへと拡大したが、今度はこれから排除された形の中国が不満を表明している。そして、第2回ACMECSサミットがバンコクで開催された時期（2005年）を見計らうように、中国はベトナムとの間で、昆明および南寧とハノイを結ぶ2つの回廊と、広西から北部ベトナムに至るトンキン湾沿岸の発展ベルトの構想に合意した。

　他方ミャンマーは、国内の人権問題などのゆえに先進諸国政府や国際機関からの支援を停止もしくは制限されており、メコン地域協力で提起されている大型プロジェクトをなかなか具体化し得ない状況にある。国際的に孤立する同国に対しては、近年中国が積極的な支援を展開しており、これに刺激される形でタイも同様の動きを強めている。

　なお、メコン流域における環境レジーム的な機能を志向するMRC（メコン河委員会）に対しては、上流域に位置する中国とミャンマーが正式メンバーとなっていない。自国の電源開発などに対する、下流諸国の干渉を忌避しているものと思われる。

　この間、ベトナムとタイの中間に位置するカンボジア、ラオスは、国内を横断する交通ルートが整備されたとしても、自国の発展に裨益するところが少なく、結局、ベトナム・タイ間のトランジット貨物が素通りするだけではないのかとの懸念を抱いている。むしろカンボジアにとっては、自国内の海の玄関シ

ハヌークビルの港湾能力拡充や国内各地から同港へ至るアクセスルートの整備、ラオスにとっては、国土を分断する東西のルートよりも南北に長く伸びる縦断ルート（国道13号線）の整備に力を入れたいところである。

中国の内部に目を転じると、地方省レベルでのライバル的関係が看取される。すなわち、GMS協力で脚光を浴びる雲南省に対して、広西自治区も東南アジアとの交流に積極的となり、中国・ASEAN博覧会（毎年開催）の会場を南寧に誘致したのに続けて、2005年からはGMS協力の正式メンバーとなることを認められた。

イニシアティブをめぐる競合は、域外諸国を巻き込む形でも展開されている。

日本は1950年代からメコン流域開発調査を手がけ、また1978年の福田ドクトリン以来メコン地域での和解に仲介者的な役割を果たしてきた自負もあって、カンボジア和平以降の国際的支援体制構築などに独自のイニシアティブを発揮してきた。東南アジア諸国も資金調達の思惑などもあってこれを歓迎しているが、これに対して中国は、「域外国」としての日本を極力排除しようと努めている。日本の側でも、例えば大陸部東南アジア諸国間を東西に結ぶ交通インフラ整備などにODAを積極的に供与する一方で、雲南省からラオス、ミャンマーを経てタイに至る南北回廊の整備計画には消極的である。

メコン本流における（複数の）架橋プロジェクトに関しては、ODAの提供者として日本とオーストラリアの間にも競合的関係が看取される。その他の関連プロジェクトにおいて、今後は日本と韓国が競合することになるかもしれない。

大陸部東南アジアの西に位置し、古くから文化交流、通商関係を育んできた南アジアの大国インドも、中国の積極的な姿勢に刺激される形で、メコン地域協力におけるステークホルダーとなるべく努めている。具体的に、中国を除外しインドが参加

する協力枠組みとして、BIMSTEC 以外に MGC（メコン・ガンジス協力）などが存在する。

　以上のような様々なレベルでの競合関係の存在は、一面においてメコン地域協力を活性化させる原因となっているが、他方においては類似プログラムの乱立状態を招いてもいる。ただし、前項にも指摘したとおり、この地域を舞台とする協力の意義と目的は多岐にわたり、複数存在する協力枠組みの間での「棲み分け」と相互補完は、（自覚的な努力次第では）かなりの程度可能である。また、独自の資金源を持ち、強力な事務局機能を有する ADR が、中立的な立場からメコン地域協力を牽引する役割を演じていることも見逃せない。

　さらに、東アジアサミット（EAS）が始動した今日、「東アジア共同体」（EAC）の構想が将来的に具体化していけば、メコン地域は地理的にその中心に位置し、東北アジアと東南アジア、そして南アジア（とりわけインドが EAC に参加する場合）の三者を橋渡しする役割を担うこととなろう。そして同時に、東アジア共同体という「メガ地域」もしくは「メタ地域」の形成が、メコン地域の存在意義を高め、「サブ地域」としての内実獲得を促進することになるかもしれない。

12　東北アジア地域統合へのアプローチ

李　鋼哲

　今日、「東アジア共同体」論議とともに域内経済統合の実態が急速に進展されているなか、冷や飯を食わされて殆ど論者の注目から外れた地域がある。東北アジア地域である。とりわけ、日本のマスコミや学者、政治家などの「東アジア共同体」論には東北アジア（日本では「北東アジア」とも言う）という概念すら念頭に浮かばないケースが多い。つまり、東北アジアの視点が欠落している。

　「東アジア共同体」構成国の中で、中核的な役割を果たすべき日中韓3カ国の結束なしでは共同体は絵に描いた餅であり、終局的には実現可能性が乏しくなる。そこで東北アジア統合の視点、日中韓3カ国の共同体に関する共通認識が改めて問われている。そもそも、地政学的、そして歴史・文化、経済的に見ると、日中韓3カ国の協力関係の構築こそが「東アジア共同体」形成への必要不可欠の第一歩であると見ているのは自然の成り行きであろう。つまり、日中韓3国間の信頼醸成と協力体構築こそは「東アジア共同体」構築への不可欠で必須の条件であり、現時点での喫緊の課題であることは疑問の余地がない。しかし、だからといってASEANを中心に推進している「東アジア共同体」の形成に反対を表明していることではない。むしろその役割を高く評価し、現実的にはASEANの主導的な役割を欠いては、日中韓の共同体構築は短期的には期待できないと考えられる。

　日中韓3国は東アジアにおいて中核的な存在であることは間

違いなく、視点を変えれば3カ国は紛れもない東北アジア地域の中核的な存在である。日中韓3国の存在を強調する意味は、現在の「東アジア共同体」論のなかで、東北アジアという視点の重要性が十分に認識されていないところにあり、「東アジア共同体」への議論をもっと多角的に捉えなければならないところにある。

　また、東北アジアの視点を取り入れる場合、依然として冷戦思考に囚われ、域内国家間関係を対立の軸で捉え、域内諸国間関係の不正常な現状を無視し、安易に共同体論を語ることは多くの混乱を招くことになる。例えば、「一党独裁」、「軍事国家」などの言葉を持ち遊んで中国や北朝鮮の排除を主張しながらも、同じような問題を抱えている ASEAN（例えばベトナムやミャンマー）に積極的に接近すべきとの論調はどう見ても自己矛盾する。また、経済大国の日中韓だけに焦点が当てられがちだが、弱小国または発展途上国である北朝鮮（朝鮮民主主義人民共和国）とモンゴル、そしてユーラシア大陸国家のロシア（主に極東地域）は殆ど視野に入っていない論者が少なくない。また、政治的な配慮からして、香港・澳門と台湾も取り上げないケースが少なくない。これらの国や地域は「東アジア共同体」から除外された孤島となり、後者の場合は「東北アジア」論からも除外されたものになってしまった。地理的にも、経済的にも、国際分業関係からも東アジアと密接な関係にあるこれらの国や地域をなぜ除外しなければならないのか。香港や台湾を入れるか入れないかによって、東アジアの経済の実態は大きく変わってくる。

東北アジアを視点に入れた東アジア経済統合のシナリオ

　「東アジア共同体」の構築は可能かどうか、またそれを目指すべきかどうか、という議論が日本では近年急速に広がっている。その可能性に関しては未だに議論が分かれているが、現在

起こっている世界規模でのリージョナライゼーションの大潮流、そして、アジア金融・経済危機以来の域内の動態から見ると、東アジアは共同体構築の方向に進まざるを得ない状況に置かれているといえるだろう。数年前までは、アジア共同体の議論は日本では殆どタブー視される一方、経済統合または経済共同体については議論が盛んになりつつあった。

　しかし、こうした議論は殆どが現在進行中のASEAN＋日中韓の枠組みの進展に対する追随的な議論に過ぎなかった。それらの議論は「風見鶏」的な節が強く、日本が「アジアの一員」として真摯にアジアと共存・共栄の共同体を目指す議論であるかどうかが疑わしい。なぜなら、1990年代以降に浮上してきたマハティール元マレーシア首相が提案した東アジア経済協議体（EAEC）、そして環日本海経済圏論、環渤海・黄海経済圏論などに対して日本の主流メディアや学者はそれほど関心を示していなかった。それがASEAN＋3首脳会合の枠組みが徐々に固まってくると、これらのメディアや学者は急速に方向転換したと筆者には見える。これに比べると、1990年代初頭から環日本海経済圏、図們江地域開発、東北アジア経済圏などについて、その潜在的な可能性や未来性を探求してきた研究者には、日本を含む東北アジア地域の永久な平和と安定、そして欧米依存的な現状から脱却し、アジアの自尊と精気を取り戻すという信念と哲学が見える、と筆者はその研究し続けてきた見地からは感じられる。

　ここで、東北アジアの視点に立って筆者がかつて考えて描いた「東アジア経済共同体」シナリオについて検討してみる。次の表で、そのシナリオを「短期的シナリオ」、「中期的シナリオ」、「長期的シナリオ」という3段階に分けて見る。

　まず、「短期的シナリオ」（2001〜10年）は現在進行中、または引き続き構想として推進中のものであり、ここではまだ奇跡的な大きな変化は起こらないが、方向的には共同体に向けての

プロセスが進行するだろうと見ていた。

　大きな変化が起こり始めるのは「中期的シナリオ」(2010～30年)においてであろうと考えていた。その時には東アジア自由貿易地帯(AFTA)にモンゴル、北朝鮮、台湾も加わってくるはずである。現実的にはインドなども加わる方向が見えているが。またAPECとARFは実質的に一体化する可能性が増大する。まず東北アジア地域では、今後の30年というタイムスパンで、南北朝鮮の経済的統合、中国と香港、台湾との経済的統合が実現されるだろう。それに伴って「東北アジア経済協力体」構築も現実性を持つようになる。この段階では、東アジア地域を巡る安全保障の構図も大きく変わってくるだろう。現実的な動きとしては東南アジア友好協力条約(TAC)に中国、韓国、日本、インド、パキスタン、オーストラリア、ロシアなどがそれぞれ加盟し、そのカバーする領域は東南アジアからアジア太平洋地域まで拡張している。将来的には米国やEUも加わってくる可能性すら否定できない。このような安全保障シナリオの再構築は、日米同盟の変化や弱体化をもたらす可能性を高めるだろう。つまり、経済的統合による台湾海峡の安定化と朝鮮半島の安定化は日米安保や韓米安保の存在意義を薄め、駐留米軍は段階的に縮小せざるを得ないだろう。

　最後の「長期的シナリオ」(2030～50年)では、NEAEC(北東アジア経済協力体)とASEANが結合して、「東アジア経済共同体」を作ることが可能となろう。そこには円と元を機軸にしてアジア共通通貨(ECC)も誕生するだろう。政治的には、統一南北朝鮮、統一中国、ASEAN、ロシア、日本が共同で協調的安保体制を構築し、それに米国やEUも関わることを排除しないが、あくまでも東アジアが主導する多角的な安保体制になるだろう。また、南アジアや中央アジアにも加盟の道を開くことになるかも知れない。この時期には軍事同盟を機軸にした2国間同盟は存在意義がなくなるのではないか。つまり、「日米

表 東アジア経済

現在の枠組み	短期的シナリオ (第1段階=〜10年)
「ASEAN + 3」 ARF APEC	「3 + ASEAN」=東アジア自由貿易協定= AFTA (13カ国) ARF、APEC +蒙・NK加盟
日中韓枠組み 　非公式首脳会談 　a. 環境協力会議 　b. 経済閣僚会議 　c. 外相会議	東北アジア経済協力体= NEAEC4(日・中・韓・蒙) NEADBの設立 NEATIBの設立(北東アジア信託投資銀行)
TRADP:諮問委員会と調整委員会	TRADP 2つの委員会の発展的解消、NEAECに収斂
日米同盟、韓米同盟 　上海協力機構 　東南アジア友好協力条約 　(TAC)	日米同盟、韓米同盟の見直し 　上海協力機構の拡大 　TACの拡大

注:NK=朝鮮民主主義人民共和国(North Korea)の略、NEADB=東北アジ
＊ADB、NEADBの民営化というのは、ADBを訪問したときに、ADB関係しているので、発展的に民営化すべきとの意見に基づくものである。
出所:2001年10月に筆者作成

同盟」、「韓米同盟」の解体も視野に入れるべきであろう。現実的に、「韓米同盟」は韓国盧武鉉政権の「平和と繁栄」政策による対北朝鮮および対米、対中関係の調整により揺らいでいる。これと同時に、「普通の国家」を目指す日本と対中国戦略を調整する米国との間の同盟関係もこれから調整されざるを得ないだろう。

　このシナリオは、現在の東アジアが置かれている現状をそのまま変化しないものと見ることに対する挑戦であるかも知れな

統合のシナリオ

中期的シナリオ (第2段階＝10〜30年)	長期的シナリオ (第3段階＝30〜50年)
東アジア経済協力会議 AFTA＋モンゴル・NK・台湾 (15カ国＋1地域) APEC＋ARFの一体化	東アジア経済共同体 EAEU＝(15カ国) East Asian Economic Union (APECは経済・安保協力会議に変身＝APESC)
東北アジア経済協力体＝ NEAEC6 (4＋朝・ロ) AMFの創設 ADBの民営化＊	NEAEC5 (統一朝鮮、中、日、蒙・ロ) ＋ASEAN10東アジア共通通貨＝EACC (East Asia Common Currency) 円＋元が基軸 NEADB・NEATIBの民営化
南北朝鮮の経済統合 中国・香港・台湾の経済統合	南北朝鮮の政治統合 中国・台湾の政治統合
日米同盟、韓米同盟の弱体化 (米軍の段階的撤収) アジア安保対話機構構想 (東亜＋南亜・中亜・米国・EU)	日米同盟・韓米同盟の解体 東アジア安全保障会議＋アジア安保対話機構

ア開発銀行、ADB＝アジア開発銀行。
者がADBのような公的金融機関は永続くと官僚化してしまい、その機能が低下

い。今日に「東アジア共同体」論がこれほど盛んになっていても、「日米安保機軸論」については永遠に変わらないものだとの見方が日本では一般的であるからである。遠い将来、50年または100年のスパンで物事を見た場合、「東アジア共同体」はその時に既成の事実になっているかも知れないし、「日米同盟」というのは歴史教科書にだけに残るものであるかも知れない。「万物は変化する」という哲学の法則から考えると、日米安保解体論の議論はあっても当たり前のことであろう。その時、20

世紀の特殊な歴史背景(人類最大の2大戦争を経験したこと)の中で成立した歪んだ軍事優先の同盟は人類社会から姿を消し、「同盟」という用語は死語になっているかも知れない。

「地域協力」から「地域統合」へのパラダイムの転換

「東アジア共同体」論から東北アジアに目を向けたときに、全く異なる様相が見えてくる。東北アジアは冷戦終焉後もこの地域には依然としてその残滓が残り、対立と対峙が解消されていない、世界で唯一の地域であろう。しかしながら、経済のグローバル化、市場経済化のうねりと同時進行的に進む地域主義の台頭により、経済・政治関係において大きな地殻変動が起こっている。

東北アジアには、1980年代後半から環日本海経済圏に関する議論が芽生えはじめ、90年代初頭には国境を越えた地域協力に関する動きが始まった。90年7月に中国東北の長春市で開催された「東北アジア経済技術協力国際会議」で、初めてこの地域の有識者・専門家が同席して東北アジアの現状と未来について語り合い、そこで吉林省政府科学技術委員会主任(当時)丁士晟氏により提案された「図們江黄金デルタ開発構想」を目玉プロジェクトとして、その後はUNDP主導のもとに、関係諸国間で対立を乗り越えて多国間国際開発プロジェクトとして「図們江地域開発計画」(TRADP)が進められた。その枠組みの進展により、95年12月には、関係国間で「3つの協定」(中国・ロシア・北朝鮮3カ国間の「図們江地域開発調整委員会の設立に関する協定」、上記3カ国に韓国とモンゴルを加えた5カ国間の「図們江経済開発区の設立、及東北アジア開発のための諮問委員会の設立に関する協定」、同5カ国による「図們江経済開発及東北アジア環境基準に関する覚書」等)が調印されると同時に、それに基づいて「2つの委員会」が政府間協力機構として設立され、その実行組織としてUNDP図們江地域開発事務局が設けられ

る。しかし、この枠組みに日本は正式参加せずオブザーバーに止まっているが、日本海沿岸地域の自治体が中央政府の消極的な姿勢とは対照的に、対岸諸国との交流を積極的に拡大し始めた。

　それからの十数年間、東北アジア、及びそれを取り巻く国際情勢は大きく変化した。一言でいうと東北アジア地域には経済における成長と停滞の併存、政治・国際関係における緊張緩和の進展と危機の拡大という新しい二極化の構図が生まれた。このような二極化構造を打開し、経済的統合の流れを一層強く押し進めるためには、既存の局地経済圏的な発想による議論の限界を乗り越え、新しいアプローチが求められている。つまり、重層的なアプローチが必要になってくる。

　まずは、地域範囲においては、北東アジア地域概念の最大の難しさであるが、その地政学的関係、歴史的な経緯などにより、他の地域のように単純に国を単位としての分類法だけに依存できないことを勘案して、「重層的なアプローチ」を取り入れる必要があると思う。それは即ち、地理的な分類法と機能的な分類法、そして政治的な分類法（国単位）などを総合的に捉えて、地域論の性格によって使い分けることである。例えば、「エネルギー共同体」として考える場合は、機能的な分類法による広域的な東北アジアとして、ロシアのシベリア地域全体、米国のアラスカ州まで含むこともあり得る。この二つの分類法は何れも「地域協力」や「局地経済圏」という次元における地域概念である。

　もうひとつの分類法としては地政学的な分類法で、国を単位とした分類法ではあるが、EU、NAFTAやASEANのように、「地域統合」を視野に入れた分類法である。これは、「地域協力」の段階から明らかに一歩踏み出したことになり、もしそれを第1段階と見るならば、「地域統合」は第2段階に辿り着いたと見ることができるだろう。もし、地域統合を現段階の新し

い目標とするのであれば、その地域範囲として、日中韓を中核とする東北アジア6カ国に加えて、中国の香港や台湾地域も視野に入れた広義的概念に発想を転換しなければならない。なぜなら、香港・台湾はいずれも華南経済圏として中国経済と一体化しており、さらに東北アジア地域経済との依存関係が強く、その域内貿易依存度は4割前後になっており、経済・産業リンケージの面では、明らかに東北アジア地域の版図に組み込まれているからである。

このような分類は、局地的経済圏と地域経済統合の両方とも視野に入れた複合的（または重層的）アプローチである。従来の東北アジア地域協力、例えば、環日本海経済圏、環渤海・黄海経済圏、華南経済圏、両岸経済圏など海を介在した地方がイニシアティブをとった局地経済圏的なアプローチであり、それは冷戦終焉後の歴史的な転換期における北東アジア同地域の特性に合致したものである。しかし、アジア通貨危機を経験した東アジア地域の各国では、現在国家間のFTA協定やEPA協定などによる地域協力が急速に展開され、制度的統合の方向へ転換しつつあり、局地的経済圏の活動が制度的統合に吸収される動きを示している。地域協力論的な枠組みと地域統合論的な枠組みの重層的なアプローチを提唱する必要性はここにある。

「東アジア共同体」構築を目指すことが、昨年12月の東アジア・サミットの共同宣言で盛り込まれていることは、画期的なことであることは間違いない。しかし、それを実現していく過程は遠い道程が予想され、多くの困難や問題点が横たわっていることも否定しがたい事実である。そもそも東アジアの主役になるべき日中韓3国間の相互信頼醸成への姿勢と積極的な取り組みがなければ、また北朝鮮を含めた東北アジア諸国間の関係正常化と相互信頼に基づいた共同繁栄と平和安定を志向する取り組みがなければ、「東アジア共同体」構想は終局的に夭折しかねない運命にあることを肝に銘じるべきだろう。

Ⅲ　公共政策を構築する

13　共通農業政策をどうつくるのか

豊田　隆

アジア共通農業政策への展望

　東アジア共同体を制度設計するにあたり、アジア共通農業政策をどうつくるのか。東アジアの主食であるコメの不足、飢餓や飢饉に備える国際共同備蓄は不可欠である。本稿は、食糧の緊急事態に対処するため、東アジアにコメ緊急支援システムを確立する。つまり食料安全保障協力が核となる形で、共通農業政策を打ち出すべきではないか、と考えている。貧困と飢餓等の艱難に直面する人間生存への相互支援という共同体精神の発揮である。その地平から、世界貿易機関（WTO）の農業交渉を検証し、アジア諸国との連帯を強める自由貿易協定（FTA）や経済連携協定（EPA）をいかに構築するのか。また、農業の担い手への経営所得支援政策はいかにあるべきなのか。さらに知識集約化し、第3次産業化してきた農業と食品産業との連携によって、食料生産共同体が形成される中で、アジアと共生する道をいかに見出していくのか。地球温暖化防止の観点から、バイオマスを活用したアジアのエネルギー共同体はどう構想されるか。こうした観点から、「過去を忘れずに、未来の主人公となる」アジア共通農業政策のアウトラインを描いてみたい。著者の前著『農業政策』（国際公共政策叢書第10巻、日本経済評論社、2003年）は、食のグローバル化と開発が進むなかで農業はいかにあるべきか。食料の安全保障、持続可能な農業、資源循環型社会の視点から解明した。本稿は前著を踏まえ、アジアの未来へ向けたメッセージとしたい。

アジアの食料安全保障──国際共同備蓄と米緊急支援

　2001年10月に、ASEANと＋3（日本・中国・韓国）の農林大臣会合（AMAF＋3、メダン）は、東アジアコメ備蓄システム（EARRS）と食料安全保障情報システム（AFSIS）の開発で合意した。これは1970年代に登場したASEAN米備蓄協力構想（AERR）を強化し、より広域の東アジアへ拡充するものである。東アジアでは、経済成長と食料需要が増大する中で、97年アジア通貨危機以降、コメをめぐる各国の多様な利害が錯綜しつつ、主食であるコメへの死活的関心が増大してきた。しかし旧来のAERRは資金不足で弱体であり、肝心の備蓄米をいかに放出するのかが明文化されない等、実効性に乏しかった。大庭三枝「東アジアにおける食料安全保障協力の進展」（『国際政治』第135号、2004年）は、日本政府によるアジアの食料安全保障支援策としての国際備蓄構想に注目する。すなわち00年12月のWTO農業交渉日本提案は、食料安全保障の観点から、①輸出国と輸入国のルールにみられる不均衡を是正する、②途上国の利害へ配慮する、③非貿易的関心事項に留意する、といった論点を世界に提唱した。とくに農業のもつ環境保全機能に注目し、農業のもつ多面的機能を重視する食料輸入国のグループを形成し、食料輸出国へ対抗した。そこで開発途上国を包括する国際戦略のなかで、食料安全保障の強化が打ち出された。食糧庁『国際備蓄構想研究会報告』（2001年）は、これまで日本のコメ支援、とくにインドネシアへのコメ貸付支援、国連世界食糧計画（WFP）の要請による北朝鮮コメ支援等の経験を活かし、先進国としての責務と東アジアにおける地位向上のため、国際備蓄を構想した。この基本方向を踏まえ、次の2点の備蓄国際協力が具体化された。

　第1に、東アジアコメ備蓄システム（EARRS）の構築である。タイと日本が調整国となり、災害時のコメ不足へ対応してコメを融通しあうシステムである。EARRSは、2002年10月ビエン

チャンの第2回、03年8月クアラルンプールの第3回ASEAN＋3農林大臣会合（AMAF＋3）を経て、形を整えてきた。その内容は、国際協力機構（JICA）「タイ国東アジア食料安全保障及びコメ備蓄管理システム計画調査最終報告書」（2002年）にみられるように、共同の備蓄米を当初の5万トンから175万トンへ拡大する。コメ備蓄は、緊急時の拠出米量を約束するイヤー・マーク（耳印、転じて充当分）方式、及び現物積み上げ方式、という2つの方式で準備する。さらに飢餓における備蓄米の放出方式は、商業取引や先物契約による放出、国連食糧農業機関（FAO）や前出のWFPの認定した緊急食糧支援による放出、積み上げ備蓄米をファーストエイド米として放出する等、3つの放出手法を組み合わせるプランとして明記された。

　第2に、ASEAN食料安全保障情報システム（AFSIS）の構築である。アジア各国の食料安全保障情報を収集・管理し、分析・普及するシステムである。日本が信託基金を拠出し、タイが調整国として機能する。タイ農業・協同組合省内にAFSITセンターを設置した。AFSISは、人材開発や情報ネットワークを構築する。中・長期の食糧需給予測モデルを開発する。栄養不足の主要因データベースの構築からなる「アジア食料安全保障情報化推進事業」を実施する。

　大庭三枝氏が指摘するように、食料安全保障（Food Security）は、各国の自助努力を基礎とし、国際的な取引や協力・協調により確保される。つまり「すべての人類の、いかなる時でも活気ある健康的な生活に必要な食へのアクセス」（WFP）という「人間の安全保障」である。途上国の食生活の改善支援や、各国の農業生産力の安定化を前提とする。また農産物貿易をめぐる国際協調など、WTO農業交渉やFTA・EPAと深く関連している。そこで次にこの論点をみてみよう。

WTO・FTAと農産物貿易の公正なルール

　世界貿易機関（WTO）のドーハ・ラウンド農業交渉は、途上国の本格的な登場を印象付ける。途上国と先進国、輸入国と輸出国との立場の違いが鮮明となった。日本・韓国・スイス等食料輸入国グループ（G10）は、農産物の極端な上限関税の設定や、関税割当の拡大に反対している。途上国グループ（G20）は、先進国の農業支持を削減し、輸出補助金の撤廃を主張している。2004年7月の農業交渉枠組み合意は、重要品目は別扱い、上限関税は検討、輸出補助金は撤廃するとした。05年12月の香港閣僚会議も、輸出補助金の撤廃時期を確定し、後発途上国（LDC）の産品優遇を決めたが、これらのルールをめぐる最終包括合意へ向けて難題を残している。

　WTOは全加盟国の一致が必要だが、FTAやEPAでは、特定地域、特定分野の選択的自由化ができる。これが増加した。例えば日本・メキシコEPAは、農産物関税の撤廃・削減を含む始めての協定である。NAFTA等の経験を活かし、国内農業への影響を調整する手法である。豊田隆「北米自由貿易協定と北米・中南米諸国」（『世界のフードシステム』農林統計協会、2005年）は、途上国を含むFTA等地域協定が、関税の段階削減やセーフガード等、多岐に渡る農業措置を含むことを示している。長期的視点から自然の恵みに依存する農林水産業を活かす道である。

　農水省は2004年「みどりのアジアEPA推進戦略」を策定した。『食料・農業・農村の動向』にもあるように、その骨格は、①食料輸入を安定化・多元化する、②安全・安心な食料を輸入する、③国産農林水産物や食品を輸出する、④食品産業のビジネス環境を整備する、⑤アジア農山漁村の貧困を解消する、⑥地球環境の保全に貢献する、等である。例えば、日本・フィリピンEPAの大筋合意は、農水産物の関税割当・撤廃に際して、農村貧困解消の観点から、貧困農民が生産するモンキー・バナ

ナの関税撤廃にプライオリティーをおいている。農業の多面的機能へ配慮し、農業の構造改革を進めるような、「守るべきものは守り、譲れるものは譲る」の基本戦略である。新大陸の農産物グローバル強者による上限関税、関税割当拡大にいかに対応するのか。アジア共通重要品目を自主的に設定し、関税の段階的撤廃等、地域の自主性と柔軟性を尊重した農産物貿易のバランスの取れたルール構築が求められている。

農業の担い手への経営所得支援政策——アジア型直接支払い

EUの共通農業政策(CAP)は、価格支持から所得支持へ転換し、米国の2002年農業法(FSRIA)も価格変動対応型支払いを導入した。このように世界の農政改革は、市場価格への政府介入から、農場への直接支払いや農村開発支援の方向へ転換した。たしかに、農産物過剰が深刻なために、価格政策から撤退する欧米諸国に対して、アジアの国々では食料自給率を回復するイシューや、構造改革を同時進行させるという難題をかかえている。一律に論じることはできない。しかし農業の担い手に対する経営所得支援政策、「アジア型直接支払い」は共通に展望できるのではないか。すでに日本を始め、韓国、台湾や、ASEANのマレーシア等でも、直接支払い政策へ転換した。今後は、アジアの共通重要品目(common stable foods)を対象に、担い手に対して、品目横断的に所得を支持する共通政策が構想されるのではないだろうか。

さきの国際共同備蓄(EARRS・AFSIS)の経験を踏まえ、加盟国の拠出による共通財源を造成することも必要であろう。農水省『食料・農業・農村基本計画 関係資料』(2005年)にみられるように、経営所得支援政策を支える考え方は、以下の5点である。第1に、今後さらに予想される農産物貿易の自由化、それに伴う価格低下と所得損失をいかに補填するのか。第2に、グローバル化がもたらす価格変動のリスクをいかに緩和するか。

セーフティーネットをいかに構築するのか。第3に、アジアに共通する水田農業の社会的共通資本（ソーシャルキャピタル）である地域環境資源、とくに水利と農地が一体化した地域資源の共同保全活動を支援する。第4は、環境負荷を低減する環境保全型農業、有機農業、循環農業、生態農業、バイオマス活用農業等に対して、そのコストアップ分を補償する。第5に、生物多様性を確保し、農村景観を保全する高い目標を達成した多機能農業を支援する、という考え方である。

　このうち第4、第5は、環境基準を達成した農業者へクロス・コンプライアンス（法令遵守を要件とする補助）の原則を適用する。食料・農業・農村政策審議会で、著者が会長代理を務めた企画部会の基本計画審議の中では、当面は第1、2の部分の支払い、グローバル化対応の「青ないし黄の政策」（時限的な国際規律適法）として始まる。次いで農業の多面的機能を活かすための環境支払い、第3、4、5部分の「緑の政策」（恒常的な適法）へ重点を移行させることを想定した。経営所得安定対策等大綱（2005年10月）は、政策の対象となる認定農業者や経営実体のある集落営農を法人化の方向へ進め、グローバル化のなかで力強い担い手を育成する展望を示している。アジアに共通する零細な水田農業という枠組みのなかで、農業の担い手を支援する直接支払いは、地主に対する借地農業者の地代剰余支払いという競争条件を優位化し、構造を改善する産業政策の手法である。同時に、水田資源の共同保全活動など、幅広い農村住民と提携し、農村共同体の基盤やNGO等の市民諸活力を活かす、市場機能を補完する地域政策の手法も不可欠である。自然の恵みを活かす農業の多様性を考慮すれば、地方自治体を主体とする担い手育成の自主目標の設定が鍵をなす。果樹基本方針では、ボトムアップな果樹産地構造改革計画の策定を重視した。農業政策は、市場、政府、共同体・市民の三者の役割を活かす相互協調、協働の発揮によって未来が展望される。

食料生産共同体への国際協力――3つのEを基準とするアジアとの協働

　日本の飲食費支出80兆円の82％が加工品・外食支出であり、その49％が輸入農産物・食品へ支出される。日本の食品産業は、食材の調達から直接投資や技術協力をつうじてアジア諸国の関連産業との関連を深めている。豊田隆『アグリビジネスの国際開発』（農文協、2001年）は、日系企業のもつ技術力、経営管理ノウハウ等の知的資産をはじめとする「所有の優位性」（O）に着目した。そして相手国の資源賦存の優位性（L）と市場の内部化の優位性（I）の三者のOLI結合によってアジアの「食料生産共同体」が形成されることを示唆した。つまり国際工程分業により、海外の生物資源へ依存し、異業種のシナジー（協働）の経済が働く。特定地域へ集積する食品産業のクラスター（房）が形成される。こうして第3次産業化、知識集約産業化した農業とアグリビジネスをめぐり、アジアの共通の利害をいかに見出していくのか。そこで、3つのE（Ecology、Economy、Ethics）を基準とするアジアとの協働が求められる。

　第1に、生態系（Ecology）の視点から、食品安全性を確保するアジアの共通規範をつくる。EUは、安全な食品を供給する基準を、農場生産における生態系重視の適正農業規範（GAP）にまで及ぼしている。これを参考に、アジア版GAPをつくり、域内の生態系保全と食品安全性を踏まえた市場競争力の確保が課題である。第2に、経済（Economy）の視点から、国産農産物の輸出促進、食品産業の海外投資の安定化をはかる。販路拡張をめざすリンゴ等果実や農産物・食品のアジアへの輸出が増大している。農業・食品産業のビジネス環境を改善し、品質保証の規格やブランドなど、知的財産権を保護し、知識基盤型社会へ向かう、アジア合意が喫緊の課題である。第3は、社会倫理（Ethics）の視点から、アジアの貧困農村を支援する道義と社会的正義を尊重する。アジア共通農業政策は、「貧し

さからの解放」へ貢献する社会倫理を前提とする。

バイオマス・アジアによる平和の食料・エネルギー共同体へ

　最後に「生物資源の量」を意味するバイオマスは、二酸化炭素を固定し利用するカーボンニュートラルな特性をもつ。地球温暖化を抑制する、生物由来の再生可能な資源である。豊田隆「バイオマス利用と地域農業・農村の活性化」(『人間と社会』第17号、2006年) は、産出地が限られ少数者に集権化される石油・核・化石資源と異なる特質を解明した。バイオマスの利用システムは、生産から消費の供給連鎖が短く、地域分散型の太陽光・風力ともリンクし、再生可能エネルギー地域複合である。また途上国の技術・資本を用いても参入が容易である。地域内資源循環によって直接・間接（農業資材）のエネルギー支出を回避・節約できる。食料・原料・エネルギーをシナジー（協働）する経済は、地産地消や地域雇用を創出する。途上国の資源自立を可能にする。なによりもすべての人が享受できる「太陽の力」により、人間と自然が共生し、地域資源紛争のない平和で自由、かつ公正なアジア社会を構築できる。

　こうした未来へ向かって、「バイオマス・ニッポン総合戦略」の環境保全と開発を調和する視点が注目される。日本は独自の技術や知識を活かし、アジア諸国と共生する農村開発へ国際協力することが急務である。政府開発援助（ODA）や民間資金等活用事業（PFI）・BOT方式によるバイオマス発電の技術移転の経験も貴重だ。京都議定書のクリーン開発メカニズム（CDM）の活用が望まれる。地域内の資源紛争や富のかたよりを克服し、太陽の恵みを活かす第1次産業を基軸としたアジア共同の家である。相互理解と信頼、平和の食料・エネルギー共同体を展望したい。この論点は、東京農工大学21世紀COEプログラム「新エネルギー・物質代謝と生存科学の構築」グループで農工融合的かつ多角的に解明している。

14　イノベーション・アジアの構想

趙　佑鎮

イノベーション・アジアの背景

19世紀以前の世界では、東北アジアという概念は成立していなかった。東北アジアという概念は、1850年代から東北アジア各国で起こった一連の運動、即ち、中国の太平天国の乱、朝鮮の東学革命、日本の明治維新等を契機に形成され始めたものである。この一連の運動に共通するのは「反外勢、反封建」であった。西欧列強による植民地政策の脅威に晒されたことが、皮肉にもアジアの人々に初めて受動的ながらもアジアの共同運命について考えるきっかけを与えた。アジアという最初の認識は、「内部」から自発的に生まれたアイデンティティではなく、「外部」からの圧迫により生じたものといえる。

21世紀最大の課題である「イノベーション」におけるアジアの時代状況においても、この「外部」の圧迫と「内部」の自発性の構図に類似した問題がみえる。現在、アジアと西欧の間には、産業科学技術の格差が存在する。未来へ向けた源泉技術の大半は常に米国が独占している状態であり、マイクロソフトやインテル等に代表される知識経済に対応したハイテク企業はグローバルスタンダードを先占し、米国の国家競争力戦略によって世界市場でその優位性を持続している。米国の優位性は、競争力強化に不可欠なイノベーション能力の高さにより保持されており、このイノベーション能力の高さは、高い開業率とベンチャー企業の隆盛に示される起業家精神等により押し上げられている。一方、EUでは、イノベーション促進を最優先課題の

ひとつとすべく、2000年発表のリスボン戦略に代表されるように、米国を明確に意識した競争力強化に向け起業家精神の高揚を図り、EU 全体の研究開発費を増加させることで、知識基盤経済の構築を目指している。

このような世界規模のイノベーションのうねりのなかで、国力の弱いアジアの諸小国が生存するには、自発的イノベーションこそが必須である。つまり外部環境がイノベーションの切迫性をせまるなか、イノベーションのスタートは「内部」からの意識改革、つまり自らのイノベーションの必要性への気づきがなければ始まらない。この点からみて、「外部」からの圧迫に振り回され、「内部」の自発的イノベーションが進んでいないことは、民主主義や市民社会の成熟度が過渡期にあるアジア発展途上国の共通に抱えている苦衷である。

日本と中国を除いた残り大部分のアジア諸国は、資本の規模や知識基盤が脆弱であり、革新的新技術やグローバルスタンダードを自力で創出する能力は現在持ち合わせていない。よって、この時代的流れに順応するか孤立するかの岐路に立たざるを得ない。競争力の弱い国内業者の激しい反発にもかかわらず、FTA 締結に合意せざるを得ない政府の立場からすると、イノベーションを通じた自前の競争力強化しか代案はありえない。もしアジア諸国がこの代案を選択せず、戦略的な判断基準もなしに欧米のつくりあげた源泉技術やグローバルスタンダードを単に享受し、市場の成り行きに甘んじるのであれば、それはかつて西欧の脅威に晒されていた時代の姿と本質的には同じであるという問題意識を我々は持つべきではないだろうか。

イノベーションにおける競争力不足が要因になっているという観点から、1997年に起こったアジア経済危機について考えてみると、内部環境の問題として、産業構造の高度化と自前の産業科学技術による高付加価値創出が行えないという構造的問題があった。他方、外部環境の問題としては、先進強国の調整介

入にアジア全体が共同で対処できなかったことも見逃せない。内部環境の問題として産業科学技術の戦略性に問題があるのなら、それは国家内部のイノベーション努力で克服すべきものである。

　本稿では、イノベーションを体系的に加速させるシステムとしての「サイエンスパーク」(以下、SP) が、「地域対地域 (Local to Local)」間の交流を進めることでアジアの共同体的結びつきを強めるという展望を示す。そのためにまず、アジアに広がるSP運動を概観し、次に、これらのSPをネットワーク化し「イノベーション・アジア」への貢献を目指している「アジアサイエンスパーク協会」という国際民間機構の事例を取り上げる。その中で、地域レベルの協力モデルのあり方とアジア共同体への意義について論じてみる。

アジアに広がるサイエンスパーク (SP) 運動

　SPとは、「地域におけるハイテク産業振興を目的とした組織的なイノベーションの意図的創出システム」(清成忠男『地域再生のビジョン』東洋経済新報社、1987年) のことをいう。SPが行う具体的事業を大きく分類すると、研究開発、創業インキュベート、情報交流、試験生産、教育訓練、設備活用等である。現在では東アジア全域にも、「SP運動＝科学技術の産業化のための知的創造拠点づくりの運動」(久保孝雄、原田誠司編『知識経済とサイエスパーク』日本評論社、2001年) が広がっている。以下では、東アジアのSPの現況を述べるが、中国ではSPのことを高新技術産業開発区、単体を指す場合は科技園といい、韓国はテクノパーク、台湾は科学工業園区という。

　アジア最初のSPは、「かながわサイエンスパーク」(以下、KSP) である。KSPは、神奈川県と川崎市が出資した日本初の第3セクター方式の株式会社として1989年に誕生した。当時の神奈川県知事の長洲一二は、地域産業政策の一環として提唱し

ていた「頭脳立地構想」、即ち、神奈川をアジアの先端科学技術のメッカにするという考えのもとSPづくりを推進した。KSPは、ビジネスインキュベータとしての（株）ケイエスピーと、試験計測機能、研究機能、技術者教育機能等を持つ機関として（財）神奈川科学技術アカデミー（以下、KAST）で構成されている。これまでの実績としてKASTは、31の先端的な研究プロジェクトを遂行しており、ケイエスピーは165社のベンチャー企業をインキュベートし、日本最大規模のハイテクインキュベータとしてKSPは常に注目されている。また、1997年から実施してきた投資事業組合では投資先ベンチャー企業の株式公開が相次ぎ、その収益が新たなインキュベート資金となる好循環が生まれている。

　多くのアジア諸国の関係者が、KSPの経験や建設・運営ノウハウに興味を示し、KSPを訪れ、アジアからの視察団の数は2,000を超えていた。例えば韓国の場合、政府や地方自治体はSPに関連する公文書や海外調査資料のなかでKSPモデルをベンチマーキングの対象として評価している。韓国が注目したのは、SPの「第3セクター運営」と、KASTが技術シーズを生み、ケイエスピーがベンチャー企業をインキュベートする「創業システム」に強い関心を示した。

　韓国のテクノパーク（以下、TP）事業は、1997年から「産業技術団地支援特例法」に基づいて施行されている。韓国のTPは、政府、地方自治体、大学、研究機関等が積極的に参加する第3セクター形式で運営されており、政府指定のTPが16カ所ある。これまでの全体実績として、1,300社以上を創業インキュベートし、700件以上の産学の共同研究開発の取組みが行われた。韓国のTPは、ベンチャー産室のメッカとしてのポテンシャルを十分うかがわせる順調なスタートを切っている。

　中国は、政府策定の「トーチ（Torch）・プログラム」に基づいて、SP建設を始めた。SP設立当初は工業団地造成の発想か

ら抜けきれず、外資の先端企業誘致に経営努力を傾けるなど試行錯誤もあったが、現在は自前の科学技術力の向上に伴って急成長している。高新技術産業開発区は国家クラスが53カ所、省クラスが200カ所以上にのぼっている。1999年に第1号のSP特区に指定された北京市中関村の企業数は1万社以上であり、毎年2,000社のペースで増加中である。前国家首席の江沢民はSPを「20世紀における工業化の最も重要なイノベーション」と位置づけており、韓国同様、ハイテク産業育成とかかわる国家発展戦略の根幹に据えている。

　台湾の代表的SPといえる新竹科学工業園区の実績としては、これまで400社以上のハイテクベンチャーをインキュベートし、最近ではITRI（工業技術研究院）の技術移転事業が好調で特許収入も急増している。台湾には、SPが5カ所、インキュベータも55カ所あり、年間500社を目標にベンチャー企業育成を図っている。

　このように概観してみると、日本が当初アジアのなかで、SPの建設、運営、事業実績において先行していたが、現在では、他のアジア諸国が質量ともに日本を凌ぐ勢いである。現代経営学に大きな影響を与えたドラッカーは、「起業家精神の最先端にアメリカがいるという見方は幻想であって、世界No.1は間違いなく韓国であり、それに迫っているのが台湾」と、アジア諸国のポテンシャルを高く評価している（P.F.ドラッカー『ネクスト・ソサエティ』ダイヤモンド社、2002年）。起業家精神を持つ優秀なアジアの知的人材が、SPのようなイノベーション拠点で、新技術を創出することが今後強く期待される。

　現在世界には621のSPが存在しており（日本は39のSP）、その内アジアには全体の33％にあたる248のSPがある（ASPA, 2005 The World Science & Technology Parks Directory）。アジアの主要なSPに共通する潮流としては以下の3つがあげられる。1つ目は、欧米先進国同様、アジアのSPは、知識基盤の先端

として、さらには産業クラスターの核として国家競争力を牽引する主体として認識されていることである。2つ目は、「地域イノベーションシステム」（RIS：Regional Innovation System）の構築を志向し始めていることである。「国家」よりも「地域」が、グローバル化に伴う新しい環境変化に対してダイナミックかつ柔軟に対応できる条件が備わっているという考察を、政策論壇の多くの識者が唱えている。RIS の概念は、競争力向上のためには国家単位よりも地域単位での相互作用と共同学習がさらに有利であるという Cooke の主張を通じて定立されている（Cooke,P., Regional Systems of Innovation: Institutional and Organizational Dimensions, Research Policy, vol. 26, 1998.）。産学官のネッワーキングを通じた RIS のモデルを開発し、これを全国的に拡散していくことが、重要な国家的課題として台頭しているのである。3つ目は、国際協力ネットワークの構築に力を入れていることである。SP ネットワークは、地域産業にとってグローバルな力量を持続させる成長エネルギーの供給源となる。

　アジアサイエンスパーク協会（ASPA：Asian Science Park Association）には、これら3つの共通する潮流を汲んで、アジアの人々の内部からの自発的協力を可能にするプラットフォームとしての機能が期待できる。即ち、「地域対地域」の交流を通じて SP 間の国際協力ネットワークを構築し、アジア地域のイノベーションと新産業創出に貢献するという役割には、アジア諸国をひとつの共同体へと導く対話の場としての可能性が含まれるのである。

アジアサイエンスパーク協会の事業内容とその理念のオリジン
　アジアサイエンスパーク協会（以下、ASPA）は、「地域と地域」間の技術交流と産業協力を通じて相互地域経済発展を図るために、日本で創立された組織である。ASPA は、当時の KSP

の社長であった久保孝雄が主導して1997年に創設した東アジアサイエンスパーク交流会議を母体としており、2000年にアジアサイエンスパーク協会（初代会長は久保孝雄）に改称され、05年からは会員制として運営されている国際民間機構である。ASPAの年次大会は、日本、韓国、台湾、中国の順に持ち回りで毎年開催されており、産学協同地域振興を推進する大学や地方政府、科学技術と新産業の創出をめざす中央政府、SP内の運営責任者やインキュベート・マネージャー、ベンチャー・キャピタル、ベンチャー企業、等の幅広い層の関係者が参加している。回を重ねるにつれ、各々の経験やノウハウが発表され、情報交流が進み、さらには企業対企業、企業対投資家のビジネス・マッチングの場としても充実してきている。

　ASPAが進めている事業の2つの大きな軸は、RDB（Research, Development, Business）とRIS（Regional Innovation System）である。ASPAは、これらを構築する上で必要なアジア地域間の協力が、アジア共同体の土台になるものとみている。ASPAの具体的事業をいくつか紹介すると以下の通りである。

　まず、ネットワーキング事業としての年次大会があげられる。年次大会は、プロフェッショナルミーティングとシンポジウムで構成されている。プロフェッショナルミーティングでは、「City to City」、「Park to Park」、「Venture to Venture」といったように、専門家同士の分科会を設け、具体的問題を討議し交流している。今後はチュートリアル・コースを設けて、SP専門家を養成する教育プログラムを企画中である。マーケティング事業では、地域間の相互理解のためのプログラム実施に力を入れている。ASPA事務局がツアー型のプランを企画して、各々の課題に基づいた相互視察訪問と研修を行うという内容である。

　コンサルティング事業では、SP事業活動における各分野別の諮問グループ（例えば、経営・法務・金融チーム等）を確保・活用し、海外の優れたSPの事業戦略を比較分析したうえで、

アジア地域の実情に合うSPモデル開発のサービスを提供する。将来的には、ASPAがSP関連の専門機関と連携してスタッフ・チームを構成し、アジア地域内の新生SP開発現場に派遣させ、設計から完成までを支援することを事業目標にしている。ASPAにはアジアの発展途上国からSP企画に関する問い合わせが度々あり、この事業が軌道に乗れば、これまでのアジア諸国のSPにおける欧米方式依存からの脱皮と、アジア市民意識の高揚も期待される。他に、今後の重点事業として企画検討中のものには、「サイバーASPA事業」と「ASPA投資ファンド事業」がある。

サイバーASPA事業とは、アジア各地域の「Park-City-University-Company」のネットワークをサイバー空間上で構築し、土地、資本、技術、人材、市場、制度に関する情報を効率的に交換し、協同することを目的とする事業である。この事業におけるオンライン・ネットワークでの交流を活発に行うためには、言語障壁を解決しなければならない。これに関しては英語を主な言語とし、放射状に自国語の入出力が配列された多言語自動翻訳システムを構想し、関連の研究機関やベンチャー企業と現在協議している。このサイバー空間には、円卓型マーケットを開くことで、地域SPが推薦する新製品と技術に対して、評価と紹介、さらに商談が行えるような、3次元空間のスタジオを提供する。

ASPAでは、各地域の研究開発、イノベーション型企業等に対する共同投資のための「ASPA投資ファンド」の設立も検討中である。SP傘下のハイテク企業の多くが、株式上場とグローバル市場への展開を考慮しているなか、投資ファンドはASPAの求心力を高めることであろう。また、アジア地域のベンチャー企業が日本の株式市場へ上場できるようなサービスも、日本の投資・証券会社やコンサルティング機関と連携して実施しようとしている。

ASPA は、2004年に常設事務局と会長職が日本から韓国に移動した後、組織としての針路をアジア共同体に向けてさらに明確化させている。05年に KSP で開催された第 9 回年次大会での案内文でも、「アジア諸国間では、これまでウイルスのように潜伏してきた様々な対立が新ナショナリズムによって顕在化しつつあります。こうした状態にありましても、私達は対立を乗り越え、『地域対地域』間の交流を通じて相互理解と一体感を深めるべきではないでしょうか。ASPA は、イノベーターとしてアジアコミュニティを新たなパラダイムに導かなければなりません。私達はアジア諸国間の技術協力を通じて相互利益をもたらすプロセスを究明し、協力の過程で相互理解を深め、ひいてはアジアコミュニティの共存を実現しなければなりません」と訴えている。

　ASPA のような「地域対地域」交流による世界的レベルの問題解決を政策思想として最初に打ち出したのは神奈川県であった。神奈川県は、「国家と国家」だけではなく、「市民と市民」、「地域と地域」が、平和な世界づくりのために国境を越えて主体的に協力していく「民際外交」を1975年に提唱している。民際外交が提唱された当初は、自治体のような地域レベルで国際交流や外交を行えるのかと懐疑的な見方が強かったが、今や「グローカル」という言葉が世界で定着し、地域の国際交流の重要性は当然のこととなった。神奈川県の地域産業政策のシンボルともいえる KSP が、アジアの SP 運動においてリーダーシップを発揮することは、まさに民際外交の理念に叶うものであった。当時の神奈川県の長洲知事の政策ブレーンであった久保孝雄は、KSP 社長に就任してからも、「民際外交」の実践につながる交流を続けたいと考え、アジアからの視察団を積極的に受け入れて交流を重ねていった。視察者のうちの一人には、現 ASPA 会長であり、当時大邱テクノパーク建設の実務トップであった李鍾玄慶北大学教授もいた。李教授は大邱テクノパー

ク建設とASPAの理念を考えるにあたり、多くのことを久保から参考にしたという。

日本のKSPモデルは、中国と韓国を中心としたアジア諸国におけるSP建設やその発展に刺激を与え、参考となった。その一方で、ASPA設立の理念には、「地方の時代」、「民際外交」がそのオリジンとして位置づけられ、継承されている。これらのことには、日本が発信するアジア共同体へのひとつのアプローチとしての価値があり、それが時間をかけて他のアジア諸国に受け入れられ広がり続けているところに意義がある。アジア共同体にかかわる構想が特定の国家により提唱される場合には、常に各国の思惑やナショナリズムがからむ故に、他の国々の警戒心や抵抗感をもたらす要素をはらんでいる。ASPAのような地域対地域の民間交流が、国家対国家としての近代史における複雑な葛藤を乗り越え、アジアの人々を内部から自発的に結びつけ、真の協力関係を築くことが望まれる。

非政府レベルでのネットワーク構築の意義

アジア各国の、政治体制、経済の発展段階、文化的価値観、市民社会等における違いは、アジア共同体を目指すうえでの障壁になり得る。また、歴史認識問題を巡って、日中韓の間には確執もある。このような障壁を乗り越えるべく、時には内外の批判も甘受しながら忍耐強くメッセージを送り続け、「共生の道」を促す共同体構想を提示することは、「リーダー」の役割といえよう。しかしここで、アジアのリーダーが共同体へのビジョンを示しながら諸々の困難を乗り越えていく姿を我々は想像できるだろうか。残念ながら、今いえることは、そのリーダーのなかにはどの国の政治指導者も含まれそうにはないということである。少なくとも、我々をアジア共同体へと導く「ビジョナリ」が、政治指導者の中から現れることを期待するのは当面難しいと予想するのである。

欧州統合の歴史をみると、その立役者＝ビジョナリのなかには、ヨーロッパ石炭鉄鋼共同体の発足に漕ぎ着けるモネのような民間人もいれば、シューマンやアデナウアーのような政治指導者もいた。ヨーロッパでは統合か分裂かどちらの事態へも動きかねない瞬間に、ビジョナリとしての政治指導者の存在が決定的な要因になったこともある。しかし、今のところアジア諸国の政治指導者はポピュリズムの誘惑を断ち切った能動的なビジョナリにはなり得ないのではないだろうか。たとえば、日本では、「歴史和解」を未来の共同体づくりの重要な布石として認識し外交テーマにしている政治家は少ない。韓国は、分断国家として、南北緊張緩和が常に優先課題である故に、米国などの強大国の意向に配慮せざるをえない政治指導者の立場がある。中国の政治指導者には、中華思想と覇権主義に対する他国からの警戒心を解くという厄介な課題がある。

　ビジョナリが政治指導者から現れない限り、当面、アジアは市民外交に代表される下からの積み上げ、すなわち、民間交流における「幅」と「深さ」を増すことで、地道にアジア共同体のための環境作りをすることが、政府レベルの交流・協議と同等に重要である。ASPAの事例のように、市民と市民、大学と大学、地域と地域、といった非政府レベルでのネットワーク構築を積み重ね、アジア共同体のための「礎石」を、時間をかけながら創っていくことが不可欠である。たとえ、その礎石がナショナリズムの刺激により国内政治における反射利益を図ろうとする一部の政治家によってゆらぐことがあろうとも、相互尊重の精神が確固たるものになるまで粘り強い実践を堅持することを強調したい。

15　セーフティネット構築のデザイン

広井良典

　中国の急速な経済発展やアジアの経済統合に関する議論が活発になっているが、こうした動きに関し、きわめて重要なテーマでありながら、日本においてはこれまでほとんど論じられてこなかった政策課題がある。それは「アジアの社会保障（ないしセーフティネット）」の構築というテーマである。

　「アジアの社会保障」という話題が日本においてこれまで十分注目されてこなかったことには理由がある。すなわち、一方で社会保障政策をめぐる議論の文脈では、日本で基調をなしてきたのは「欧州や米国の"進んだ"社会保障制度をいかに学び、日本に導入するか」という関心であり、経済的に後発するアジア諸国における社会保障整備といった話題は、自ずと視野の中心からはずれるものだった。他方、アジア経済論の文脈においては、市場メカニズムをいかに導入して産業化を推進するかといった問題意識が議論の主流をなし、経済発展に伴う社会保障システムの整備といったテーマに主要な関心が向けられることは、ごく限られた範囲にとどまっていた。

　しかしながら近年に至り、アジア通貨危機や中国での急速な経済変化に伴う貧富の差の拡大ないし社会的混乱といった状況が認識される中で、市場原理の導入がそのまま望ましい経済発展につながるといった見方に疑問が呈されるようになり、欧州や国際機関等の動向に遅れる形で、日本においてもようやく「アジアの社会保障」あるいは「経済発展とセーフティネット構築」というテーマの重要性が認識されつつある。これには、

年金問題など社会保障がここ数年日本で国内的にも中心的な争点になってきたことも背景として働いていよう。

それでは、「アジアの社会保障」というテーマに関して、特に重要となる論点ないし政策課題は何か。ここでは特に (1) 社会保障の国際協力、(2) 社会保障のアジア型モデル（あるいはアジア型福祉国家）はあるか、(3) 1国レベルを超えた社会保障、の3つを挙げてみたい。

社会保障の国際協力

まず (1) の社会保障の国際協力であるが、その前提として日本以外のアジア諸国の社会保障を概観すると、概ね次のようなグルーピングが可能である。すなわち、

・第1グループ＝経済発展の度合いが日本を含む先進諸国に匹敵するかそれに準ずるレベルに達し、社会保障の面においても普遍的な給付（universal coverage）ないしそれに近い制度が整備されつつあると同時に、特に近年では人口高齢化への対応や制度の効率化といった新たな課題に直面している国家群

　例）シンガポール、台湾、韓国

・第2グループ＝産業化の途上にあり、被雇用者（サラリーマン、公務員）グループについては一定の社会保障制度が整備される半面、なお人口の相当部分を占める農業従事者や自営業者等のインフォーマル・セクターについてはその大半について制度が未普及にとどまり、いわば"皆保険前夜"とも呼ぶべき状況（かそれに近い状況）にある国家群

　例）マレーシア、タイ、フィリピン、インドネシア

・第3グループ＝産業化の初期段階にあり、社会保障制度は主として一部の公務員・軍人等を対象とするものに限られ、医療保障の面では（感染症に対する）公衆衛生施策がなお中心を占めるような国家群

　例）ベトナム、ラオス、カンボジア、ミャンマーなど

・第4グループ＝いわば"超大国"として以上の分類に収まらない国家群
　　例）中国、インド

　といった分類である。なお、これらの他、「社会主義ないし共産主義かそれに準ずるシステムを採用する国家群、及びそこから市場経済への移行を図りつつある国家群」という類型を独立に立てることも考えられよう（中国、ベトナム、モンゴル、ラオスなど）。（詳しくは広井・駒村編『アジアの社会保障』東京大学出版会、2003年、参照。）

　以上のようなグルーピングは、後の議論との対比で言えば、アジアの社会保障に関するいわば"発展段階"論的な理解であるが、（図）に示されているように、アジア諸国の経済発展段階（一人当たり所得に示される）とその国の所得格差との間には、いわゆる「クズネッツの逆U字カーブ仮説」（経済発展の段階において、いったん所得格差が拡大し、やがて一定の段階を過ぎると格差が縮小するという仮説）が部分的に該当するような傾向も見られ、今後の探求が課題となっている。

　ひるがえってアジアの1国である日本の経験を振り返ると、日本は先発の欧米諸国に対する後発工業国として、たとえば農業人口が人口の相当部分を占めている状況において国民皆保険を実現するなど、欧米諸国にない非常にユニークな経験や特徴ある制度を多く有している。また高齢化のスピードが際立って速く、少子化や人口減少への移行がドラスティックである点も後発工業国に一般的に見られる現象である。したがって、日本の社会保障整備の過去・現在・未来を、その成功及び失敗を含めて客観的に評価し、アジア各国に発信したり、可能な協力や相互交流を行っていくことは、現在のような時代にあってきわめて重要な課題となっているのである。これは、ややもすれば土木事業やハコモノ作りなど「ハード」面に偏りがちであった

図 アジアにおける経済発展と所得格差

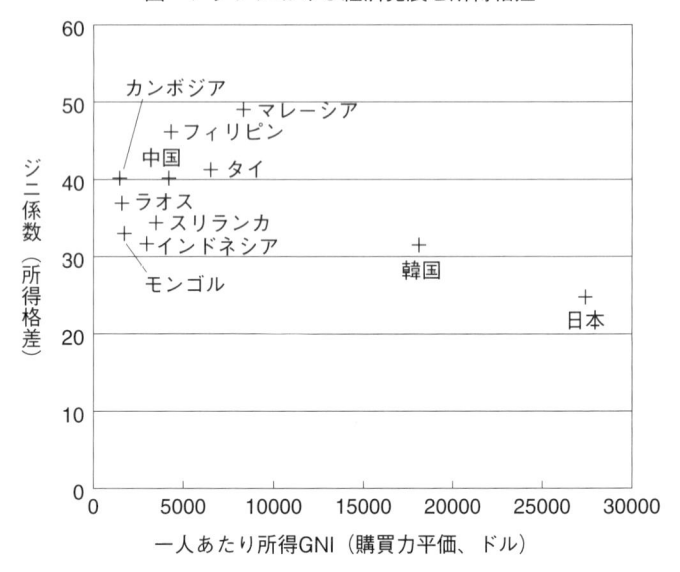

縦軸：ジニ係数（所得格差）
横軸：一人あたり所得GNI（購買力平価、ドル）

プロット：カンボジア、マレーシア、フィリピン、中国、タイ、ラオス、スリランカ、インドネシア、モンゴル、韓国、日本

出所：World Development Report 2003データより作成

日本の国際協力を、知的援助などソフト面中心の、かつ人的コミュニケーションを主体とする国際協力の姿に転換していくという時代の要請にも大きくかなうものである。

幸い、たとえばJICA（国際協力機構）もこうした面の国際協力の重要性を認識するようになり、2004年には人間開発部に「社会保障チーム」が設置されるとともに（http://www.jica.go.jp/infosite/issues/social_sec/index.html）、最近では、たとえば2005年から中国の農村部における養老保険（年金）制度整備に関する本格的な協力プロジェクトをスタートさせている（筆者もささやかながら同プロジェクトに関与している）。また、06年には社会保障分野（医療保障・年金・社会福祉）の国際協力に関する「課題別指針」をとりまとめた。

政治面での対中関係が難航する中、中国における社会保障制度整備に日本が何らかの形で貢献できるというのは、非常に意義の大きいことではないだろうか。ちなみに世界銀行の推計によれば、2030年までに地球全体で増える高齢者（60歳以上）人口のうち、全体の29％を中国が占め、同じく29％を他のアジア諸国（日本を除く）が占めると予測されている。いわば"21世紀の地球高齢化問題"が中国・アジアを中心に展開することは確かなことであり、介護問題への対応など高齢化という点に関しても日本・中国などの交流は今後大きなテーマとなっていくだろう。

　この場合、社会保障の国際協力の具体的内容としては、
　1）制度設計のレベル　　　　　　　　（マクロレベル）
　2）制度の運用や実施に関するレベル　（メゾレベル）
　3）技術的ないし臨床的レベル　　　　（ミクロレベル）
　といった異なるレベルが考えられる。

　1）に関しては、たとえば日本の国民健康保険制度は、農村を単位とする「地域保険」という欧米諸国にないユニークなシステムであり、農業・自営業層への制度普及が大きな課題である途上国にとって一定の示唆をもっている。2）に関しては、年金数理を含めた年金制度の運用・データ管理システムなどが挙げられ、また3）は高齢者介護サービス等の分野が今後特に重要であろう。他方、年金制度が少子・高齢化の影響を過小評価していた点など、むしろ"反省点"としてのメッセージを送るべき内容も考慮すべきである（これら社会保障に関する「日本の経験」の評価については、国際協力総合研修所『日本の社会保障の経験──社会保障後発国としての制度整備過程と途上国への教訓の観点から』2004年、参照）。

社会保障のアジア型モデルはあるか

次に「(2) 社会保障のアジア型モデル（あるいはアジア型福祉国家）はあるか」という点について。先ほどアジア諸国の社会保障をいくつかのグループに分類したが、アジア各国の社会保障は、直線的な“発展段階”にそくして整理できるほど単純ではなく、そこには各地域の社会的・政治的・風土的特性等に根ざした大きな多様性が存在している（たとえば国民的統合の強さや民族的同質性、宗教組織の役割、家族・ジェンダー構造など）。他方で、欧州や米国と比べた場合、「国家」というものの基本的な意味や、共同体ないしコモンズのあり方など、西欧的文脈で生成した「社会保障」あるいは「福祉国家」という概念をそのまま適用することの困難な固有の特徴をアジア諸地域は有している。したがって、「アジアの社会保障」というテーマを論ずる際には、経済発展を軸とした単純な発展段階論的モデルではなく、その多様性や欧米諸国とは異なる独自の特性を射程に収めた、スケールの大きな視座が求められる。

たとえば、欧州では現在「ポスト福祉国家」的な文脈において、地域コミュニティやインフォーマルな相互扶助等への再評価が進んでいるが、こうした方向とアジア各国における地域社会ないし福祉社会がどのように比較されるのかといった点は、今後の興味深い探求課題であろう。言い換えれば、“アジア諸国は、ヨーロッパ等の発展形態とは異なるルートを経由して（大きな「福祉国家」を経ることなく）、「福祉社会」に至るのか”という基本的な問いである。この話題は、中国・日本を含むアジア諸国における今後の市民社会（NPO等を含む）の生成あるいは「新しいコミュニティ」づくりとも関連するものであり、これらについてのアジア諸国間での比較が今後意義の大きいテーマとなるだろう。

アジア福祉共同体の可能性

　最後に (3) の「一国レベルを超えた社会保障」というテーマについて。そもそも「社会保障」という制度は、"ナショナル・ミニマム"という発想にも示されているように、「国民国家」の概念とともに19世紀以降、国内的（ドメスティック）なシステムとして展開したものである。ところが、国境を越えた経済活動等が急速に拡大する中で、一国単位を超えた社会保障というものが必然的に求められるようになる。実際、欧州においては、経済統合の進展と平行して、こうした一国レベルを超えた社会保障の整備に向けた様々な対応が行われてきた（具体的には「構造基金」を通じた富裕国から貧困国への再分配政策、社会保障関連の共通基準作りなど）。

　かつてアーサー・シュレジンジャーは「世界政府なき世界経済が創り出されている」と警告を発したが、国家という単位において市場経済に対する社会保障システムが求められるように、アジアがその経済統合を強める中で、それに応じた再分配等のシステムが要請される。それが「一国レベルを超えた社会保障」であり、東アジア共同体の議論は、そのような「ソーシャル・アジア」ないし「アジア福祉共同体」の視点抜きには完結しないであろう。

　先述のようにアジア各地域で少子・高齢化が進行していく中で、21世紀後半にアジアは人口定常化の時代を迎える。そうした時代のアジアにおける「持続可能な福祉社会」のビジョンを率先して構想していくことが、日本において何よりも求められる役割ではないだろうか。

16　アジア型福祉政策とワークフェア

尹　文九

なぜ、東アジア型福祉モデルなのか？

　19世紀がイギリスの時代とすれば、20世紀はアメリカの、そして21世紀はアジアの世紀であると言われているように、アジアが世界の注目を集めている。一方、アジア経済危機以後アジア諸国は「アジアによるアジアの再発見」といった、今までとは違った認識のもとで「アジア共同体、または東アジア共同体」をテーマとした議論が活発になっている。

　こうした流れのなかで東アジア諸国では東アジア型福祉モデルの構築必要性の論議も登場するようになった。だが、共同体を考える際、重要な内容である社会福祉をめぐる問題についてはまだ、マクロレベルでの議論よりはミクロレベルでの議論にとどまるのが現実である。こうした問題意識から本稿では、アジア共同体に対する機能的なアプローチのひとつとして東アジア型福祉政策あるいはモデルの模索のため1990年代以後、一般的に論じられている「ワークフェア」という言葉を中心に検討したい。

　今まで日本における福祉政策に対する研究は主に日本より進んだ欧州などをモデルとした「先進比較事例研究」が多く、アジア諸国の社会福祉制度に関する研究や話題は少なかった。ところが、1990年代末になって日本を含め東アジア諸国ではアジア型福祉モデルに対する議論が広がるようになったが、それは国内と国外での議論に区分できる。

　まず、日本で東アジア型福祉に対する議論の背景にはいくつ

かの要因がある。つまり、いままで欧米諸国を中心に行われた比較分析モデルを日本に適用することに問題点が提起された。たとえば、エスピン・アンデルセンの福祉レジーム論を東アジア諸国に適用するためには、彼のレジーム論の方法論の射程と限界、そしてレジーム論の基礎となっている①脱商品化の指標、②社会的階層化の指標、③国家、市場、家族の相互の関係などの指標の限界に対する深い考察が必要であるとの指摘である。また、上記の指標によって日本を見ると、脱商品化と階層化という点ではコーポラテイスト・タイプと共通点を、そしてプライベートセクターの役割の点ではリベラル・タイプと共通点が見られるので、日本は彼が提示した典型的な3つのタイプには属さないとの議論も提議された。このような議論とともに第4のモデルとしてアジア型福祉モデルを議論するようになったといえる。

　一方、アジア経済危機や中国の経済発展は欧米から東アジアへの関心を集中させる同時に、日本でもようやくアジア諸国の社会保障あるいはアジア型福祉というテーマの重要性が認識された。なぜなら、1980年代以後アジア各国は経済発展と都市化による伝統的な相互扶助機能の低下、少子高齢化の進行、特に経済危機以後のリストラなど、さまざまな不安が大きな社会問題としてクローズアップされた。さらに、経済発展と市民社会の成熟は福祉に対する国民のニーズを増大させ、重要な政策課題として取り上げられるようになった結果、自国の状況に似合った各種の制度が成立したのである。

　他方には既存の福祉概念に対する捉え方にも疑問をもつことになった。英語の「ウェルフェア」という言葉には生活における物質的な側面のみならず、精神的な側面がともに強調されているのである。たが、いままでの福祉に対する議論は物質な側面を強調して論じられてきたのではないかということである。韓国では現在の参与政府の下で福祉において精神的な面を強調

した「ウェルビン・ブーム」を引き起こし、福祉に対する既存の考え方を大きく変化させたのである。

次に、上記の日本国内での議論とは別に世界銀行を中心とした議論がある。1990年代以後、東アジア諸国へ欧米の関心が高まった。既存の「産業化理論」によれば、福祉国家は政治的には「解決済み」の問題であり、経済成長によって、いかなる社会も福祉国家に収斂していくということであった。しかし、東アジアの国家は高い経済成長にもかかわらず福祉国家への収斂が遅れ、この理論に疑問が提起された。

一方、世界銀行はアジアの経済危機とともに、東アジア諸国に対してソーシャル・セーフティネット（SSN）のため、融資の必要性から1999年に『東アジア社会保護戦略に向けて』という報告書をまとめる。その報告書ではSSNを個人や家計の予想できないリスクへの対応するための社会政策プログラムとして捉えながらアジア型のソーシャル・セーフティネットの必要性について述べている。また、経済危機以前のアジア諸国では家族の助け合いがソーシャル・セーフティネットの役割を果たしてきたので、政府は先進諸国のような公的な社会保護制度を導入しなかった。しかし、今後、少子高齢化・グローバル化など社会構造の変化によって、社会的リスク管理の再設計の必要性からアジアのソーシャル・セーフティネットの構築の必要が議論になったのである。

「ワークフェア」としての「生産的福祉」論

20世紀末から先進諸国の間で福祉国家の再編ないし分解過程の流れの下で自国に見合った公、私的サービスの役割や機能を模索することになった。こうしたプロセスの中で今までの「ウェルフェア」の代わり、「ワークフェア」が社会福祉分野におけるキーワードになり、多くの国がその概念によって福祉国家の再編している。しかし、「ワークフェア」概念は国や研究者

によって解釈や評価も異なる。たとえ、従来の福祉に制約を果たす福祉国家の縮小路線であるとの議論がある反面、より充実した福祉国家の実現のためのひとつの方法であるという意見もあるのである。さらに、「ワークフェア」は「ベーシック・インカム」などの、福祉と就労を切り離す概念としてとらえる議論もある。

　以上のように、福祉国家危機論以後先進諸国では「ワークフェア」を中心とした研究とともに、新しい福祉モデルの開発及び制度が実施されてきた。しかし、韓国の場合、1997年中盤から始まった経済危機は大量失業、中産層の崩壊、所得分配構造の悪化、離婚による母子家庭を急増させた。そのなかでも、大量失業の問題は、政権維持における大きな阻害要因になり、金大中政権はこうした問題に対応するため、「生の質、向上企画団」を組織し、その解決方案を模索した。そこで21世紀の韓国福祉政策の方向として提案されたのが、「生産的福祉システム」の構築であった。

　それでは、韓国で「DJウェルフェアリズム」とも言われている「生産的福祉」は欧米で論じられている概念と違う意味があるのか。最初にそれについて言及した政府資料によると、「韓国の現状況を考慮する際、生産的福祉とは一番選択可能な実用的な代案であると書かれている。その理由として社会民主主義モデルはあまりにも分配に重点が置かれている反面、新自由主義モデルは過度に効率にウェイトを置いているのでそれぞれの問題点がある。したがって、今後韓国政府が目指す方向は分配と効率のバランスを取った生産的福祉を追求するものでなければならない」と書かれている。

　こうした「生産的福祉」の概念はすでに先進諸国で議論されている「ワークフェア」の内容を移入したものである。ところが、西欧の福祉国家で議論されていることと韓国の「生産的福祉」とは必ずしも同一な内容ではない。例えば、イギリスで論

じられている「第3の道」とは国家の過剰介入による非効率性に求め、解決策として公的機能と市場機能とのバランスを提案しているものである。しかし、韓国の「生産的福祉」は、国家によって福祉予算の規模を拡大すると同時に、市場の機能を最大限に活用する方法を模索している点においては既存の「ワークフェア」とは違う面があるといえる。すなわち、「国民基礎生活保障法」によって、国民の基礎生活保障の範囲および質を向上しながらも、一方では、自立支援政策を通して国民の自立を強調しているのである。

「生産的福祉」論の内容は次のように四つに構成されている。1）市場によって公正になされる1次的な分配と、2）国家による再分配政策、3）国家と市場が重なり合う領域による自立のための社会的投資、そして、4）国民の生活の質的向上と構成されている。そして基本構想は 1）社会権としての福祉、2）労働を通じた積極的福祉、3）社会連帯にもとついた参画型福祉、という3つの柱に構成されている。まず、社会権として福祉は「残余的社会給付ではなく、制度的社会保障を提示し、国民の幸福や健康な生活を実現する福祉制度と政策を要求」ことを意味する。そして、労働を通じた積極的な福祉は、「社会弱者を対象とした既存の消極的な福祉を乗り越え、労働権の保障を通じて生産的福祉を追求」することを意味している。最後の参画型福祉体系は［雇用創出的なマクロ経済政策を通じて完全雇用に接近し、使用者と労働者、そして団体代表、政府、市民団体などさまざま主体が参加」する福祉システムが提示されている。

生産的福祉は恩恵的・一般的な性格にとどまらず、社会の弱者層と貧困層が社会的疎外と貧困構造から抜け出せるように支援することでもある。そのため、政府は勤労能力がある低所得層に対しては、自活事業に参加する条件として、サービスを提供する制度を整備し、これらの人々の自活を支援するため、民

間の自活後見機関を選び、その機関を支援している。また市場競争から脱落した貧困階層に対して政府は、教育と訓練を通じて働く意欲と能力を高めさせるのみならず、新しい仕事を提供しているので生産的福祉は積極的な福祉政策でありながら効率的な社会投資であると金大中は語っている。

東アジア型福祉モデルと「ワークフェア」

これからの福祉改革と関連し、東アジア諸国にはどのようなモデルあるいは「福祉レジーム論」がありうるのか。いままで福祉分野における東アジアの国を対象とする「同列事例比較研究」は初歩的段階であり、客観的な情報と比較分析に必要な基礎資料が絶対的に足りない状況である。まだ、東アジア諸国はEUと違い、国によって、経済成長率と個人所得にも大きな差が存在している。さらに、アジア諸国は家族や共同体の構造や機能、ジェンダー、宗教とのかかわりなど政治的・文化的な多様性より、今のところ東アジア型福祉モデルを特定するのは容易ではない。

しかし、第4の類型として「生産主義的福祉レジーム」、「発展主義福祉レジーム」、「日本型福祉モデル」などに分類する研究者もいる。また、福祉レジーム論の概念を使わず、東アジア諸国の社会福祉と政治・経済・社会の共通した特徴、たとえば、社会政策より経済政策を重視、普遍主義にもとづいた福祉制度の不在、国家予算のなかで社会保障関係費用の割合の低さ、市民社会の未熟、福祉サービス供給における家族と企業の役割が多いなど着目し、東アジア諸国の社会福祉の特徴を提示する研究もある。そして東アジア諸国の特徴として実質的な社会保障や相互扶助の担い手として大きな役割を果たしている家族制度と儒教が福祉に及ぼした影響に着目した「儒教主義福祉国家」論もある。

確かに、東アジア諸国を欧米の国々と比べると家族や地域共

同体による相互扶助が一定の重要な役割を果たしてきたという点は不定できない。勿論、こうした現象は前産業化社会においでは一般的に見られる傾向であるので、それが東アジア型の特徴とは必ずしも断言できないかもしれない。だが、家族関係という点に限定しみると、老親と子供との同居や扶養関係、親と成人前後の子供との関係、ジェンダーに関する関係など、東アジア諸国ないし地域の内部で多様なウェリエーションがあることは無視できないであろう。

一方、社会福祉政策はその国の社会・経済システムの反映であり、またそこで生活する人々の意識あるいは文化の表現であるといえる。福祉ニーズが必要な人々にサービスを提供する主体として基本的に考えられる原理とは「公助類型＝普遍主義モデル」、「自助類型＝市場型モデル」そして公助と自助を混合した「共助類型＝社会保険型モデル」に区分できる。このような「類型論」は、各国の事例を比較分析する際、簡潔性とともにマクロレベルでの理解、つまり、木よりは森を見る視角を提供する面においては意味がある。

それでは、東アジア諸国には上記の３つの類型のなかでどのようなタイプに属するのか、現実を考慮し今後選択可能なタイプはどれなのか？ ここでは金大中の「生産的福祉」論を東アジアの福祉モデルとして取り上げ、検討したい。その理由は金大中自ら「生産的福祉」論は韓国と類似な状況に置かれている国が国家発展政策を立てていく際に、良いモデルになることが期待できると述べているからである（金大中『生産的福祉』より）。ここで韓国と類似な状況ということを考慮する際、やはり、東アジア諸国はさまざまな面から多くの共通点が見られるからである。

類型とは現実の理解をしやすくするため、理想的なモデルに設定したものにすぎない。実際に現実は最も複雑なので、ひとつの類型がすべての事例において完璧に当てはまることはあり

得ない。たが、「生産的福祉」論は前述したことと関連して説得力があるといえる。

　なぜならば、「生産的福祉」論ではひとつのタイプにこだわらず、政策の性質によって、それぞれ3つのタイプの良い点を取り入れたものであるからである。したがって、社会福祉政策の基本方向（マクロレベル）としては生産的福祉の理念を、そして東アジア諸国の異なる状況（ミクロレベル）に対しては3つのタイプのなかから自国に似合う原理を取り入れれば、今まで提示されたモデルより、実用的な面からも選択可能なモデルかもしれない。

　それでは、韓国政府は生産的福祉を実際の政策にいかに反映しようとしたのか？　一般的に、国民に必要な福祉サービスを提供する方法には大きく分けて2つがある。ひとつは生産過程参加した人に対する市場を通した分配であり、もうひとつは、生産過程に参加できない社会共同体の構成員に政府が再分配政策を通して最低限度の基本的な生活を保障することである。西欧の福祉先進国の例に見られるように、公的扶助や社会保険が拡大すれば、社会的危機から人間を保護しようとする努力は減少する。また、国家の再分配政策は消極的と恩恵的な福祉にとどまり、人間開発を通して国民が生活できる能力を培うといった積極的な福祉が足りなくなる。同時に，消極的福祉による再分配政策が発展するにつれ、財貨の社会的配分において公平性と効率性のバランスをとる市場経済内の所得分配政策は、福祉政策として認められなくなるのである。

　こうした問題点を解決するため生産的福祉では推進戦略としてひとつ目は仕事を通して市場経済に参加している階層に対する1次的な分配システムを作ることを提案する。これは公正な市場秩序による分配が前提条件となる。全国民が市場経済のなかで生産と分配に参加できる均等な機会を享受し、これによって生活の質を高めることになる。

2つ目は市場経済に参加することができない人々に対しては政府の再分配政策の拡大により、全国民が貧困と疎外及び社会的なリスクから抜け出し、人間らしい生活ができるように基本的な生活を保障するものである。これを実現するため、普遍的な公的扶助政策として、1999年に「国民基礎生活保障法」が制定、翌年から施行されるようになった。

3つ目は社会投資的観点から福祉政策を発展させると戦略である。すなわち、社会的保護も重要であるが、今後、知識産業社会においては国民を社会的危機から積極的に守るためには雇用の場を作り、また職業訓練や教育ともに職業能力の開発を通して自立生活を支援する方向で、実際に自立生活支援政策に力を入れている。

日本でも2000年から介護保険制度がスタートし、社会福祉関係法が大きく改正されたが、基本的な理念は「個人の自立と社会の連帯」を基盤としたのである。金大中も韓国政府が最終的に目標とする福祉システムは「自立」と「相互連帯」の原則のバランスが取れたシステムであり、これが市民社会に内在する社会共同体の多様な価値を活用することによって、自生的なネットワークを構築する時に可能になるとしている。また、ある個人や集団がほかに個人や集団に対して持っている共感と互恵的感情は、物質的窮乏の問題だけではなく、産業社会における人間疎外の問題までも解決することになると金大中は語っている。

以上のように、アジア共同体システムの構築を考慮する際、東アジア型福祉モデルは重要なテーマのひとつであると思われる。にもかかわらず、これまで東アジア型福祉政策という議論ないし研究はまた初歩的な段階に過ぎないし、論点においても多岐にわたっている。むすびに代えて、残された課題について言及したい。

残された課題としてまず、アジアの社会福祉における日本の

役割について注目したい。

　いままで、日本が欧米など進んだ社会福祉制度や政策をモデルにしてきたように、アジア諸国は日本の事例から多くの政策的な示唆点を取り入れている。つまり、ヨーロッパでビスマルクが主唱した社会保険方式が文化的伝播を通じて、全ヨーロッパに影響を及ぼしたように、東アジア諸国は日本の社会福祉政策や制度が多様な分野にわたってモデル役割をしてきた。

　また、日本は短期間の高度経済成長や高齢化のスピードの速さという面からも欧米よりアジア諸国と共通点が多い。したがって、日本の社会福祉制度ないし政策に対してその成功や失敗を客観的に評価し、アジア各国と必要な情報を共有することは重要である。こうした情報の共有とともに国家を超えた協力のためには社会福祉に関心をもっている研究者や政策担当者または福祉従事者らがそれぞれのレベルで、より緊密な交流を行い基本的なデータを共有することが重要である。そして、こうした人的資源を総合的に糾合して相互協力を深めるためには制度的なレベルで超国家的組織のようなシステム作りが必要である。こうした点で、昨年9月、韓国の社会保健研究院内に設立された「OECDアジア社会政策センター」は今後アジア諸国間の社会政策開発協力をため、一定の役割を果たすことが期待される。

　次に、東アジアの国々は類似点がある反面、相違点もある。すなわち、森ではなく木をみると、そこには社会・文化・政治・経済的特性などに根ざした多くの多様性が存在している。そのなかでも東アジア各国に共通で見られる儒教的価値観や家族制度においでも国によってギャップがあるのは確かである。こうした東アジア諸国の特性を考慮せず、欧米的な概念や物指しで計って評価することは適切ではない。東アジア型福祉モデルの模索の際、重要なことは経済発展や市民社会の成熟などと言った単純な基準だけではなく各国の多様性を視座に入れ、そ

して欧米とは異なる言葉の定義も必要かもしれない。

　最後に、グローバリゼーション進む現在でも東アジア諸国は自国に対するプライドや国民的同質性を強調する声が市民の間でも根強く残っているのみならず、政治家はこれを適切に政治に利用している。もちろん、こうした要因は短期間に経済を発展させる順機能的役割を果たしたという見解もあるが、他方にはアジア共同体形成を阻害する大きな要因になっている。このようなことを政治レベルで解決することは簡単な問題ではないと思われる。したがって、アジア共同体または東アジア型福祉モデルを成功させるためには政治あるいは制度的レベルだけではなく市民レベルでの「アジア市民福祉ネットワーク」を作り、コミュニケーションを拡大することによって理解や相互協力を求めることが重要である。

17　健康権と共同保健体制の構築

岩浅昌幸

　21世紀は感染症の世紀といわれている。今日の高度な国際交通社会においては、世界中のあらゆる地域から24時間で人・物は日本へやってくる。この際、社会的に問題化している感染症の原因病原体であるか否かを問わず、目に見えないウイルス、細菌は、これらの人や物の流れに付随して行き来することになる。日本が鎖国をしていた江戸時代であれば今日のようにSARS（サーズ）や鳥インフルエンザの脅威が現実のものとなることはなかった。とりわけプラザ合意による円高、そしていわゆるバブル経済の崩壊以降は、安い経費を求めて工業生産のみならず、国民の健康を支える農作物にいたるまでアジアを中心とした海外に生産拠点を移し、毎日膨大な数の輸入物に頼ってわれわれ日本人は生活している現実がある。グローバリズムという政治経済的理念を抜きにしても、国際社会におけるこの自由往来の流れは拡大することはあっても縮小することは考えにくい。このような国際交通の増大に呼応するかのように感染症も急激な勢いで増大している。

　アジア共同体という理念が語られるとき、その中心にはセキュリティー（安全保障）という概念がある。これはアジア共生における「安心」ということであり、この安心のおける共同体社会を構築するには、そこに住まう人々の普遍的な自然権から導かれる生存権（健康権）こそが核となり、経済的社会的諸権利の実現へと拡大されるべきこととなる。

感染症の歴史

1948年に設立されたWHO（世界保健機関）は、その憲章において「到達しうる最高基準の健康を享受することは、人種、宗教、政治的信念または経済的社会的条件の差別なしにすべての人が有する基本的権利のひとつである」と規定し、世界各国で保健衛生、環境衛生、人的資源の開発と健康の増進などの活動を展開している。とりわけ「感染症の克服」はそれらの諸活動の中心に位置する。有史以来、人類の死亡の大要因は、感染症であった。人・物の移動によって感染症も移動し時として社会そのものを破壊してきた。縄文人は大陸から渡来した弥生人がもたらした結核の流行により壊滅的被害を受けたという。古墳時代以降の人骨には結核による病変が見られるのに対し、縄文時代の人骨にはそれが一例も見られないという（『朝日新聞』1998年6月12日）。縄文時代の1万年間は日本は大陸から隔絶された状況にあったため、縄文人の免疫機能は脆弱であった。そのため結核による被害は甚大であり、日本における縄文系の血筋は途絶え、渡来人たる弥生人の血筋が強く残ったのではないかとされる。またあの「ローマの道」は「マラリアの道」であり、そして「絹の道（シルクロード）」は「痘瘡の道」であり、また「ペスト・ロード」でもあった（立川昭二『病いと人間の文化史』新潮選書、1984年）。なかでもペストはヨーロッパ社会を一変させた。ペストは紀元前3世紀頃にはエジプトから中東にかけての風土病であったが、6世紀になってナイル地域から貿易路に沿って拡散し、その後インドを経て十字軍の遠征と共に一挙にヨーロッパ世界を席巻し、その後大流行を繰り返し、人口の3分の1を死に到らしめた。

WHOの対応と日本の感染症法制度

1967年、WHOが世界的な規模で天然痘の撲滅を開始した際には、毎年1,500万人が天然痘に罹り、200万人の人々が死亡し、

そのほか多数が失明等の後遺症を受けていた。そして約十数年に及ぶ各国の医療機関との地道な連携活動の結果、80年には世界の天然痘の撲滅を高らかに宣言した。しかし他方では、この過去数十年間に多くの感染症が新たに発見されている。エイズ（HIV）、O157（腸管出血性大腸菌）、エボラ出血熱、レジオネラ、クロイツフェルト・ヤコブ病、SARS（重症急性呼吸器症候群）など30種類以上を数え、これらは新興感染症（Emerging Infectious Disease）と呼ばれる。新興感染症は高い突然変異性を持つウイルス等の病原体により惹き起される。2003年にアジアを中心に大問題となったSARSなどはその典型である。

　また過去に一度制圧されたはずの感染症が再び重大な問題となってきている。これらには結核、コレラ、ペスト、マラリアなどがあり、再興感染症（Re-emerging Infectious Disease）と呼ばれる。これらの感染症が蔓延する要因として、地球温暖化、熱帯森林の伐採などの環境的要因、人口の都市集中、免疫力の低い高齢者などの増加、免疫を持たない新世代と疫病（感染症）に対峙した経験のない若手医師などへの世代交代、そして大規模な人の移動、物流がある。これらの疾病の世界的流行パンデミック（Pandemic）に備えて2000年、WHOは、「世界的流行の警告と対応のためのネットワーク」（GOARN：Global Outbreak Alert and Response Network）を構築した。この新しいシステムは、突発的な流行に対処するために情報、技術、経験の国際的共有を目的とするサーベイランスシステムであり、各国の研究機関、厚生省、軍隊やNGOを結び、情報交換を行なっている。そして国際的対応が必要とされる①国境を越えて拡散される可能性があり、流行をコントロールするには一国の能力を超える②罹患率や死亡率が異常に高い③事故や故意に流布されている疑いがあるなどの場合には、このネットワークが高度に稼動し対応することとなっている。ただ03年のSARS発生の際には、GOARNの情報システムによって検知されたにもか

かわらず、中国はそれを秘匿し調査団の入国を拒否したことが感染の拡大につながったと専門家はみており、特に感染症防止の保健医療連携の分野においては、国の主権を一時放棄することすら必要であると複数の識者は指摘する。

　日本では従来の法制度では感染症をめぐる今日の新しい状況に対応できないことが明らかとなり、「感染症の予防および感染症の患者に対する医療に関する法律」（1998年）が制定された。ここでは、かつての日本社会においても感染症患者に対して人権たる「行動の自由」の不当な制限や差別があったことの反省に立ち、強制措置に対する行政不服審査のしくみをつくった。さらに2003年の法改正で、感染症を1類から5類に分け、感染性が強く致死率が高いエボラ出血熱、SARSなどを1類に、コレラ、赤痢などを2類に、そしてO157、高病原性鳥インフルエンザ、エイズなどを各々3類、4類、5類に規定し、個人の行動の自由に配慮してそれぞれの感染症の実態に応じた措置を定めた。そして未知の感染症たる新興感染症を「新感染症」とし、1類に準じて扱うこととした。

今日問題となる感染症

　今日、世界的規模では多くの感染症が問題となっているが、その中でも特に日本において注意されるべき感染症について指摘する。

　①結核

　1991年のWHO総会において、HIV感染（エイズ）の世界的拡大を背景に新しい結核対策の必要を確認する決議を採択し、93年には「結核非常事態宣言」を行なった。結核はいまだ単一疾患としては死亡原因の上位を占めており、日本でも東京など都心部において罹患者は増える傾向にある。年間35,000人が新たに結核に感染し、約半数は60歳以上の高齢者である。60歳以上の人々は結核菌に対してもともと免疫を持つ世代であるが、

加齢に伴ない糖尿病、高血圧、リューマチ、癌などの疾患を抱えることとなり免疫力が低下し、結核の内因性再燃や外部結核菌の侵入に対し、抵抗力を失い罹患する。また40歳以下の世代は結核菌に対し免疫力を持たず、いったん感染して発病すれば重症になりかねないことが指摘されている。そして複数の治療薬の効かない多剤耐性結核の出現が治療を複雑にしている。結核菌によるさらなる薬剤耐性の獲得を阻止するためにも感染者には厳密な管理下での治療が必要とされる。

②エイズ（後天性免疫不全症候群）

インド、タイなどの東南アジアの国々ではエイズと結核の二重感染が増加している。

1981年アメリカで当時まれであったカリニ肺炎の罹患者が発見された。この2年後ヒト免疫不全ウイルス（HIV）が見つかり、感染後数年から十数年後に発症する重症の免疫不全症であることが明らかとなった。HIVの感染経路は性的接触、経静脈的薬物乱用、血液感染、母子感染による。2005年12月の時点で世界中に4,030万人の感染者を数え、途上国では異性間での感染が優位であり、先進国では同性間性行為による感染が増加している。わが国では、東京など都市部での患者の増加傾向が指摘されている。

③SARS（重症急性呼吸器症候群）

2003年3月ベトナムの首都ハノイと香港で多くの非定型肺炎患者が発生した。これを受けて同月、WHOは歴史上初めて世界へ警鐘（Global Alert）を発し、非定型肺炎に対する注意を喚起した。この時期に多数の患者が発生したがその経緯はつぎのようなものであった。広東省の病院で非定型肺炎患者を診察した医師が香港のホテルに宿泊していた。このとき同じ階に宿泊していた多国籍の患者10名以上に感染し、各地に散った後、シンガポール、カナダ、米国、台湾、北京、上海等で発症し、入院した医療機関で院内感染を惹き起こし、世界的拡大の様相を

呈した。この年だけでも世界中で8,000人以上が感染し、約10分の1が死亡した。65歳以上の高齢者の死亡率は50％という報告もある。2～10日の潜伏期間の後、発熱、咳などの呼吸器症状で発症する。ワクチンはまだ開発されていない。空気感染をするため十分な防御措置が必要とされる。

④新型インフルエンザ（高病原性鳥インフルエンザ）

1997～98年の冬にかけて香港で新型インフルエンザの感染者が発生し、感染源の鶏が大量に処分された。インフルエンザのウイルスはアヒル、ブタ、人の間で呼吸器を通じて行き来し、急速にその遺伝子を進化させる。この結果、人がまったく抵抗を持たないウイルスに変化することで大流行がおこる。過去には18年のいわゆるスペイン風邪によって全世界で4,000万人以上（日本では39万人）の人々が死亡している。厚生労働省によれば新型インフルエンザが全国で流行した場合、日本では4分の1が感染するとされている。ワクチンや抗ウイルス薬の大量備蓄と効果的摂取法の普及がグローバルな規模で急務とされている。

健康と人権規定

WHOは1978年のプライマリー・ヘルスケア国際会議において「健康は基本的人権である」という理念を採択し、また「人権と公衆衛生の目的達成は相互補完的である」という考えに立ち、98年の第51回世界保健総会において「人権と疾病予防は本来、一体のものである」との認識を示す。そしてその有名な「健康の定義」として「身体的、精神的、社会的に完全に良好な状態であり、単に疾病や障害のない状態を意味するのではない」と謳っている。この最終的理想は、日本国憲法25条の「健康で文化的な最低限度の生活」を保障した社会権規定の水準をはるかに越えて、むしろ近代憲法の中心的権利である、「人格の権利」や「幸福追求の権利」そのもの（日本国憲法では13条

でこれらの権利を保障している）に結びつく、基本的人権の礎となる理念といえよう。

アジア各国の憲法を見てみよう。韓国憲法34条は、すべて国民は、「人としてふさわしい生活を営む権利を有する」とし、同35条においてすべて国民は「健康で快適な環境の下で生活する権利を有する」と述べ、わが国と類似した生存権、健康権規定を持つ。中国憲法21条は、国家は「医療衛生事業を発展させ……人民の健康を保護する」と謳う。またインドネシア憲法は、28条においてすべての人は「精神的、肉体的に安全な生活を営む権利を有し、また医療サービスを受けるとともに、適切で健康的な環境で生活する権利を有する」として健康権を規定する。このほかタイ憲法の保健サービスを受ける権利（52条）やフィリピン憲法の「健康の増進」の規定（13条）など、国民の健康権を条文で謳う例は多い。このような健康権の規定を実りあるものにするには、各国政府のつきることのない営為が必要であることはもちろんである。しかし近代史における歴史的遺恨を解消するという意味においても、特にわが国がアジア近隣諸国に対して期待される役割は大きい。

日本のWHO・ODAへの取り組みと課題

WHOが1948年に保健衛生活動を開始したときには、同加盟国は61ヵ国であったが、現在では199ヵ国が参加している。日本は51年に第75番目の加盟国となり、1年に1度、加盟国の厚生大臣、保健医療担当者による世界保健総会に参加している。またWHOの本部はジュネーブにあり世界に6つの地域事務局を置き、東南アジア地域事務局はインドのニューデリー、そして西太平洋地域事務局はフィリピンのマニラに設置されている。このマニラ事務局長に日本人が選出されることもある。WHOの予算は加盟国の分担金や財団、ODA、NGO等からの拠出金によって運営されているが、年間予算は約500億円であり、日

本は分担金として、米国の約130億円についで第 2 位の100億円を拠出している。

2003年日本政府は、ODA（政府開発援助）の中に新しい課題として、貧困飢餓などの人道問題、水資源や環境という地球規模の問題をとりあげ、政府間援助という従来の ODA の枠を拡大し、各国の個人を最終的な援助の対象と位置づけた。そして重要課題として平和の構築のための人道支援を挙げている。地球的規模における人の健康の実現を考えるとき、それは単に医療支援だけでは目的を達成できない。すなわち「人間中心の開発」こそ重要であり ODA の目的たる持続可能な開発を実現するためにも不可欠である。このことは「人間の安全保障」の視点による国際協力である。この視点から ODA の保健・医療協力は、従来の公衆衛生活動、人口問題などの分野に加え、感染症研究や予防医学・対策に向けられている。支援対象国におけるそのための研修も積極的に実施されるようになっている。またきめ細やかな援助を実施するためには現地により密着している NGO（民間非営利団体）との協力関係も不可欠となっている（ODA 白書）。

上記の日本による WHO、ODA に対する地道な活動は一定の評価を受けているが、現状では感染症等による「健康に対する脅威」は拡大するものと専門家の間では予測されている。

かたや21世紀前半はアジアの希望的発展の時代といわれている。すでに述べたようにこの時代に日本が果たすべき歴史的役割と責任は大きいといえる。そこで本稿の最後につぎのような提言をしたい。すなわち、今後も日本は WHO と緊密な協力体制を持ちながらも、日本が資金、人材の面においてリードする透明性の高い、アジア版の新しい機関を創設することの提唱である（この組織は、国際組織の構成員と部分的に重複する人事体制を有することによって情報、人材、資金の効率化を図る）。具体的には、WHO と並置しながら、アジア地域でその機能を補充し

強化する、AHO（アジア保健機関）の設置である。望むらくは、一連の感染症が貧困と環境劣化に連動し合っている現状に立って、単に保健機能だけでなく、「人間・健康安全保障」の機能をそれに付託し、東アジア衛生環境安全保障機構として、構築することである。しかもその構築のメンバーシップの枠を、「開かれた地域主義」の趣旨に沿って、「ASEAN＋3」諸国から、南アジアや中央アジア諸国をも視野に入れて広げることである。日本政府が主導するこの保健・人道活動は、諸々の政治的、歴史的な対立や経済的利害関係を抱えながらも、アジア共生の時代を実現し、東アジア共同体の礎たる制度的基盤と化していくであろう。この機構の現実化はWHO、ODAに対する透明性、効率性が問われている今日、日本の開発援助政策に対するさらなる理解と支持を日本国民から得ることにもつながるであろう。

　また日本はいうまでもなく技術立国であり、優れた医療技術・機器の生み出される可能性が大いに存在するが、他方、それらに対する官庁の許認可基準は厳格なものがある。このことは平常時においては望ましいことであるが、いったんパンデミックが予想される重篤な感染症に対しては、考え方を変える必要がある。すなわち治験等により効果と安全性が確立された薬剤等がない場合には、国につぎのような判断も必要とされよう。それは、国の不作為により多くの犠牲者を出すよりも、十分でない治験例しか存在せず、安全性が確立されていない新薬や医療機器であったとしても、問題となる感染症に対して高い効果が得られる可能性のある治療法が存在するならば、それを用いるということへの考慮である。これは治癒のメリットと相当程度の副作用が起こるかもしれないという弊害との究極の利益衡量の問題であり、緊急避難の法理により正当化されるという判断が可能な場合、国の積極的施策が要請される局面が出てくるであろう。そしてその医療技術や機器の近隣諸外国への紹介、

拡大も積極的になされるべきであろう。このほか、感染症の病原体を用いた生物テロリズムに備えるためには、所管省庁による国際的警察機関や情報機関との明確な協力関係の構築が、有事の際の「人間の健康の安全保障」の観点からもまた求められているのである。

18 非伝統的安全保障レジームの可能性

加藤　朗

非伝統的安全保障とは

　従来の安全保障は国家を主要な行為体（アクター）とし、その領域も軍事分野が中心であった。その主な目的は国民の生存を確保し、体制を維持し、国益を確保することにあった。これとは対照的に、現在の安全保障ではNGO、宗教集団、民族集団、一般市民や個人などの非国家主体も国家同様に安全保障の主要な行為体になっている。その領域も軍事分野だけでなく、経済、社会、文化、環境などあらゆる分野に拡大した。またその目的も人間、市民、個人の安全や生存の確保、経済的不公平の是正、社会の公正の確保、アイデンティティの相互承認、人権の擁護、地球環境の維持など多岐に渡る。国家を主要行為体とし軍事に特化した前者の国家安全保障を伝統的安全保障という時、非国家主体をも主要行為体に含み非軍事分野にもその目的を拡大した後者の多元的安全保障を非伝統的安全保障と呼ぶことができる。

　近年、非伝統的安全保障が注目されるようになった背景には、2つの主要な要因がある。第1は、冷戦の終焉によって伝統的な国家安全保障の重要性が低下したこと。冷戦時代には安全保障の最大の目的は核戦争から国家、国民の生存を確保することにあった。そのため安全保障といえば、軍事分野に特化した伝統的な国家安全保障であった。一方、1989年に冷戦が終焉し核戦争の脅威が薄らぐと、代って民族衝突、宗教対立、金融危機、難民流出、国際テロ、環境破壊、自然災害、感染症問題などが

噴出し、これらの非軍事分野の危機が国家のみならず市民、民族、宗教集団あるいは人類などの非国家主体をも含む非伝統的な安全保障の問題として認識されるようになった。

　第2に、こうした認識の背後には国家の問題解決能力の低下がある。近年の情報、通信、交通などの著しい発展によって政治、経済、社会などあらゆる分野で、国家のみならず企業、NGO、市民そして犯罪集団、テロ組織にいたるまでさまざまな主体の相互依存関係が深まった。その結果冷戦後には主に非軍事分野で上述のような諸問題が噴出し、もはや国家だけでは手におえなくなった。この国家の問題解決能力の低下を補うように、国連やNGOが平和構築、環境保全、貧困解消、疾病対策、人権擁護などに取り組むようになり、たとえば「人間の安全保障」のように非伝統的安全保障に注目が集まるようになった。

東アジアにおける安全保障の特徴

　冷戦後東アジアにおいても非伝統的な安全保障に注目が集まっている。SARSや鳥インフルエンザなどの感染症、地震、津波などの大規模災害、海賊、麻薬密輸などの国際犯罪、国際テロ、環境汚染、金融危機など、冷戦時代には目立たなかった諸問題が国境を超えた市民の安全、人間の安全保障に直結する問題として浮上してきた。

　とはいえ東アジアの安全保障は、北東アジアと東南アジアとの間で著しい対照を見せている。北東アジアでは依然として伝統的な国家安全保障が幅を効かせており、他方東南アジアでは非伝統的な多元的安全保障に関心が移りつつある。

　北東アジアの伝統的安全保障では日本、中国、韓国、北朝鮮、ロシアそして米国が安全保障の主要行為体である。最近国家間の対立が目立つこの地域の安全保障の目的は何よりも国家間紛争の抑止にある。冷戦の後遺症とでもいうべき中台問題、南北

朝鮮問題に加えて、最近は経済の発展とともに勢力伸長が著しい中国と、米国および日本との摩擦が次第に激しさを増している。また日中、日韓では歴史認識、領土問題が友好関係に水をさしている。さらに北東アジア地域の最大の安全保障上の問題は北朝鮮の核兵器開発にある。これを阻止するために日、米、中、韓、露、そして北朝鮮の関係国6カ国が協議を重ねている。朝鮮半島の非核化問題では、6カ国協議だけではなく米国ジョージア工科大学のジョン・エンディコット教授らが中心になって民間レベルでも活動を繰り広げている。

　もちろん北東アジアで非伝統的安全保障の問題が無いわけではない。それどころか、伝統的安全保障問題に隠れて、むしろ問題山積である。たとえば中国のSARS（重症急性呼吸器症候群）や鳥インフルエンザなどの感染症問題、あるいは中国の経済発展にともない大量に消費される石油、石炭の硫黄酸化物が引き起こす酸性雨問題、あるいは中国の工場廃棄物やロシアの原子力潜水艦の放射性廃棄物による海洋汚染問題、麻薬、犯罪組織の横行などがある。

　一方北東アジアとは対照的に東南アジアではイスラム・テロ、感染症問題、金融危機、海賊などの非伝統的安全保障問題に次第に関心が向けられるようになった。

　第1の理由は中国の脅威が相対的に低下したことにある。その契機になったのが、1992年1月鄧小平の「南巡講和」である。この改革開放政策に基づき中国は計画経済から市場経済へと転換した。そして東南アジア諸国に高まる中国脅威論に配慮し、一転して経済優先、多国間協調の外交姿勢をとり始めた。たとえば93年1月のAPEC非公式首脳会議で中国は全方位外交に基づくアジア・太平洋地域の多国間協調を支持する外交に転じ、さらに94年7月のARFでは銭其琛外相がより積極的にASEAN諸国との安全保障対話の必要性を強調した。こうしてASEAN諸国にとって伝統的安全保障上の最大の問題であった中国の脅

威が低下した。その結果ASEAN諸国は域内の非伝統的安全保障問題に関心を向ける余裕が生まれたのである。

　第2の理由は、東南アジア地域の地理的特徴にある。ラオスを除けば、他のASEAN諸国は全て島国か海に面した半島国家である。この地域が「海の帝国」（白石隆）と呼ばれるのも、まさにその海洋性の故である。東南アジア地域は海から見れば、国民国家の国境によって海を分断することの方が異常で、領海のない海上交通のネットワークによってつながった「帝国」とみなした方が正常であろう。この海洋性の故にASEAN諸国には国境管理は至難であり、国境を超えたテロ、麻薬取引、海賊行為などが安全保障上の課題となっている。同時に多島海という地理的特徴は、中国、ベトナム、フィリピン、マレーシア、ブルネイなどの諸国間に南沙、西沙群島の領有をめぐる伝統的安全保障問題をも生み出している。

　第3に、グローバリズムの進展がこれらの非伝統的安全保障の危機を増幅させている。市場主義経済の拡大とともに東南アジア域内そして域外とのヒト、モノの交流が活発になり、ASEAN諸国にとって国境管理は益々難しくなっている。またカネの管理も難しくなり、1997年7月のタイのバーツ暴落をきっかけに始まったアジア通貨危機は東南アジア地域にとどまらず韓国をも直撃し、東アジア全体の経済を大混乱に陥れた。この経済的打撃が東南アジア諸国の漁民の困窮化を招き、彼らを海賊行為に走らせる原因にもなった。

東アジアの非伝統的安全保障の現状

　9.11の同時多発テロ以後、非伝統的安全保障の最大の脅威として国際社会でにわかに注目を浴びるようになったのがテロである。なかでも、文明の衝突という文脈で語られることの多いイスラム・テロは東アジアにおいても早急な解決が迫られている喫緊の課題である。

東アジアでもとりわけイスラム人口が集中しているのは東南アジア地域であり、地域全体の人口約5億人の内、4割の約2億人がイスラム教徒である。さらに、その内の約9割の約1億8,000万人がインドネシアに集中している。残りの約2,000万人のうちマレーシアに1,200万人、タイに320万人、フィリピンに310万人が暮らしている。

　このようにイスラム教徒が多い東南アジア地域では他の宗教との境界線での紛争が目立つ。キリスト教国フィリピンでは南部ムスリム地域の独立を目指すモロ民族解放戦線、仏教国タイではやはりイスラム国家の樹立を目指すパタニ統一解放組織による武装闘争がある。また逆にイスラム教国インドネシアの支配から独立を達成した東チモールでは独立前にはイスラム教徒とキリスト教徒の対立がたえなかった。またインドネシアの他の地域とは異なりヒンズー教徒が人口の大半を占めるバリ島では、2002年10月そして05年10月にジェマ・イスラミアによる爆弾テロが起こり多数の犠牲者が出た。

　これら東南アジア各地域のイスラムのテロ・ゲリラ組織は互いに協力関係にあり、さらにはアル・カイダの傘下にあるなどの噂が盛んに喧伝されている。しかしこうした解釈は、国家と「対称な敵」を求めるという伝統的な安全保障の観点から紡ぎだされた言説である。仮に何らかの関係があるにしても、それは1980年代にアフガニスタンで反ソ戦を戦ったイスラム義勇兵の個人的なコネクションや、インターネットによってつながった水平的なウェッブ・ネットワーク的な関係でしかないのではないか。テロ組織が非伝統的で「非対称」な敵であるだけに国家がテロに対応することは難しい。

　テロに加え、東南アジア地域の非伝統的安全保障政策の重要課題に海賊がある。前述したように海洋性の故に国境管理が困難な東南アジア地域は、2004年の海賊発生件数が156件と全体の約5割を占めるほどの海賊多発地域となっている（日本外務

省ホームページ)。日本財団によると、05年度にはインドネシア領海だけで79件が発生した。海賊の横行は東南アジア地域の安全保障の問題だけでなく、日本をはじめ北東アジア諸国の主要なシーレーンが通っていること、今ひとつは、多島海という地政学的特性から麻薬、武器、人身などの売買さらには大量破壊兵器の隠匿の恐れがあることなどから、東アジア全体の安全保障にとっても大きな問題となっている。

　さらに非伝統的安全保障として東アジア全体に深刻な脅威となっているのがSARSや鳥インフルエンザなどの感染症問題である。2003年春、中国で発症例が認められたのを皮切りに、一時期ベトナム、フィリピンなど東南アジア地域にも拡大する様相を見せた。航空交通の発達とともに感染症も時間単位で拡大していくために、情報の共有、医療支援など各国の協力なしでは防疫は困難である。実際、ベトナムではWHOや日本の協力でいちはやくSARSの制圧に成功した。一方鳥インフルエンザはニワトリ、ウズラ、七面鳥などの家禽類に感染し養鶏業に経済的な打撃を与えるばかりか、一部のウイルスは人に感染し死亡率はきわめて高い。アジアでは1997年に香港で発生し、観光産業に大きな打撃を与えた。その後05年には世界的な感染の広がりの中、ベトナムや中国そして日本でも被害が出た。

　テロ、海賊、感染症以上に非伝統的安全保障の喫緊の課題は自然災害である。2004年12月にスマトラ島沖で起きた大地震と津波による犠牲者の数は20万人を超えた。まさに戦争に匹敵する死者の数である。また05年8月には米国南部が巨大ハリケーン・カトリーナに襲われ、超大国米国でさえも自然の猛威には抗えないことが明らかになり、防災や温暖化対策が環境安全保障の重要課題として一層強く認識されるようになった。

非伝統的安全保障レジームに向けて

現在東アジアが直面している非伝統的な危機や脅威に最も相

応しい安全保障レジームは、国家間の多国家間協調だけではなく、国家と非国家主体間、非国家主体間のいわば多主体間協調に基づく多元的安全保障レジームである。このレジームに最も近いのが、1998年から日本外務省が推進している「人間の安全保障」であろう。以下では日本政府の取り組みを中心に東アジア地域の非伝統的安全保障レジームの現状と可能性を検討したい。

1999年に日本政府は人間の安全保障基金を設立し、2001年6月に緒方貞子、アマルティア・セン両氏が共同議長となって「人間の安全保障委員会」が設置された。その趣旨を外務省はこう説明している。「貧困・紛争・地雷・難民問題・麻薬・感染症・環境破壊・自然災害など人間の生存、生活、尊厳に対する様々な脅威から、各個人を守り、それぞれの豊かな可能性を実現するために、一人ひとりの視点を重視する取り組みを強化しようという考え方」(「人間の安全保障」外務省ホームページ)。この視点に立って日本政府は国連関係諸機関の援助プロジェクトやアジア諸国そして各種NGOに資金を提供している。

具体的には次のような取り組みを通じて非伝統的安全保障レジームの形成が進んでいる。たとえばテロ対策で日本政府はアジア諸国にテロ対処能力向上(キャパシティ・ビルディング)支援を実施している。具体的には出入国管理、航空保安、輸出管理等9項目の分野にわたって、ハード面では指紋照合のコンピュータ・システムや空港・港湾の保安強化のための機材供与、ソフト面ではテロ対策にあたる要員の訓練やセミナーを開催している。また2003年にはAPEC首脳会議でアジア開発銀行(ADB)にテロ資金対策と航空・保安等の地域貿易・金融安全確保イニシアティブが設立され、日本政府は100万ドルを拠出した。

海賊対策でも日本が果たした役割は大きい。1999年にマニラのアセアン首脳会議で日本が海賊対策のため関係国会議を提唱

し、翌2000年4月に海賊対策国際会議を開催した。同年11月にはインドとマレーシアで海上保安庁の巡視船が連携訓練を実施した。01年11月にはASEAN＋3（日中韓）首脳会議で小泉首相が海賊対策のための法的枠組みづくりを提唱し、04年11月に「アジア海賊対策地域協力協定」の案文が採択された。中韓も含めた首脳レベルでの地域協力関係の締結は単に海賊対策という枠組みを超え、東アジア全体の非伝統的安全保障の地域協力レジームのひな型となる可能性をも秘めている。

　地域協力レジームのひな型は環境問題でも構築されつつある。日本政府は「アジア太平洋地域渡り性水鳥保全戦略」、「東アジア酸性雨モニタリングネットワーク」、「北西太平洋地域海行動計画」、「北東アジア環境協力プログラム」などを推進している。中国、北朝鮮、ロシアなど異なる政治体制や文化の違い、経済発展の格差などの壁に阻まれ、必ずしも期待通りとはいかないないものの、着実な成果を挙げつつある。この他にもNGO要員の訓練、マネーロンダリング対策、麻薬対策などを通じてレジーム形成が図られている。

　人間の安全保障は1994年に国連開発計画（UNDP）によって発表された概念である。この概念を最も積極的に受け入れ、外交政策の柱のひとつにしたのが憲法9条の平和理念を掲げる日本であった。日本にとって人間の安全保障こそ憲法9条の理念を具現化する外交政策であると同時に、人間の安全保障政策を通じて非伝統的安全保障が喫緊の課題となっていた東南アジア諸国との関係強化にも役立っている。さらに政府間協力だけでなく、資金援助や情報共有を通じてNGOとの協力関係も深まっている。

　たしかに人間の安全保障が日本政府の主導で実施されることに対し、伝統的安全保障の補完的役割をはたしているにすぎないとの批判もないわけではない。実際、日本政府の意図が人間の安全保障外交を通じた国益の追求にあることは疑いもない。

そのために人間の安全保障政策に警戒感を示す国があることも否定できない。日本政府の意図がどうであれ、結果的に非伝統的安全保障分野では着実に国家、非国家主体間の多主体間協調は進展しており、東アジアにおける非伝統的安全保障レジームは着実に構築されつつある。

　「ASEAN＋3」を軸にした東アジア共同体構想の推進こそ、非伝統的安全保障レジームを強化し、その強化が逆に、伝統的安全保障レジームと連動して、東アジア共同体の形成を促しつづけていく。共同体構築と、非伝統的安全保障と伝統的安全保障との三者の相互連動の現実がそこから浮かび上ってくる。

19　アジア共通安全保障共同体構築

林　　亮

　最近のアメリカ外交戦略は、東アジア共同体形成をアメリカ主導のグローバル政治経済秩序に対する脅威と見なしているかのようだ。アメリカの東アジア外交政策は「分割して統治せよ」との原則を実行して、アジアの分断を放置しているかに見える。これでは金の卵を産む鶏を自ら絞め殺す愚行であるとしか思えない。日本や西欧列強による侵略と支配の再現は、植民地状態から脱して半世紀も経たないアジア各国にとってけして馬鹿げた無想だと切り捨てられる問題ではないことを認識すべきである。アジア共通安全保障レジーム構築に関する問題は、アメリカ主導のグローバルな安全保障枠組みの再編とは分離して議論されるべきで、アメリカは自国の経済的繁栄を支える東アジア地域の安定と発展のために、東アジア共同体に関する戦略を真剣に考え直さなければならない。

中国台頭とアメリカの対中戦略

　2005年7月、アメリカ国防総省は「中国の軍事力に関する2005年度報告書」において、中国は東アジア地域からアメリカの影響力を排除する長期的戦略目標を有していると指摘した。台湾独立を阻止する中国の「反国家分裂法」制定と、ロシア製兵器輸入による軍近代化がアメリカ太平洋艦隊への大きな抑止力となって台湾海峡の軍事バランスを崩壊させる危険性を訴えている。さらに同報告は即応性と機動性に優れる新型大陸間弾道ミサイルや潜水艦発射弾道ミサイルの開発・配備や、有人衛

星打ち上げ成功による軍事力の宇宙展開能力獲得などによって中国が対米核抑止力を高めると予測する。6カ国協議で中国と緊密に協力しつつも、アメリカはグローバルな安全保障秩序が中国の挑戦を受ける可能性に懸念を示している。

　2001年中国はWTO加盟をもって中国はグローバル経済に参入した。しかし翌02年11月には、ASEAN・中国自由貿易協定、南沙諸島領有権問題の平和的解決をはかる「関係国行動宣言」、テロ・麻薬対策に向けた「非伝統的安全保障分野での協力に関する共同宣言」などの諸条約に調印する。中国は普遍的経済秩序形成を目指すWTOと、協定締結国同志が排外的な相互利益をはかるFTAという相反する経済枠組みの形成に同時に取り組み始めた。中国のASEANに対する一連の積極的関与政策に、ASEAN域内に表出する中国脅威論の沈静化や、1人勝ちの中国経済発展への不満解消、さらに長期的なASEAN＋3を基礎とする東アジア共同体形成において主導権を握る中国長期戦略が存在したことは間違いない。1982年の中国共産党12全大会は、孤立的な独立自主路線から融和的な全方位中国外交への大転換を決定した。以降中国はアメリカとの紛争を極力回避し、自国経済建設のための「平和な国際環境」維持を最優先し、そのためには解放軍の兵器近代化計画さえ見送った。

　しかし1991年湾岸戦争におけるアメリカ軍の一方的勝利によって、経済発展を最優先し軍近代化を先送りにしてきた中国軍事戦略に変化が生じる。人民解放軍は経済発展を優先する姿勢を維持しつつも「ハイテク条件下の局地戦争」への戦略転換を公表して兵器近代化のペースを引き上げた。さらに新ブッシュ政権の対中敵視政策への転換は中国に大きな衝撃を与えた。ブッシュ政権は「冷戦後の安全保障上の懸念は、ロシアではなく中国にある」として、中国戦略核を直接の攻撃目標とするアメリカ本土ミサイル防衛（MD）計画を開始した。MD計画は大規模な核攻撃力を有するロシアには限定的な影響しか与えない

ものの、アメリカ本土を射程に収める大陸間弾道ミサイルを20発程度しか保有していない中国にとって対米核抑止力の喪失を意味する。

1990年代末ごろから中国政府系研究機関や大学で、安全保障や対米戦略について活発に議論されるようになった。公開されるようになった政策決定機関と関係の深い専門家による議論は直截で客観的であった。中国現代国際関係研究所の楚樹竜や解放軍南京国際関係研究所の時殷弘、中国社会科学院アジア太平洋研究所の唐世平らは、中国は安全保障政策でアメリカに協力しつつ地域大国化を目指し、その後半世紀以上のタイムスパンをおいて世界強国の地位を固めるべきだと主張した。ブッシュ政権の攻撃的な軍事戦略に対応して中国外交は「アメリカ中心主義外交」から「バランスのとれた大国間協力」へ、「２国間周辺外交」から「多国間多重周辺外交」への転換を目指すようになった。

中国政権内部では発展戦略に関する議論が続けられているようだ。2003年11月ボアオ・アジア・フォーラムでは「中国の平和的台頭」が主張された。しかし中国脅威論の高まりの中で04年には「平和台頭論」は、一時的に穏健な「平和発展論」に後退することになった。しかし04年４月には同じくボアオ・フォーラムで「平和台頭論」が復活し、05年７月の朱成虎少将による対米先制核攻撃発言がなされるなど政権内部での発展戦略に関する議論がなお流動的であることが理解できる。それでも中国は04年12月に『2004年度国防白書』を、05年９月には『中国軍備管理・軍縮・大量破壊兵器拡散防止白書』を発表し、軍備管理・軍縮と核拡散防止に関する中国の努力を示し、アメリカが主導する大量破壊兵器拡散防止レジームに中国政府が全面的に協力する姿勢を崩していない。政権内部に異論を抱えながらも総体としてはアメリカ主導の国際秩序に従う方針に変化は感じられない。

アメリカの対中戦略に巻き込まれる日本

　防衛庁が発表した『平成18年度　防衛力整備と概算要求の概要』は、日本のBMD（弾道ミサイル防衛）計画が共同研究の段階から実戦配備に進み、海上自衛のイージス護衛艦が初の弾道弾迎撃ミサイル実射試験を、航空自衛隊でも対弾道ミサイル迎撃能力を有する地上配備型迎撃ミサイルを初めて取得するなどの計画を明らかにした。同白書はアメリカ海外軍事プレゼンスを自衛隊が補完・強化する計画を明記している。日本に配備されるBMDシステムはアメリカの早期警戒・追跡網とのデータリンクに依存している。さらにアメリカ本土ミサイル防衛に重要な役割を果たす新型レーダーが日本本土に配備される。また「周辺海域における潜水艦及び武装工作船への対応」によって自衛隊に対する中国潜水艦の阻止能力を高めるための措置も約束された。中国が戦略核ミサイル搭載戦略原潜を東シナ海に配備した場合、日本の護衛艦や対潜哨戒機がこれを探知・撃沈する役割を積極的に果たすことが可能となった。『平成18年度　防衛力整備と概算要求の概要』によって日本が「アメリカ本土ミサイル防衛」の前哨基地となることは確実である。

　しかもアメリカ軍は軍事力の効率を最大限に発揮することを狙って「トランスフォーメーション」（国防力の変革）を推進中である。これは地球規模で派遣されるアメリカの軍事力不足を補うために、「統合作戦コンセプト」に示される情報・通信・指揮システムの共有・一体化を通じて、同盟国の軍隊をアメリカ軍事力に組み込もうとする計画でもある。2005年10月の日米安全保障協議委員会の中間報告「日米同盟・未来のための変革と再編」は、日米同盟における自衛隊の役割強化を謳っている。「日米再編」は、自衛隊の世界範囲の移動・展開を容易にし、その能力をアメリカのために最大限に発揮させようとする「トランスフォーメーション戦略」の一貫であることは疑いない。中でも05年2月の「日米共通戦略目標」が、「台湾海峡の平和

的解決」に言及した意味は大きい。旧ソ連海軍力の太平洋地域進出を阻止したのと同様に、中国海軍力の外海拡大を軍事的に抑止しようという意図がアメリカには存在する。沖縄を含めた日本列島はアメリカの海外軍事基地であると同時に、不足する自国軍事力を自衛隊戦力と「一体化」するための戦略拠点となる。日米同盟強化の目的が日本列島による中国軍事力全般の封じ込めにあることは間違いないだろう。

東アジア安全保障共同体の枠組み

　東アジアの新興勢力である中国とアメリカの地域覇権をめぐる主導権争いが起きていると結論するのは容易である。しかし我々は同時にアジアの歴史的経験に学びグローバルな安全保障秩序に組み込まれることを拒絶する地域勢力側の抵抗という側面にも留意しなければならない。冷戦期には米ソ両超大国を中軸とする軍事同盟枠組みが存在した。それは中軸国と衛星国を結ぶ２国間同盟による強圧的な支配システムであった。アジア太平洋地域の安全保障枠組み形成には、これら冷戦の遺産解決とともにアジア諸地域の植民地、半植民地状態からの脱却という二重の歴史的条件を無視して進めることはできない。

　「ASEAN 地域フォーラム」（ARF）は、安全保障問題について議論するアジア太平洋地域における唯一の政府間フォーラムで、ASEAN を中核としてアジア太平洋地域の信頼性醸成と予防外交実現を目的に設立された。ARF では信頼醸成措置の促進、予防外交メカニズムの促進と紛争解決メカニズムの促進といった３段階の中期的アプローチをもって、緩やかな紛争解決が目指されている。中国は当初 ARF に積極的でなかったが、2002年に「南シナ海における関係国の行動宣言」に加盟、03年には「ASEAN との平和と繁栄のための戦略的パートナーシップ共同宣言」に調印、04年には「非伝統的安全保障分野での協力」に関する ASEAN との了解覚書に署名して南シナ海に関す

るASEAN行動基準を承認した。中国はASEAN + 3を基盤とするARFに積極的に関与するようになった。一方で日米両国は2国間安保重視の姿勢を変えず、地域的独自色を打ち出そうとするARFの発展に積極的ではなかった。ARFの積極的推進に転じた中国と消極的な日米がアジア太平洋地域の安全保障枠組み形成をめぐって主導権争いを演じていることは否定できない。

本来ASEAN設立当初、加盟国の安全保障レジームとして構想されたのは「東南アジア友好協力条約」(TAC)である。加盟各国の不戦条約や紛争の平和処理をはかる条約として1976年にTACは登場したが、「ASEAN加盟を希望する政府は、まず第1にASEANの正当性を承認する誓約として、条約加盟を申請することが慣習化している。この意味で、条約はASEANが中核となって東南アジア地域秩序を形成していく合意として位置づけられている」(山影進『ASEANパワー』東京大学出版、1997年)。加盟国の大部分が植民地化の歴史を有するASEANは域外大国からの政治干渉に敏感である。TACにはASEAN加盟国以外にも締結が呼びかけられている。2003年には中国とインドが、04年にはロシアと韓国が加盟したが、これは域外加盟国にASEANの自立性を認め保証させる意味合いが強い。日本がTAC加盟を躊躇し04年7月になってようやく署名したのも、ASEANが地域としての独立性を強めることを嫌ったためと言われている。ASEANをめぐる日本とアメリカの立場は共通している。

さらに自立と独自性を目指すASEANと、この地域の自立傾向を嫌うアメリカや日本などの域外大国との妥協の産物が、TACの代替物であるARFであると考えることも可能である。中国やインドのTAC加盟を独立性や自主性を求めるアジア各国の意志の表れと理解することは重要である。東アジア安全保障レジーム構築をめぐる議論には、アメリカ主導のグローバル

秩序と東アジア各国が抱える歴史や地域的利害との矛盾解決が求められている。

アメリカ外交問題評議会は、台頭する中国への対処を議論しフォーリン・アフェアーズ誌上に掲載してきた。同誌のケネス・リーバサル「中台枠組み合意を模索せよ」や、ニール・C・ヒューズの「中国との貿易戦争を回避せよ——対中貿易をめぐる誤解を解く」は米中関係を分析しつつ中国との衝突がアメリカの国益を損なうと主張している。さらに鄭必堅の「平和的台頭への道筋」や王緝思の「中国は安定した対米関係を望む」など中国側当局者たちの論説も掲載し、中国側も同様に対米協調を望んでいることを明らかにしてきた。アメリカ外交界の重鎮キッシンジャーは、「中国はいずれアジアにおける大国になる。そして、世界政治の中心は大西洋から太平洋へとシフトしていく。……この均衡の一翼をアメリカが担いたいなら、対中冷戦を再現するのではなく、協調路線を取る方が賢明だろう。……少なくともあと一世代は、中国がアメリカの死活的な利益を軍事的に脅かすようになることはあり得ない」と発言した。キッシンジャーは中国の国際社会参入を妨害するのではなく積極的に援助することがアメリカの国益にかなうと結論している。

アジア各国が信頼する安全保障共同体の確立を

現実に冷戦後の東アジア安全保障枠組みに大きな影響を与える六者協議において、ブッシュ政権は北朝鮮問題処理の主導権を中国に任せた。中国はアメリカと協調しつつ冷戦後の東アジアにおける安全保障秩序をとり仕切る能力を示そうとしている。米中関係は時に前進と後退を繰り返しつつも明らかに提携に向けて動いている。

やがて欧州は米欧が、東アジアは米中が協力して世界を主導する国際秩序が新たに形成されるのかもしれない。ASEANに

中軸をおく東アジア共同体構想と、六者協議に見られるグローバルな大国中心の安全保障枠組みのどちらが東アジアの安全保障共同体枠組みとして確立していくのであろうか。アメリカは六者協議に安全保障枠組みの将来を見ているようだが、この地域の人々は大国による頭ごなしの秩序決定システムをはたして信頼するのであろうか。人々の積極的な合意と参加が期待できない国際秩序に多くを期待することは出来ない。グローバルな国際秩序とアジアの歴史的経験が調和して、平和と繁栄をもたらす新たな安全保障レジームが必要とされている。アジアに求められているのは大国主導の覇権的秩序ではなく、むしろ域内各国の独立と自主性を尊重するTAC的な安全保障概念であることは間違いないだろう。

Ⅳ　各国の地域共同体戦略

20　韓国の東アジア地域戦略

李　鍾元

韓国にとっての「東アジア」

おそらく韓国は、「東アジア」について、もっとも関心が高く、しかも肯定的に語られている国のひとつだろう。それを裏付ける客観的な統計は少ないが、メディアや学界での論議、政府や地方自治体、市民団体などの行事や活動などから、「東アジア」への熱い思いを見いだすのはそれほど難しくない。

しかも一部の専門家や利益集団に限られたものではなく、社会的な広がりも持っている。その点で、日本や中国とも大きく異なる。「アジア・バロメーター」の2003年度調査によると、「アジア人」というアイデンティティを積極的に肯定する人の割合は、韓国で71.6％を記録し、調査対象10カ国のうち、4番目の高い比率を示している。設問の形式や方法などによる変動を考慮しても、予想以上に高い水準だ（猪口孝他編『アジア・バロメーター』明石書店、2005年）。ちなみに、1999年に実施された「ユーロ・バロメーター」で、EU15カ国における「ヨーロッパへの帰属意識」の平均値は56％であった（伊藤憲一他編『東アジア共同体と日本の針路』NHK出版、2005年）。

韓国で、ある種のブームのように、「東アジア」への関心が高まったのは、1990年代以後のことである。冷戦終結とグローバル化という、世界史的な転換の潮流に触発されたものであるが、そこには3つ軸が交錯している。

第1に、「地域」としての東アジアの「発見」である。すでに1980年代半ばから、中国およびソ連の改革路線で、冷戦対立

の垣根は低くなり、韓国は、戦争とイデオロギーによって隔離されていた近隣地域を「再発見」することになる。冷戦終結を背景とした韓国の「北方政策」は、対北朝鮮という外交戦略上の思惑だけでなく、経済的利害や社会的関心にも後押しされたものであった。国家（state）だけでなく、市場（market）や市民社会（civil society）も、中国をはじめ、近づいてきた「北方」に熱い眼差しを送り、その「地域」から新たな可能性を見出したのである。経済成長と政治的民主化も、こうした「地域」への目覚めに拍車をかけた。「東アジア」といった場合、主な対象は、長い歴史の接触があり、文明の共通基盤を持つ中国であるが、日本も、「東アジア」という文脈で「再発見」されたといってよい。80年代以後の「東アジアモデル」への注目、EUの拡大と深化に触発された世界的な地域主義の動向、社会・経済的な域内交流や接触の増大などの要因があいまって、つながりを持つ実体として、「東アジア」が想像されるようになったのである。

　第2に、「戦略」としての東アジアという発想である。ここには、2つの側面がある。まず、ひとつは、対北朝鮮戦略としての意味合いである。朝鮮半島の共存を安定化し、将来的な統一を促進するためにも、地域協力の枠組みに北朝鮮を組み入れ、漸進的な変化を誘導しつつ、錯綜する国際政治の利害関係を調整していかなければならないという現実的な認識が背景にある。もうひとつは、より長期的に、いわゆる大国主導に代わる国際秩序（地域秩序）へのオルターナティブとしての「地域形成（region-building）」である。より直接的には、冷戦終結後の地域秩序をめぐる、米中、日中など大国間の勢力競争の再来への憂慮がきっかけとなっている。

　国際政治では、いわゆる中小国もしくは中級国家（middle power）において、こうした地域形成の外交戦略や志向性が往々にして見られる傾向がある。「アジア・バロメーター」の

調査で、「アジア人」という回答が高かった国々は、ミャンマー（92.1％）、ベトナム（83.6％）、スリランカ（79.8％）、タイ（67.9％）であり、日本は41.8％、中国にいたっては4.1％と、きわめて低い水準に止まっている。韓国で、昨年末の「東アジアサミット」が迷走を続けた要因として、日中間の勢力競争を懸念する声が多く見られたのも、こうした見方を反映している。

最後に、「価値」や「課題」としての東アジアという視点である。初期には、1980年代に盛んだった「アジア的価値論」や「儒教資本主義論」など、復古的なアジア主義の傾向もあったが、近年は、政治的民主化を背景に、国境を越える地球的問題群、地域共通の課題に対する市民社会の連携という視点がより一般的に見られる。環境や女性、外国人労働者など、具体的な課題をめぐって、国境横断的な取り組みも活発であり、それを基盤に、FTAなど、市場主導の「東アジア」論に対抗する動きも広がっている。さらに、「知的実験としての東アジア」などの概念の下、ナショナリズムの超克を目指す議論も活発に展開されている。

金大中大統領の「東アジア共同体」イニシアティブ

こうした潮流を背景に、1998年に誕生した金大中政権の韓国は、「東アジア共同体」に向けた外交的な取り組みを本格的に展開した。具体的な経緯からは、金大中大統領の個人的なイニシアティブが際立ってみえる。冷戦終結のような国際情勢のマクロな変動への戦略的対応では、やはり政治のビジョンやリーダーシップが重要であるという事実が、韓国の事例はよく示している。外交組織が基本的に保守的であり、多国間外交より2国間外交を重視する傾向があるのは一般的な現象だが、韓国の場合、大統領中心制の権力構造も影響している。

1997年のアジア通貨危機を契機に、域内の経済協力の機運が

高まる中、金大中大統領は、後の「東アジア共同体」の土台となる重要な提案を次々と打ち出した。韓国は、以前から、例えば、88年10月の国連総会での盧泰愚大統領の「東北アジア平和協議体」、金泳三政権期の「ミニCSCE」(93年5月)、「東北アジア多国間安全保障対話 (NEASED)」(94年5月) など、一連の提案を通して、地域協力への積極姿勢を示した。しかし、その多くは、北朝鮮問題への取り組みに主眼が置かれており、各国の思惑が交錯する中、具体的な実現には至らなかった。それに比べて、金大中大統領のイニシアティブは、97年からスタートした「ASEAN + 3」を舞台に、新しい動きの制度化を目指し、日中韓の協力体制づくりに重点をおいたものであった。

1998年12月、ハノイで開催された第2回ASEAN + 3首脳会議で、金大中大統領は、「東アジア地域協力に向けた中長期的ビジョンの研究」を任務とする「東アジアビジョングループ」(EAVG) の設置を提案した。メンバー13カ国から2人ずつの民間人識者から構成されたEAVGは、3年間の議論を経て、2001年11月の第5回ASEAN + 3首脳会議に最終報告書「東アジア共同体に向けて」を提出した。国際的な場で、「東アジア共同体」という用語が登場した初めての公式文書である。

金大中大統領としては、危機に陥った韓国経済にとって、日中を中心とした域内協力が重要であるという認識とともに、国際舞台での活躍を通して、南北関係の改善に弾みをつけたいという思惑もあった。一連の提案を通して、ASEAN + 3の制度化を促進しつつ、「日中韓」の枠組み形成にも力を入れた。1999年11月、マニラでのASEAN + 3首脳会議の場を借りて、初めて日中韓首脳の会合を開き、2000年以後は、その定例化を実現させた。こうしたイニシアティブは、金大中大統領と小渕総理との緊密な連携によるところが大きい。

さらに、金大中大統領は、2000年11月のASEAN + 3首脳会議 (シンガポール) では、EAVGの提言を検討するための政府

間会合として、「東アジアスタディグループ」(EASG) の設置を提案した。各国の次官補レベルで構成された EASG は、EAVG 報告書の検討作業を行い、02年11月の ASEAN + 3 首脳会議（プノンペン）に最終報告書を提出した。この報告書は、「東アジア共同体」に向けた取り組みとして、合計26の協力事業（短期17、中長期9）を提言し、その長期的課題のひとつが「東アジアサミット」であった。

韓国は、こうした協力事業のうち、「東アジアフォーラム」の設立、「東アジアアイデンティティおよび共同体意識形成のための文化・教育機関の共同作業」などを引き受け、関連事業を展開した。

しかし、こうした韓国政府の積極的な姿勢は、金大中大統領の任期（2003年2月）が近づき、レームダック化が進むにつれて、次第に薄れていった。

盧武鉉政権の「東北アジア時代」構想

2003年2月に就任した盧武鉉大統領は、「平和と繁栄の東北アジア時代」を政策課題のひとつとして掲げた。地域戦略の中心概念が「東アジア共同体」から「東北アジア」に変わったのは、再び噴出した北朝鮮の核開発をめぐる危機状況への対応の一環でもあった。02年10月、北朝鮮がウラン濃縮疑惑を認めたことを理由に、米国ブッシュ政権が重油の供給を停止すると、それに反発した北朝鮮は、1994年の米朝枠組み合意の破綻を宣言し、03年1月、NPTを再脱退した。盧武鉉政権は、まさに第2次核危機の嵐の中の船出となったのである。

北朝鮮を「悪の枢軸」と非難し、原理主義的とでもいうべき強硬政策を展開するブッシュ政権の前で、2000年6月の南北首脳会談から始まった南北の和解プロセスは、行き詰まらざるをえなかった。それを打開する政策として構想されたのが、「東北アジア地域協力」であった。その要諦は、機能主義

(functionalism)と地域主義(regionalism)という2つのアプローチの結合であった。つまり、日中ロなど、東北アジアの域内諸国との間で、主として経済およびエネルギーなど、非政治的な分野での機能的な協力体制を築き、それによって、米国の強硬政策による不安定さを抑制し、同時に、北朝鮮体制の安全と改革という2つの相矛盾する要請に応える枠組みを提供しようとする発想であった。

盧武鉉大統領は、就任早々の2003年4月、大統領直属の「東北アジア経済中心(ハブ)推進委員会」を設置し、北朝鮮をも視野に入れた東北アジア地域の物流、輸送インフラ、エネルギー開発など、多くの意欲的な構想を打ち出した。同委員会は、04年6月、「東北アジア時代委員会」に改組され、政治・外交分野にまで範囲を拡大した。大統領自身の強い政策的関心と関与を示す組織であり、他の政策課題にも「東北アジア」という用語が通奏低音のように使われた。北朝鮮の核問題に進展がなく、そのため、「北東アジア時代」構想も、現在のところ、具体的な成果を上げるには至っていない。昨年9月に合意された六者協議の「共同声明」は、北朝鮮の核問題への解決策を北東アジア地域の安全保障および経済協力の包括的な文脈で提示しており、盧武鉉政権の韓国のアプローチが反映されたものといえる。

北朝鮮の核問題、米韓関係の再調整、大統領弾劾に象徴される内政上の混乱など、他の課題に追われる中、「東アジア共同体」に対する政策的な関心は、大きく後退したと言わざるをえない。2004年初め以来、ASEAN＋3会議を舞台に、とりわけ日中の間で、「東アジアサミット」をめぐる激しい駆け引きが展開されたときにも、韓国の存在はほとんど感じられなかった。そこには、小泉総理の靖国参拝問題でこじれた日中韓関係、「東アジア共同体」に警戒感を強める米国との関係など、韓国外交の難しい状況が影を落としている。

「東アジアサミット」以後の「東アジア共同体」戦略

紆余曲折の末、ASEAN＋3＋3（印・豪・ニュージーランド）という妥協的な形で、昨年12月、史上初の「東アジアサミット」が開かれ、「東アジア共同体」のあり方をめぐる議論は、来年の ASEAN＋3創設10周年まで続くことになった。韓国としても、今後、「東アジア共同体」をめざす戦略構想の再検討を迫られている。韓国内の議論には、大きく3つの方向性が見られる。

第1に、「東アジア」の実態を固めていく方向である。韓国政府のシンクタンクである外交安保研究院が作成した報告書は、「東アジアサミット」が迷走した理由を中国の性急な外交攻勢に求め、当面、本来の「東アジア共同体」の中心となるべき ASEAN＋3の枠組みの強化を提言している。その土台の上で、長期的に「東アジア共同体」をめざすという立場である。「東アジアサミット」は、「拡大 ASEAN＋3首脳会議」などへの名称変更も提案された。米国の警戒心にも一定の配慮を示しつつ、韓国の外交的および経済的利害からは、ASEAN＋3を土台とする狭義の「東アジア共同体」が望ましいという判断が背景に窺える。

第2に、ASEAN 諸国との関係強化を基盤とした「中級国家」としての役割の模索である。「東アジア共同体」の実現には、経済力や人口の面で、それぞれ6～7割を占める大国、日本と中国の積極的な関わりが不可欠である。しかし、こうした著しい不均衡が大国主導に対する域内の根強い不信感と警戒感の背景ともなっている。ASEAN の水平的な枠組みを維持しつつ、大国がひしめく北東アジアに接合させる過程で、「中級国家」としての韓国は、独自の役割を果す位置にあるという発想である。今年、短期間の交渉を経て、ASEAN との FTA 締結に原則合意したのも、そのような意気込みの表れといえる。しかし、まだ ASEAN 外交の蓄積は浅く、何より「日中韓」の枠組

みがぎくしゃくしている現状では、韓国の外交力は大きく制約されざるをえない。

　第3に、市民社会の視点を取り入れた「東アジア共同体」戦略の具体化である。近年の政治的民主化の結果、東アジアにおいて、韓国は市民社会やNGOの影響力がもっとも大きい国家となっている。これまで、「東アジア共同体」論議は、国家の思惑や市場の利害が先行し、市民社会の価値や課題という視点は大きく欠落していたといわざるをえない。様々な地域共通の課題をめぐる国境横断的なネットワークは急速に広がっているが、それが「東アジア共同体」の文脈で位置づけられることはあまりなかった。「東アジア共同体」を築くプロセスにおいて、「国家＝市場＝市民社会」の三者構成を制度化する必要があり、その点で、市民社会の活力を自負する韓国の独自の貢献を期待することもできるであろう。

21　北朝鮮の核問題と経済改革
北東アジアの安全保障と経済協力にとって重要な意義

姜　英之

北東アジア共同体と北朝鮮の位置

1990年代における冷戦時代の終焉と、「東アジアの奇跡」（世界銀行報告書）にみられる経済高度成長を根拠に「21世紀は東アジアの時代」と言われて久しいが、アメリカ一極支配の優勢とEU（ヨーロッパ連合）の登場などで、なかなかその姿が顕在化されなかった。

だが、昨年末のマレーシアのクアラルンプールで開催された「東アジアサミット」を機に東アジアの経済協力、安全保障を含め将来展望として「東アジア共同体」の構築が合意されたことで、欧米文明に押されていた東アジアの復興が俄然現実味を帯びてきた。

東アジアの地域範囲概念として、マスコミではよく日中韓＋ASEAN（東南アジア諸国連合）という表記が定着しているが、狭議の範囲としては理解しえても、現実的妥当性には欠ける。中国（北東部）と日本、韓国に加えて、北朝鮮（朝鮮民主主義人民共和国）、モンゴル、ロシア極東地域からなる北東アジア地域と、ASEANを包含する地域全体を東アジアの地理的範囲とするのが適切であろう。

この北東アジア地域は、長く続いた資本主義・社会主義のイデオロギー対立、冷戦時代を反映して、相互間の協力・交流が断絶され、政治・外交的な厳しい摩擦の中で、日本、韓国を除いては経済発展が遅れた未開発地域として取り残されてきた。

しかしこの地域は、日本、韓国の潤沢な資金と高度な技術に

加え、中国や北朝鮮の優れた低廉な労働力、モンゴル、ロシア極東地域の豊富な地下資源といった具合に相互補完性が強く、圏結合による経済的潜在性の大きさは計りしれない。このうち、北朝鮮、ロシア極東地域、中国北東部、モンゴルなどはインフラ不足に悩まされており、日本、韓国からの経済・技術協力、経済援助なしでは経済開発に十分取り組めないのが実情である。もし、この6カ国・地域が政治外交の障害を取り除き、相互理解と協調の立場から協力・交流を進めていけば、無限に共同繁栄の道が切り開かれれよう。

　他方、東アジアの地域主義を考える場合、ASEAN の機能主義的経済統合が東アジア共同体の構築に鼓舞的影響を与えているが、経済規模や生産・技術レベル、外貨準備高などからみて東アジア共同体の基軸は日本、中国、韓国の3国間の経済協力・交流の拡大・深化であることは疑問の余地がない。

　この3国のうち日本は経済大国、中国は政治・外交大国であるのに反し、韓国は絶対的にも、相対的にも小国であるばかりでなく、北朝鮮と直接対峙する分断国家であるという特徴を持っている。しかし韓国は日本に次ぐOECD（経済協力開発機構）加盟国（1996年）であり、97年のアジア通貨危機の余波を受けた最悪の外貨危機を見事に乗り切り、今日屈指の世界的半導体・IT王国として名をはせ、世界貿易第10位圏を占めるなど経済先進国の仲間入りを果たそうとしている。

　ところが通貨危機以降、韓国では貿易・資本自由化が急速に進み、欧米巨大資本による敵対的M&Aによって国民経済が外国資本の動向に大きく左右される経済基盤の脆弱性を露呈している。とくに今なお朝鮮半島では2005年の南北共同宣言（金大中韓国大統領と金正日北朝鮮党総書記が初の首脳会談で南北の和解・協力、平和統一で合意した内容）が出された後も38度線（朝鮮半島南北の分断線）では武力こぜりあいがあり、北朝鮮核問題をめぐり米朝間で軍事的緊張が高まるたびに外国資本は素早

い逃避姿勢を見せ、そのつど株価低落や輸出減少などにつながり、混乱を免れていない。

　したがって韓国にとっては北朝鮮との政治・外交関係の改善、朝鮮半島南北間の安定と平和の構造が構築されない限り、経済の不安定が続き、国内市場の狭さ（GDPに占める貿易の比率＝貿易依存度は70パーセント）から先進国経済化が難しいのである。韓国が真に先進国経済の仲間入りするためには，北朝鮮との政治的和解と対話を進め、経済協力・交流を深め、段階的に市場、産業・経済統合をはかり、究極的に通貨統合まで実現していくプロセスの中でこそ可能であろう。

　盧武鉉韓国大統領が金大中前大統領の「太陽政策」（北朝鮮に対する宥和政策）を基本的に継承しながら、朝鮮半島問題が東北アジア関係諸国の利害が緊密に絡むことで国際問題化している現実を見据え、また朝鮮半島が北東アジアに占める地理的位置から北東アジアの平和と安定の中でこそ朝鮮半島の平和・繁栄が保障され，南北の協力と平和統一の努力が北東アジアの平和・共同繁栄に寄与するとし、韓国の国家建設ビジョンとして北東アジアにおける経済ハブ国家構想を提唱していることは、時代の流れにマッチしていると言えよう。

　韓国が将来の統一国家建設を念頭に置いて、北朝鮮への人道的経済支援や南北間の経済協力・交流を進めるといった強力な脱冷戦の新しい民族ナショナリズムに向かっている状況において、韓国と対峙している北朝鮮の存在を無視して北東アジアの安全保障、経済協力・共同体の構築について語るのは片手落ちのそしりを免れない。

北朝鮮の核問題と米朝関係の悪化

　北朝鮮の核開発疑惑問題は日本人拉致問題と並んで深刻かつ緊要の国際懸案問題となっている。それは、金正日体制を揺るがし、ひいては東アジアの安定と平和を脅かす要因となり、日

本の将来にとっても重大な影響を及ぼすことになる。「東アジア共同体」の可能性を論じるに当たっては、決して北朝鮮の核問題の行方に目が離せないのである。

北朝鮮が2005年2月に「六者協議」参加の無期限中断とともに「核兵器保有」を公式表明して以来、米朝関係は悪化の一路をたどり、今や北朝鮮核問題をめぐり両国間の軍事衝突すらありえるとの分析が台頭した。実際この事態を受け、ライス米国務長官は訪中した先で、北朝鮮への影響力行使を渋る中国にあてつける形で「北が六者協議に応じなければ、他の選択肢もある」とし、核問題を国連安保理に付託、制裁論議にかけるとの強硬姿勢を改めて見せ付けた。

北朝鮮は1994年の米朝ジュネーブ合意以前にすでに核兵器1、2個分のプルトニウムをもっており、2005年5月に再稼動した寧辺原子力発電所から8,000本の使用済み核燃料棒を再処理することで、20〜30キログラムのプルトニウムを抽出し、最大6〜8個の核兵器を保有することができるようになっているというのが、米軍事情報筋の観測である。ジャコビー米国防情報局長は05年4月28日の上院軍事委員会公聴会で、北朝鮮はまだ技術的に難しいとされる長距離弾道ミサイルの搭載可能な小型核兵器の開発能力を、理論上は有しており、2段式の弾道ミサイル（テポドン2）を発射すれば、米本土西海岸に到達可能と証言、中断していた5万キロワットと20万キロワットの原子炉建設計画再開やウラン濃縮計画と合わせ、米国は北朝鮮の核能力向上に危機意識を募らせている。

だが、イラク戦後処理に手を焼き、さらにイランの強硬な核開発姿勢に有効な対応ができていない中、韓国・中国の両国からは対北強硬政策を牽制されていることから、事実上「二正面軍事作戦」の展開は不可能に近い。北朝鮮が核問題で国際的孤立に追いやられているのは事実であるが、実は米国のほうが「金正日体制転覆」という政治外交目標を追求する中で、「圧力

一辺倒」政策を変更せざるを得ないジレンマに陥っている点を見逃すことができない。

中国の粘り強い米朝両国への仲裁が実り、2005年9月に再開された第4回「六者協議」では北朝鮮による「すべての核兵器及び既存の核計画の放棄」の確約、その見返りとして米国は北朝鮮を攻撃、侵略する意図がなく、エネルギー支援することなどを確認し、米朝平和共存まで盛り込んだ共同声明が発表され、北朝鮮の核問題の解決にとどまらず、これを機に「北東アジア地域の安全保障協力」まで検討することが合意され、北東アジアの安定と平和確保のための画期的転機が作られた。しかし、その後、北朝鮮の核放棄や経済支援などの手順をどう詰めていくか具体策で相互の意見対立が続く中、米国が北朝鮮の偽札ドル製造や麻薬取り引きで得た外貨のマネーロンダリング（資金洗浄）を理由に経済制裁したことに対し、北が猛烈に反発、制裁解除なしには六者協議に出席しないとし、再び米朝関係はこう着状態に陥っている。

こうした中で、ブッシュ大統領は2006年3月10日、ワシントン市内のホテルで講演し、北朝鮮とイランについて、02年の一般教書演説で「悪の枢軸」と名指ししたことに改めて触れ、「安全保障の脅威に関しては、イランと北朝鮮は同等だ」と強調した。その前の同年2月28日、ネグロポンテ米国家情報長官は、上院軍事委員会に提出した書面で、北朝鮮の核問題について「北朝鮮が宣言した核兵器保有はおそらく本当だ」と分析し、「北朝鮮は核兵器を朝鮮半島に展開する米軍や韓国軍を抑止し、体制の安全保障を確実にする最短の方法と見ている」と指摘し、核放棄に簡単に応じないとの見方を示した。

米国の分析通りとするならば、当面は朝鮮半島における軍事的衝突はないとしても、米朝間の外交的軋轢は解けそうもなく、北朝鮮にとっては西側からの経済支援が途絶する中で、果たして金正日体制が経済的に持ちこたえることができるかどうかに

関心の的が移る。

「7.1 経済管理改善措置」の背景と展望

　北朝鮮は、1990年代からずっと続く経済危機から脱出しようとして、2002年7月1日より「実利社会主義」を標榜し、「経済管理改善措置」実施し始めた。これが、中国の経済改革やベトナムの「ドイモイ」（刷新）と同様の市場経済化をめざしたものなのか、それとも従来の硬直した計画経済の一分手直しにすぎないものなのかについては、内外の専門家、学者、研究者の間でも評価が分かれている。

　筆者の見解では、北朝鮮の実利社会主義というのは、中国の経済改革やベトナムのドイモイ政策とは形態やスピードの差はあっても、北朝鮮式の「経済改革」＝市場経済化の道を歩み始めたことを明確に表現したものだと評価される。それは、北朝鮮の従来の計画経済システムを大幅に修正する契機を作り出すものであり、核問題の解決によって経済改革はいっそう促進される可能性を秘めている。

　実際、北朝鮮の計画経済体制は、この「7.1措置」によってかつてない枠組みの変容を迫られている。措置の主な内容は、(1)配給制廃止、(2)賃金と物価の引き上げ、(3)企業の独立採算制の拡大、(4)為替レートの現実化など、多岐にわたっている。これは、「社会主義原則を確固として守りながら、もっとも大きな実利を得ることのできる経済管理方法」（金正日）という北朝鮮式の「実利社会主義」を硬直した計画経済管理システムの改善に適用したもので、「実利社会主義」というのは、2001年1月以来の金正日総書記提唱の「新思考」（ゴルバチョフ元ソ連共産党総書記のペレストロイカ政策にちなむ）を反映している。

　それによれば、金正日総書記は、「7.1措置」の背景として「国の経済が正常な軌道に乗れず、経済建設と人民生活で基礎的な問題が依然として解決されていないのは、経済指導と管理

が正しく行われていないからだ」とし、「経済官僚たちが固定格式化された古い枠組みから抜け出せず、敗北主義と消極性に陥り、経済管理において革新を起こせなければ、国の経済を打ち立てることができず、経済強国を建設することはできない」という危機意識を吐露しながら、当面する経済的難関を打破し、経済強国を建設するためには、「変化した環境と現実的条件、われわれの革命発展の要求に合わせ経済管理を革命的に改善し、完成させていかなければならない」と述べ、社会主義経済管理方法を「われわれ式」の独特なものに開拓していくことを強調している。

この「われわれ式」の社会主義経済管理方法こそ「実利社会主義」と呼ぶことができるものであるが、これについて金正日総書記は「社会主義経済建設で実利を保障するということは、社会の人的、物的資源を効果的に利用し、国の富強発展と人民の福利増進に実際的な利益を与えるようにすることを言う。国家的にも、個別的な部門の単位でも、生産と建設、個人管理運営においてもっとも大きな実利保障することを基本にし、経済管理で出てくるすべての問題を解決していかねばならない」と定義している。

金正日総書記は、北朝鮮経済の沈滞と関連して「国家が立てた計画が、いろいろな部門と単位で、特に戦略的な意義のある重要部門と指標において計画をまったく達成できていない」と率直に認め、これでは「社会主義経済の優越性」を誇ることはできないとし、「過去の経済管理システムと経済管理方法がそのときは正しく、良いものだったとしても、今日に合わない場合もある。経済管理で古くてだめなもの、現実に合わないものをずっとそのままにしていては経済を発展させることはできない」と、いわゆる「新思考」を強く提示するに至ったのである。

「7.1措置」の内容を見れば、「体制移行」前の社会主義ソ連、東欧諸国でつとに試みられた経済管理システムにおける分権化、

企業経営における自立権付与、収益による分配の差別化という明確に資本主義市場原理を取り入れた「経済改革」という点で、北朝鮮社会主義経済体制の質的変化をうかがわせるに十分な根拠となりうるものであった。

北朝鮮中央通信は、2003年6月10日、これまで否定してきた「経済改革」という用語を初めて使用、同国経済官僚も「資本主義経済要素である市場の機能を重視しており、今後は大胆かつ柔軟な経済改革を推進していく」（『朝鮮新報』〔在日本朝鮮総連機関紙〕2003年6月17日付）と言明している。中国、ベトナムに次いで、北朝鮮もついに「社会主義市場経済」に大きな一歩を踏み出し、北朝鮮経済はこれまでとは異なる新しい局面に入っていると言える。

もちろん、他の「体制移行国」と比べると、国家の価格制定権限が基本的に存続しており、経済全般において市場原理の適用範囲が著しく制限されてはいるが、「7.1措置」以降はそれ以前の硬直的な計画経済システムにかつてない変更が加えられたのは事実である。姜正模・韓国慶熙大学教授が指摘するように、次の点で、もはや既成の「指令的かつ画一的計画経済」の枠が大きく打ち破られたと見て差し支えないだろう。

つまり、第1に、国定価格を大幅に引き上げ、農民市場（農村での闇市場）価格に接近させることで、市場価格を事実上、認めた。

第2に、国家計画委員会の権限を下部単位に一部委任することで、計画経済体制の分権化を試みた。

第3に、原・副資材市場の開設は「企業の農民市場」として消費者についてだけ許容してきた市場（国営市場、農民市場など）の範囲を生産手段にまで拡大した。

第4に、工場・企業所に経営の自立姿勢を付与し、収益レベルに伴う分配の差別化などの措置を通じて企業に利潤マインドを鼓吹した。

第5に、食糧および消費財価格と家賃などを引き上げ、配給制度を事実上廃止し、家計（消費）の経済的自立を誘導した。

　これらのことから、「7.1措置」は、過去の中央指令による硬直した計画経済の失敗を克服するために、市場経済の部分的な導入を図るものであるという評価が日本の学会やマスコミの間で一般的であるが、それは、すでに機能麻痺に陥った社会主義経済計画体系、政治優先の「大安の事業体系」（1961年、金日成主席が南浦市の大安電機工場で現地指導）、生活必需品配給制などの側面において、「過去との断絶を意味する経済改革」（姜正模教授）と高く評価できるものであり、「北朝鮮式社会主義市場経済モデル」が模索されていると見てよいだろう。

　だが、経済管理改善措置によって直ちに北朝鮮経済が危機から脱出できるといった状況には決してなく、今後少なからぬ紆余曲折を経なければならないようである。その最大の課題は、西側からの外国資本導入だろう。中国やベトナムの例から分かるように、経済改革は開放政策と一対のものとして展開されており、その成功の鍵は西側からの資金、技術の導入であった。西側とは関係が閉ざされている北朝鮮では十分な投資資金がない中で市場経済化が進められた結果、企業・労働者の生産意欲が高められる肯定的側面も現れる一方で、生産正常化ができないまま物不足が深刻で、ハイパーインフレと貧富格差、党官僚の不正腐敗が蔓延するなどの否定的現象も起きている。

　核問題の解決に見通しがたたない中で、市場経済化を順調に進めるため韓国や中国からの経済支援や経済協力に頼ろうとしているが、経済改革を本格展開していく上では限界があろう。やはり、米国、日本との関係改善による大規模な経済支援が望まれるところだ。

　長い目で見れば、北朝鮮の市場経済化はもはや後戻りできなくなっている。国内外の情勢からして、その流れを押し留めることは何をもってしてもできないだろう。現在の経済改革の動

きは、計画経済のタガが緩んでいるのを締め直し、社会主義が崩れていくのを立て直すための便宜的な方策という側面も確かに無視しがたい。だが、経済原理は政治的思惑を越えて浸透し、市場経済の空間が拡大していくだろう。

　北朝鮮経済が本当に立ち直るためには、核問題や拉致問題など国際懸案を解決し、西側からの資金導入をテコに市場経済をいっそう活用し、計画経済の中に融合させるしかない。もし、それらの問題が平和的な話し合いで解決され、北朝鮮と西側との関係改善が成し遂げられ、北朝鮮の改革・開放、国際社会への責任ある一員としての参加が実現すれば、北東アジアの安全保障、経済協力を前進させるのに大きな貢献となろう。

　かくして、南北両朝鮮のゆるやかな統一と連携がつくられて、中長期的な――10年から20年の――タイムスパンの中で、それが、日中間の政治的確執を緩和させる緩衝機能を果たしながら、東アジア共同体の形成を、北東アジアの側から促しつづけていくはずだ。

22　中国外交の展開
「平和的大国台頭」論をめぐって

加々美光行

　1992年の鄧小平の「南方視察講話」によって持続的高度成長へのアクセルを踏んだ中国は、93年のハンチントンの著作『文明の衝突』を境に国際社会とくに米国から大国化した中国の「脅威論」が多く語られるようになって、自身の「大国化」あるいは「多極」の中の「一極」となる事態を避けて通れぬ問題として意識するに至った。画期をなしたのは2003年11月3日、海南島ボーアオで開催された「アジア・フォーラム」の席上、鄭必堅（中国改革開放論壇理事長）が行った「中国の平和的台頭の新たな道とアジアの未来」と題する講演である。「平和的大国台頭論」（中文で「和平崛起論」）として知られる観点がこの時、最初に提起された。

「極」的「平和的大国台頭論」と「非極」の「平和的発展」論
　鄭必堅は述べる。
　「近代以来の大国が覇を競う歴史の中で、大国の台頭はしばしば国際社会の枠組みと世界秩序の急激な変化を引起すばかりか、甚だしくは世界規模の大戦を誘発した。その主要な原因のひとつは、台頭する大国が侵略戦争に依拠して対外拡張を行った点にある。こうした道は常に失敗を遂げてきた。……我々の選択は一意専心して平和裏に台頭すること、即ち平和的国際環境を獲得することを通じて自身の発展を目指し、また自身の発展によって世界平和を維持する道だ」。
　鄭の論点が衝撃的だったのは、明確に中国の「大国化」の道

を肯定した点にあった。それまでの中国は自国が「大国化」の道を歩く可能性について、必ずしも肯定していなかったからだ。それまでの中国はあくまで「平和的発展」論（中文で「和平発展論」）と呼ばれる外交戦略に立っていて、国際政治が「多極化」に向かうとの認識を持ちつつも、自国が「多極」の中の「一極」になることを否定する「非極」の立場に立っていたのである。

この「非極」の「平和的発展」論を最初に提起したのは鄧小平で、旧ソ連にゴルバチョフ政権が登場した直後の1985年3月の談話で述べた。いわく「平和と発展こそが現代世界の二大問題であり……全地球的な戦略的問題である」。ゴルバチョフの登場でそれまで中ソ対立をもたらしていた（国境、ベトナム、アフガンの）3大障害が一挙に解決、軍事的緊張が大幅に後退したことが、「平和」を強調するこの観点を生んだ。その後89年の天安門事件の時期をまたいで、87年、92年、97年の3度の共産党全国大会の政治報告で、この「平和的発展論」の観点は繰り返し語られ、21世紀初めまで維持されてきていた。

かえりみて1971年の中国の国連復帰、72年の米中和解と日中国交正常化という中国をとりまく激変は、それまでの米ソ両超大国のどちらとも対決する「二正面戦略」から、米国と連携してソ連とのみ対決する「連米抗ソ」の「一正面戦略」への戦略移行をもたらした。この「一正面戦略」は毛沢東時代末期の中国がニクソン・キッシンジャーの「多極化」外交戦略に乗って、「チャイナ・カード」を使った戦略だった。そこでは世界政治の「二極」から「多極化」への移行を中国が肯定しただけでなく、みずから安全保障上、「多極」のうちの「一極」となることが前提だったのである。鄧小平が85年に至って提起した「平和と発展」はその意味では、この「多極」の中の「一極」となるとするそれまでの毛沢東戦略を明確に否定したものだった。それゆえこの「平和的発展」論を中国はそれまでの戦略と区別

して「独立自主外交戦略」と呼んだ。

　鄧小平が「平和的発展論」で用いる「発展」概念は「南北問題」に関係した概念で、中国をあくまで「南の世界、第3世界、発展途上国に属する」と見なす観点を代表するものだった。その上で中国は途上国であるがゆえに、本来「大国（極）」足り得ないとしたわけだ。むろん毛沢東時代も自国を「第3世界」の一員と見なす考えはあった。しかし毛は中国が「第3世界」であっても米ソ二極支配の冷戦体制下に断固第3の「極」を構成するべきだと考え、また事実「極」として振舞った。これに比して鄧小平は「米中和解」と「中ソ和解」をともに達成したことによって、もはや中国は「極」として振舞う必要がなくなった、それゆえにその精力を「発展」に専念傾注出来るようになったとして新戦略を提起したのである。1987年5月の鄧小平談話では以下のように述べている。

　「（世界は）比較的長期にわたって平和を獲得することが出来、戦争は回避しうるのである。……我々は他人のカードを使わないし、他人に我々のカードを使わせない。……建設をやるには平和的環境が不可欠なのだ」（『鄧小平文選』第3巻、人民出版社、1993年）。

　ここで「カードを使う、使わせない」と述べているくだりは、大国間のパワー・ゲームを形容したものである。つまり中国が「多極」の中の「一極」となってそうしたパワー・ゲームに加わることはないと明言したわけである。

　こうした中国の原則的観点は天安門事件（1989年6月）後の1990年代前半期に、米国主導による国際社会の厳しい対中経済制裁を受けた状況下にも変わらなかった。この原則が変化し始めるのはポスト鄧小平の時代に入って、90年代の半ば以後に発生した対米関係の一連の緊張の積み重ねを契機とする。

　鄧小平の「平和的発展論」は対米協調・宥和政策と密接不可分のものだった。対米関係に矛盾対立が生じ紛争危機がある場

合は、発展に必須の「平和的環境」が瓦解するからだ。それゆえ中国指導部は1990年代末に至るまで、対米協調・宥和を安全保障政策の大原則としていた。鄧小平は92年の南方視察講話を含めその最晩年の時期、米国との間にいかなる摩擦が生じようと、対米関係の安定こそ「平和的発展論」における平和維持の根本をなす原則であることを強調し続けたが、94年以後鄧小平の後を継いだ江沢民もまたこの外交安保の原則を遵守したからである。問題は中国の対米政策が対台湾政策を矛盾の軸として展開しており、海峡両岸の対立矛盾と対米緊張の発生が相関的に生じる点にあった。中国は対米宥和を維持するためには、台湾に対し一貫した強硬な手段を原則採用することが出来ず、状況追随的な対応しかとり得ないという制約をみずからに課すに至ったのである。

たとえば1995年6月の台湾の李登輝（当時総統）訪米によって米中関係が一時緊張した際、中国は同年7月、8月と96年3月の3度にわたって台湾海峡でミサイル演習を行うなど一連の強硬策を採った。この前後、中国は95年5月15日に核実験を行ったが、その直前の5月14日、米国政府は中国がイランに対し核技術を輸出しているとの批判声明を発表した。米国政府の李登輝訪米受け入れは、この対中批難の延長上でなされたのである。この結果、中国世論に反米感情が高まり、96年5月には『ノーと言える中国』（宋強・張蔵蔵・喬辺共著『中国可以説不』中華工商聯合出版社、1996年）が出版されるなど過激な論調が現れた。さらに同時期、朱成虎国防大学防務学院院長が「中国の核ミサイルはロスアンゼルスを火の海に出来る」などと扇動的発言を行った。この時、江沢民指導部は対米関係の悪化を回避するため、世論の鎮静化を図ると同時に、台湾に対する強硬策を緩和し、同時に対米関係の修復に乗り出した。具体的には97年2月に鄧小平が死去した機会を用いてオルブライト国務長官を中国に招いて関係の修復に努め、さらに江沢民自身97年11月

訪米して首脳会談を行った。そして98年6月にはクリントン大統領の訪中までを実現させた。こうした政策の背景には95年2月米国防総省から発表された「東アジア戦略報告」（別名ナイ・イニシアチブ）に対する中国の肯定的評価があった。「報告」は中国の将来について、「政治的に安定し、経済的に高速度の発展を遂げる」、「もし中国を敵と見なすなら、中国は本物の敵になる可能性がある」と指摘していわゆる「中国脅威論」を否定したのである。同様に中国が李登輝訪米に対する強硬策を採用している最中の95年夏、コロラド州アスペンで開催された対中政策をめぐる米対中ブレーンによるシンポジウムが、対中関与（engagement）政策の堅持を謳ったことが高く評価された（袁明論文『美国研究』1998年2月号）。

とは言え中国の核実験は衛星・ミサイル開発と並んで、対米戦略に抑止戦略を採るものだった。台湾に対する強硬策も同様の抑止戦略と見ることが出来る。つまりこの時期、中国は朱成虎の議論に見られる抑止戦略を代表とする現実主義的な戦略と、米中の共同利益重視を謳う対米協調戦略の間を揺れ動いていた。この揺れ動きは、米国側にポスト冷戦理論として中国を将来米国と対抗可能な新興大国となることを強調する「新現実主義」と、ジョセフ・ナイに代表される対中協調の「相互依存論」または「新自由主義」の間に揺れ動きがあることへの中国側の反応だった。この傾向は今日まで続いている。

中国の「上海協力機構」と「9.11」同時テロ事件

ところで中国は自国の主導下に1996年4月、「上海ファイブ」（ロシア、カザフスタン、キルギスタン、タジクスタン、中国の5カ国からなる）を、「平和共存」原則による多角的協力を目的に設立した。97年の同5カ国首脳会談で江沢民はこの機構の目的を「冷戦思考とは異なるモデルを提供し、相互信頼の増進にとって有益な道筋を開拓するもの」と述べた。むろんそれは

冷戦的な抑止戦略を採用するものでないと言う対米的なメッセージだった。だが実際には「上海ファイブ」はこの時期、鮮明化してきていた米国のヨーロッパ方面とアジア方面の二正面で展開されていた地域戦略を強く意識したものだった。

　米国は冷戦崩壊と同時に、まずヨーロッパ方面で1991年7月のWTO（ワルシャワ条約機構）の解体に合わせて、米国主導の「大西洋中心主義」的安保戦略を目指す動きを見せた。その画期をなしたのが94年2月ブタペストで開催されたNATO（北大西洋条約機構）首脳会談でNATOの東方拡大戦略を明確化した時に当たる。この「大西洋主義」的安保戦略は，フランスを中軸とした「ヨーロッパ中心主義」と矛盾を来たす性格を持っていたが、ロシアはこれを自国に対する「封じ込め」と見なし強く反発する姿勢を示した。

　さらにヨーロッパ方面のこうした動きとほぼ並行的に、アジア方面でも1991年11月ベーカー国務長官によって「太平洋共同体構想」が打ち出され、米国主導の「太平洋中心主義」的安保戦略が浮上するようになった。ここでも画期をなしたのは95年2月米国防総省発表のナイ・イニシアティブ（「東アジア戦略報告」）と、96年4月に日米首脳会談で署名された「日米安保共同宣言」による日米安保再定義だった。前述のようにナイ報告は、中国敵視政策を否定するものだったが、にもかかわらず客観的作用としては「対中抑止」の地域戦略にほかならなかった。この戦略に対してはマハティール（当時マレーシア首相）の「ルック・イースト」等の「アジア中心主義」が対抗する様相を見せた。本来、中国は米国の「太平洋中心主義」に対して「アジア中心主義」に立つ筈だったが、マハティールの「ルック・イースト」が日本を中心とした地域共同体を意図していたことから、当時これに与する立場を取らなかった。では中国はどのような戦略を採ったのか？

　米国の大西洋、太平洋の両側面からユーラシア大陸を東西か

らはさみ込む米国の地域戦略に対して、中国は1990年代後半にはこれを米国の「両洋戦略」と呼び、これに対応する独自戦略を形成するようになってゆく。それが「上海ファイブ」だった（「中国走向世界、世界擁抱中国」『光明日報』2001年12月24日付）。この「上海ファイブ」は中国の地域戦略を大幅に変える内容を持っていた。即ち従来中露両国の対外戦略が中国の場合は内陸アジアから東向きに太平洋側に、ロシアの場合も内陸ヨーロッパから西向きに大西洋側に向かっていたのを、ベクトルを180度変えユーラシア内陸側に向けた点に最大の特徴がある。つまり中国の戦略はこの時期「アジア中心主義」ではなく「内陸ユーラシア中心主義」にシフトしていたのである。こうした戦略の採用の背景には、のちの「崛起」（大国化）論に向かう萌芽があったことは否めない。

中国の「大国化」容認論への転換点をなしたのは1999年5月初め、コソボ紛争下にベオグラードの中国大使館がNATO軍によって空爆（誤爆？）される事件が起きた頃からである。抗議のデモ隊が北京の米国大使館を包囲し米国旗を焼くなど過激な反米行動を取る事態になった。実はこの事件がおきる直前、米国は安保条約再定義を前提に日米間で共同開発に合意したTMD（戦域ミサイル防衛）システムの中に、台湾海峡を防衛範囲に含ませる意図を明確にした（99年度国防権限法案、国防総省「台湾海峡の安全情勢」報告）。このため99年2月末訪中したオルブライト国務長官に対し中国は強い抗議と遺憾の意を表明した。しかしながら中国社会科学院アメリカ研究所の陶文釗副所長は、それでも中国の対米協調原則は崩れないと断言した（『中国21』Vol.8, 2000年5月、筆者との対談）。とは言え誤爆事件を契機に中国指導部内に「新現実主義」寄りの戦略すなわち対米抑止の必要性を訴える声が強まったことも否めない事実だった。とくに2000年の1年間、中国の国際関係学界では鄧小平の「平和的発展論」をめぐって論争が起き、一部の論者に「世界には

厳然たる戦争の脅威が存在し、もはや平和は世界の主旋律ではなくなった」と主張する声が上がるに至ったのである（陳岳「如何認識時代特徴和世界主題」『世界経済与政治』2002年2月号）。

さらに2001年ブッシュ政権が発足した直後からこの状況を加速させる事態が生じた。即ち同年4月1日、米海軍電子偵察機と中国軍戦闘機が海南島沖上空で衝突事故を起こし、中国機が墜落、パイロットも死亡するという事件が起きたのだ。この結果、中国の対米警戒感も急速に高まる結果になった。ところがこの事件から5カ月後、ニューヨークに「9.11」同時テロ事件が勃発、状況は一変する。事件直後、ブッシュ政権は反テロ・グローバリズムの形成と、アルカイーダを支援するアフガニスタン・タリバン政権の打倒を目指したが、その遂行には中露の軍事的協力が不可欠だった。というのはアフガン開戦のためにはアフガン周辺の中央アジア諸国の軍事基地使用が不可欠であり、そのためには「上海ファイブ」を通じ中央アジア諸国と連携関係を持つ中露の影響力行使が求められたからだ。

「上海ファイブ」はこれより前、2000年3月カザフスタンのアスタナで国防部長会議を開催した際、それまでの「平和共存」原則に加え、初めて「共同して各種の国境横断的犯罪行為と国際テロリスト分子に共同して打撃を加える」ため相互協力を行うことを謳うようになった（「五、国際安全合作」国務院新聞弁公室『〈2000年中国的国防〉白皮書』2000年）。さらに同年6月15日にはウズベキスタンが加盟、「上海協力機構」と名を改め、「テロリズム、分裂主義、原理主義の3つの勢力に対する攻撃強化のための協力」が唱えられていた（朱邦造「"上海五国"機制前景非常光明」『中国新聞』2001年6月1日付）。中露はそれぞれ新疆東トルキスタン独立運動、チェチェン独立運動が、アルカイーダと資金的軍事的に繋がりを持つとの認識下に「上海協力機構」の同盟強化を図ったのである（「朱邦造"東突"勢力一直得到本・拉登集団的支持和培訓」「外交部発言人就反恐問題

答外国記者」『人民網』2001年11月13日、16日付)。そうした矢先「9.11」事件が勃発したことは、中露にとって自国に有利な条件下に対米関係改善を図る絶好の機会を提供するものだった。01年11月、上海開催のAPECで、江沢民・ブッシュ首脳会談が行われ「反テロ協力体制」の構築に合意、米中関係は大幅な改善に向かった。

　2002年1月対米外交専門家で対米協調派の陶文釗は、反テロ・ネットワークへの中国の参加で、「米国の安保戦略上、中国のブラックリスト上の順位が少なくとも5ランク程度下がった」と評した。当然、中国指導部内の対米抑止戦略を主張する「新現実主義」的主張は一時的後退を見せ始めていた。しかし米中間の緊張緩和の状況は長続きしなかった。

　アフガン情勢がアメリカの勝利によってほぼ一段落した2002年3月9日付けLos Angeles TimesがPaul Richter署名で国防総省の米議会宛て「秘密報告」（1月8日付：Nuclear Posture Review）の内容をスクープした（U.S.Works Up Plan for Using Nuclear Arms）。秘密報告はアメリカが所有する核ミサイルの攻撃目標として、7つの国名を仮想敵国として明言した。即ち中国、ロシア、北朝鮮、イラン、イラク、シリア、リビアの7カ国である。この報告が明るみに出る前の1月29日の大統領一般教書演説は、悪の枢軸（An axis of evil）として北朝鮮、イラン、イラクの3カ国を上げていたが、中国については表面的には対中宥和策をとっていた。現に2月下旬ブッシュ大統領は訪中、江沢民と首脳会談を行い「対話と協力」を謳っていたのだ。露見した「秘密報告」は対米抑止を主張する中国指導部の一部の人々にこうした米国の二枚舌的への強硬策採用の口実を与えることになったが、さらに事態を悪化させたのはLos Angeles Timesの記事が出たと同時期、台湾の湯曜明国防部長が訪米、米台間武器売却問題で協議を行ったことも大きかった。対米問題専門家の時殷弘は当時、中国外交の対米宥和原則が台湾指導

部による米政権取り込みを手段にした独立戦略を有利に進めさせているとの批判が指導部の一部に強まったという。

「大国化容認論」の出現とその否定

外交原則を巡るこうした一連の揺れ動きの中で、2003年春、さらにある事件が起き、ついに中国「大国化」論容認への動きを顕在化させた。SARS感染の爆発的流行である。この時SARS感染の事実を隠蔽して結果的に大流行をもたらし、ひいては国際社会を震撼させたとして衛生部を始めとした官僚機構の無責任な対応を批判する中国世論が起き、その中で自国を「責任大国」として自覚すべしとする主張が急激に台頭したのである（中英「后非典時期反思中国外交」『中国青年報』2003年6月16日付）。この議論は翌年まで約1年間続くことになった。

以上のような状況下に2003年秋、冒頭で述べた鄭必堅の「平和的大国台頭論」（和平崛起論）が登場したのだった。同年12月初め、温家宝首相は訪米先のハーバード大学での講演で、さらに12月下旬には胡錦涛国家主席も「毛沢東生誕110周年記念座談会」の席上、ともに「和平崛起論」の重要性を強調した。しかし「和平崛起論」はその直後04年春を境に急激に後退してゆき、再度「大国化論」を抑制すべしとする議論が現れる。理由は「和平崛起論」が国内的に非理性的で情緒的な「大国自負論」を誘発し、対外的には「中国脅威論」を勢いづける傾向が現れ始めたためである（「莫将"和平崛起"非理性化」『中国経済時報』2004年4月26日付）。かわって登場したのが「平和的発展論」への復帰にほかならない。中国国内に地域格差、産業間格差など貧富の格差が拡大し、かつ社会的弱者を支えるセーフティネットが不整備なままであるなど、なお途上国社会としての国内矛盾を多く残している点が強調されるに至ったのだ。むろん中国の「大国化」への方向性は依然否定できないものとして認識されているが、それを外交原則に明言することは抑制され

るに至った。さらに04年9月の中共中央16期第4回中央委員会総会では「和諧社会」「和合思想」が強調され、「和」の強調が内政のみならず外交原則にも適用されるようになった。この結果新現実主義的な「抑止理論」は現状では後退し、「相互依存論」「新自由主義」的原則が再浮上するに至っている。こうした状況下に、従来「アジア中心主義」に一定の距離を置いていた地域戦略も、協調性の重視から「東アジア共同体」への参画に積極姿勢が現れるようになった。

23　日中両国の責任

朱　建栄

東アジアにおける日中両国の重み

　冷戦終結後の世界では、米国がほかのあらゆる国より抜きん出る総合的な実力を有する唯一の超大国になった。ただし、かの米国も単独で全世界や各地域をコントロールするような力はないし、その野望は世界大多数の国から反対もされている。一方、各地域の諸問題について強い影響力をもつ「地域パワー」も複数現れており、21世紀前半の世界は複雑で流動的な組み合わせを呈している。

　ヨーロッパは米国、EU、ロシアの三角構造になっている。非対称的だがどちらかの片方か二者が他者を完全に圧倒することはできない。東アジアでも全般的には米国、日本、中国の三者がほかの国々を凌駕する力を有し、鼎立の局面を形成している。更に地域内のサブリージョナルのレベルで見ると、北東アジア地域では日中韓、東南アジア地域では日中 + ASEAN という三角関係が構成されている。

　東アジア全域の問題、サブリージョナルの問題を問わず、日本と中国の両国が中心的な存在になっている。米国はこの地域の安全保障問題において依然圧倒的な影響力をもっているが、経済面で言えば、その退潮が著しい。東アジア地域の域内貿易において日中両国が圧倒的なシェアをもっており、そしてこの両国のGDP（国内総生産）がこの地域全体の8割以上を占めている。

　だが、東アジア共同体の推進をめぐる気運が高まっているに

もかかわらず、中心的な推進役と期待されている日本と中国の間では近年にない困難な局面を迎えている。日中間は今、歴史問題、東シナ海の排他的経済水域（EEZ）の区分、台湾問題、貿易摩擦など多くの対立点を抱え、相互のイメージ・好感度も低下している。

日中摩擦の深層原因

筆者は、日中摩擦の個々の問題や事象より、その背後にある深層原因を憂慮している。中国の経済と外交力、軍事力の急速な台頭によって日本は強い心理的プレッシャーを感じ、一方の中国は歴史的原因などで日本の挙動に従来敏感であり、日本の軍事大国化の行方を注意深く見守っており、国内経済や社会構造の変化にもよりナショナリズムが台頭している。その結果、双方とも相手国の国家戦略および東アジア地域に対するその長期的戦略・意図について懐疑心を募らせ、それはまた相手の言動への過大評価、過剰反応につながっている。この種の相互不信が今、ピークに達し、それが個々の問題をめぐる摩擦を増幅させていると考えられる。

日本側はバブルの崩壊による「失われた十年」の打撃を受けて、社会的に一種の閉塞感が漂い、外交とりわけ周辺国に対してもかつてあった冷静さ、心理的余裕を失いかけているように感じられる。それに追い打ちをかけているのは中国が経済・外交の全方位で急速に台頭し、日本の「株」が奪われていることへの心理的な衝撃である。溝口雄三・東大名誉教授はこの「中国の衝撃」を「ボディブローのように鈍角的で、知覚されにくく、図式化しにくいが、ゆったりとした」と形容し、アヘン戦争以来の「外部から」の「西洋の衝撃」と並ぶ（アジアという）「内なる」ものだと定義している（溝口雄三『中国の衝撃』東大出版会、2004年）。かつて中国を侵略したこともあり、強大化する中国に同じような「報復」を受けるのではという内心の

恐怖も一部ある（五百旗頭真・神戸大学教授の言葉）。

　ライバル意識の台頭に伴い、日本は近年、何かにつけ特に中国の動向や反応を気にし、「中国にだけは負けたくない、押し切られたくない」との対応になっている。2001年末に中国とASEANがFTA交渉に入ったため、翌年1月、小泉首相が早々とASEAN諸国を歴訪し、最後の訪問先シンガポールで「東アジア・コミュニティ」構想を打ち出した。03年12月、東京で開かれた日本・ASEAN首脳会議で中国と韓国が一言も触れられなかったのは、「日本と中国が対ASEAN主導権争いをしているとの印象を与えてしまったことは否定できない」と指摘されている（谷口誠『東アジア共同体』岩波書店、2005年）。中国の学者は、「日本がASEANとの関係を強化し、東アジア・コミュニティ構想を打ち出したのは中国との間で地域主導権を奪い、中国の影響力が日増しに拡大するのを制限するためだ」と分析し、04年に離任したパノフ・前ロシア駐日大使も日ロ関係の停滞を嘆いて「いままでさんざん日本に言った時は動かなくて、中国が動き出したらやるというのは、日本の戦略のなさだね」と講演で述べている。05年末に予定された東アジアサミット（EAS）も、本来はASEAN10＋3の会合で合意し、その延長で開かれる予定だったが、米国の影が背後にあり、特に日本は中国の影響力の拡大を嫌って急遽、インド、オーストラリアの参加を求めた。

　もちろん、中国側にも同様な、日本をライバル視する問題がある。国内のナショナリズムの台頭を背景に、「ほかの国ならともかく、日本だけは許せない」といった感情的な反応もある。中国の研究者は、「中日両国ともこの地域の大国だが、どちら側もリーダーシップを取ろうとすれば相手からは受け入れがたい」と認めている。

　このような日中間の猜疑心とライバル意識が東アジア共同体に関する両国の対応に既に陰を落としている。ASEAN諸国は

05年末、日中両国の対立に相次いで懸念を表明した。中国から見れば、日本はいまだに「自分がアジアの一員であるかどうかいまだに内心の矛盾を抱えており、日米同盟の存在によって米国の目線をかなり気にする。日本の農業保護政策は自らの手足を縛り、また東アジア地域における高度な協力関係の実現に警戒心も抱いている」という逡巡する態度がある。では中国自身はどうか。「地域大国としての中国は地域協力を推進する中堅勢力だが、進展が速すぎるのを望んでいないし、中国国内の意思疎通と調整も必要だし、また、中国が積極的な姿勢を見せるとかえって他の国から猜疑心をかけられる可能性がある」と、内外のバランスと米日の視線を気にしての迷いがあると指摘されている。

東アジア共同体に関する中国の基本的なスタンス

では実際に、中国の東アジア共同体構想はどうなっているのか。中国首脳が「東アジア共同体」の可能性に公式に言及したのは2004年に入ってからのことである（朱建栄「中国はどのような『東アジア共同体』を目指すか」『世界』2006年1月号参照）。最近の日本のマスコミでは「日中は東アジアの主導権争いをしている」とよく書かれるが、中国からすれば、そのような主導権争いは存在せず、日本の一人相撲であるように見える。

現時点における中国の東アジア共同体に対するスタンスをまとめると、以下の8項目になる。

①中国は絶対、主導権をとらない。国内の経済発展は今後も主要課題であり、鄧小平の遺言として「中国は国際社会で決して頭になってはならない」（「決不当頭」）という基本的な外交方針は今後数十年、貫かれていく見通しだ。

②WTO加盟に象徴されるように、中国は現行の国際的秩序の中で自分の発展を求める道を選択しており、経済の対外依存度も大きく、現行の秩序に挑戦したり、独自の秩序を作ったり

して東アジアにおける覇権的地位を求める可能性は低い。

③地域協力の推進において強引に引っ張ったり、非現実的な目標を設定したりするより、現実的にみて唯一の共通土台である経済協力を優先的に推進すべきだとの考え。

④日米中などの大国が地域協力の推進において主導権を握ると、必ず他の大国や中小国家からの猜疑心と反発を呼ぶので、中小国家の集まりである ASEAN や韓国などに主導的な役割を任せるべきだとの主張。

⑤地域共同体の推進に当たり、一定の国家主権の自己制限を受ける用意がある（ASEAN との間に FTA の締結推進を決めた時点からその覚悟が次第にできつつある）。

⑥地域的な枠組みを作り上げるのに当たり、さまざまなアプローチが重層的に推進されてよい、との見解。ASEAN＋3、EAS、六者協議、ARF（ASEAN 地域フォーラム）などはいずれも推進力の一翼になるが、現実的に見て、ASEAN＋3 は最も堅実に進んでおり、経済優先・中小国家の主導、という基本方針にも沿っており、このアプローチを最も重視すべきだと主張される。

⑦域外の国に関して、インドの参加は反対どころか、むしろ歓迎である。問題は日本が急に EAS にインドの参加を主張した思惑への疑念だ。米国のこの地域におけるプレゼンスと影響力も否定しないが、そのメンバーシップについてはヨーロッパ方式が参考になる、との考え。すなわち経済・政治の枠組みは EU（地域内諸国）主導だが、安保面では米国も参加する NATO が主導、という両立。

⑧安全保障面でも日米同盟を否定しない（2005 年 8 月の戴秉国次官とゼーリック米国務次官との戦略的対話）。それと重層的に、北東アジアの安保対話システムないし地域全体の安保枠組みの構築を歓迎するとの立場。

米国のプレゼンスと日米同盟に関する中国の捉え方

　東アジア共同体の行方に、米国とのかかわり方は決定的に重要である。米国は、東アジア共同体の推進において中国がリーダーシップを取り、究極的にはこの地域から米国の存在を追い出すと狙っているのではないかと疑っているが、逆に中国は再編と役割の拡大を進める日米安保の動向に警戒感を強めている。

　中国は今後数十年のうち、米国と対抗する力もなければその意思もないが、台頭する中国に対して米国が包囲圏を作ってくるのではないかという内心の憂慮はある。そこで米側の対中懸念と疑念を薄めるため、ここ数年、中国政府指導者は再三にわたって「アジアの安全保障における米国の役割と米軍のプレゼンスに反対しない」と表明し、中国の学者も、古い地域主義と違って、「包容性」と「開放性」をもった新しい地域主義を追求すべきだと主張している。

　日米同盟と安保協力のあり方がこの十数年間、大きく変わってきた。時代の変化にともなって対応する対象や協力の仕方などについて一定の修正があるのは自然なことである。また、それは日本と米国の両国間の問題に限定するなら、中国は反対できないし、すべきでもない。

　しかし2005年2月、日米2＋2首脳会談で初めて台湾問題に言及し、今、日米同盟が冷戦時代の、2国間の範囲に限定したものから地域全体へ役割を拡大しようとしていることに、中国は疑問視している。かつて日米同盟は第2次大戦の結果として、日本の軍国主義復活を制限し、また米ソ冷戦の中で日本を守り、米国の東アジアにおける利益を守るものであった。その一部の機能は今日も継承され、米国に言わせれば、日米同盟の存在によって他の国が安心するという機能の部分なら理解できなくもない。だが、日米同盟を、日米両国以外の地域と問題に一方的に使うことは、いくつかの問題が生じてくる。

　①、他の国の問題は基本的にはそれらの国々自身が対処・解

決すべきであり、外来の干渉にどこの国も反対する。日本も自分の安全保障の問題について第3国からとやかく言われたくないはずだ。

②、今日の世界に「1国の内政」に留まらない一部の問題があり、国際社会は地域の安定、人権の保護などの視点からそれらの問題にかかわっていく潮流を示している。だがそれはあくまでも関係諸国の参加、より多くの国の参加が前提であり、日米両国がその同盟を拡大適用すべきではない。日米両国の一方的な行動は国際社会の民主化という原則にも反するものだ。

③、圧倒的な軍事力を有する日米軍事同盟が東アジア全域にその影響力を広げると、ほかの国は懸念を強め、対抗策の強化に走り、結果として地域の軍拡競争を刺激しかねない。

もちろん、これはアジアの安全保障に日米両国が積極的な役割を果たさなくてもよいという意味ではない。中国側の政府関係者の発言と学者論文を要約すると、日米の役割について中国の基本的スタンスは以下のような4点ある。

第1、日本と米国はこの地域の安全保障に重大な利益と役割があることはよく理解し、否定しない。逆に大いに貢献してほしい。

第2、そのアプローチは諸問題にかかわる、日米両国を含めたより多くの国々の共同参加で推進されるべきであるが、日米同盟そのものが参加すべきではない。例えば朝鮮半島の核問題の解決に向けて六者協議の枠組みができ上がっている。その中で日本と米国はいずれも重要な役割を果たしている。日米同盟をもって東アジア全体の安全保障問題に対処するということは、米英同盟をもってヨーロッパ大陸の問題に当てはめると同じようなもので、ほかの国から歓迎されない。この地域にとって極めて重要な日米両国はあくまでも、地域内の大半の国と平等で

対等な資格で一緒に行動して、地域の安定と新しい枠組みの構築に貢献すべきである。

第3、中国は台湾問題を、中国人自身の問題と捉えており、世界大半の国も、台湾は中国の一部と認めている。台湾問題の平和的解決について日米両国がそれぞれ関心を示すことはよく理解できる。しかし日米同盟をもってこれに対処し、ひいては中国をけん制しようとすれば、中国は強烈に反対する。

第4、東アジアの安全保障の未来像を考えて、さまざまなレベルでアプローチが並行的に行われるべきで、日米同盟と米韓同盟、六者協議、ARF（ASEAN地域フォーラム）などが重層的に存在し、それぞれの役割を果たせばよい。未来の地域安全保障の協力体制を展望すれば、まだ現実的な問題ではないが、積み上げ方式で協力可能な分野から先に着手し、この地域の全ての国々を含めた組織を構築し、その上で平等な役割分担を行うことが望まれる。

日中両国に「アジアの大国」としての責任意識が求められている

東アジア共同体の構築を念頭に、日中両国は何をすべきであろうか。地域内の平和と協力および両国の和解と提携という視点から見れば、両国とも以下の4つの努力が求められているといえよう。

まず、客観的に相手を認識することである。中国は確かに勢いよく経済力と外交上の発言力を伸ばしているが、いまだにそのGDPは日本の3分の1ほどで、日本はもっと自信を持って中国と付き合っていいのではないか。仮に20年後に中国のGDP総額が日本に追いつくとしても中国の人口は日本の10倍以上であり、その技術力、競争力はまだまだ日本に後れを取るものである。そして米国と比較するとなおさら差が縮まりそうがなく、中国科学院が出した最新レポートでは中国の経済・技術力が米国に追いつくのに100年かかると分析されている。逆

に中国も戦後の平和主義路線、民主主義体制が定着した日本について客観的に評価すべきである。21世紀の東アジアにおいて中国も日本も新しい覇権国家になる可能性は皆無であり、その前提の下で協力・友好関係を構築していかなければならないであろう。

　中国と1930年代のドイツや日本とやはり根本的に違う。第1、国際環境が異なる。70年前は列強に分割された勢力圏の争奪がし烈だったが、今はグローバリゼーションの時代で、何よりも圧倒的に強い米国の存在があって、日本も中国も覇権国家になりえない。第2は、中国経済は通商大国の日本よりも世界経済に依存し、その外部とのかかわりは中国の国内政策の選択を大きく左右するようになっており、独善的な政策は取れない。第3、これからの中国の成長が日本や周辺地域にとって「ゼロサム」の関係ではなく（この点について小泉首相も認めている）、摩擦もあるがFTAを推進していく方向には基本的には「WIN─WIN」の関係ができる。第4、中国の新しい世代の指導者は鎖国時代の人間ではなく、世界の潮流を知り尽くし、多くは留学帰国組みである。中国国内の社会的政治的変化も、時間はかかるが、民主主義の方向に向かっていると一般的に見られている

　第2、このような冷静な相互認識をベースに、日中両国とも新しい外交戦略、アジア戦略を早急に確立すべきである。「協力すればともに利益だが対立すれば共倒れする」という認識を共有し、中国側は「日本重視」を訴えているが、アジアの協力推進に日本と何を共同で推進しようとしているか、明確に示す必要があろう。一方の日本は、溝口雄三教授が呼びかけたように、19世紀に欧米列強から借用した「優劣の歴史観」を早く克服して「多元的な歴史観」に移行し、中国などアジアの隣国との共存・共生を真剣に考えていかなければならない。さらに、ただ相手のペースに巻き込まれはしないかという守りの姿勢に

留まらず、谷口大使が提言したとおり、「むしろ中国がアジアの自由貿易圏の中で自由化を進め、早くWTOのルールを学習し、WTOの優等生として育ってくれるほうが日本の国益に合致する、という考え方に立ち、アジアの最先進国としての雅量を示し、自信のある戦略をとるべきである」(谷口誠、前掲書)。

　第3、当面の両国関係が抱えている諸問題を早急に乗り越えていかなければならない。歴史関係の諸問題に関しては、日本側は侵略と植民地支配の歴史を2度と繰り返さない意思をもっとアジア諸国に理解してもらうよう努力し、中国などの隣国も過去の追及にとどまるのではなく、第2次大戦の戦勝国として未来志向をリードしていく責任がある。東シナ海の紛争はそれぞれの国民感情に関わるもので白黒をつけた解決はないので、紛争を棚上げにして関係の拡大を目指すか、国際司法裁判所に仲裁を求めるかで大局に立った対応が求められる。そして日中とも相手国の発展方向に疑念を持っているので、互いに軍事力と発展戦略の透明性を強め、戦略的対話を通じて相互理解と協調を目指していくべきであろう。

　最後に、何よりも、日中両国は2国間問題にだけ目を奪われるのではなく、地域諸国から期待されている役割を意識し、その地域や世界への責任を果たしていかなければならない。1998年に発表した日中共同宣言は互いに「アジアの大国」と位置づけている。朝鮮半島の平和と安定、東アジア共同体の行方は日中両国の緊密な協力と連携にかかっているといっても過言ではない。日本は米国とアジアとの架け橋を務めるのはよいが、米国の反応を気にしすぎてアジアの一員としての決意が定まっているかどうか疑問視されている。一方の中国はアジアに軸足を置くのはよいが、アジアで真に平等な一員になるのかそれとも主導権、覇権を求めようとしているのか、それとも新型の協力共存関係をめざしているか、その姿勢ももっとはっきりと見せなければならない。

24 マレーシアの地域共同体戦略

鈴木　隆

変容する東アジア

　社会生活の大部分がグローバルなプロセスに依存するという「グローバリゼーション」は、冷戦の終焉を機に急拡大しながらも、同時にそれが内包する政治的、社会的、そして経済的な諸問題を露呈させてきた。なによりグローバリゼーションは、強大で異質なシステムが国境の壁を越えて浸透する状況にほかならず、もし国家がグローバル化対応に失敗すれば、外部からの異質なシステムと国家内部の固有なシステムは互いに対立状況を形成し、その国家は経済危機をはじめとする未曾有の危機に直面する。

　例えば、タイ・バーツ切り下げに端を発するアジア経済危機（1997年）は、短期間のうちに東南アジア全域へと波及しながら、各国の国民経済を破壊し、同時に政権基盤を揺るがした。しかし、そうした国家的危機に直結するグローバル化の影響を排除しようとしても、もはやグローバル化の潮流は不可逆的であり、一部の国家がそれを否定して他国との交流を絶ち、いわば「鎖国」のような政策を展開できる余地は残されていない。だから、現在の国家は、グローバル化を受容しつつ、同時に国民経済を保護するセイフティネットを近隣諸国との地域協力を通じて構築するほかはない。

　既に、EUはGDPにして約11兆ドルの共同体を形成し、アメリカは約13兆6千億ドルの米州自由貿易地域を企図している。欧米両州が、地域化によるグローバル化対応を進める中で、ア

ジアだけが地域協力の枠組みを欠き、各国個別にグローバル化に対応していくことは困難である。例えば中国は、伝統的に地域協力や多国間協力に消極的であったが、アジア経済危機を境に、多国間協力推進へと外交政策を転換させている。すなわち、近年のアジアにおける広域的地域協力の模索は、現在の加速度的なグローバル化の進展を背景として勃興し、本格化し始めた。

ASEAN型とEU型

これまで、アジアにおける地域協力は、東南アジアのASEANに代表されてきた。近年においても、ASEAN10カ国の連携は強化の一途である。2003年6月の外相会合では、20年までの「ASEAN経済共同体」創設が合意され、同年10月の首脳会合では、「バリ・コンコードⅡ（第2 ASEAN協和宣言）」が調印されて、経済のみでなく、政治・安全保障と社会・文化の両分野を包括する「ASEAN共同体」を目指す意志が確認されている。

しかし、冷戦の只中に成立したASEAN（1967年〜）は、地域的意志によって形成されたというよりは、「押しつけられた地域主義（imposed regionalism）」としての色合いが濃い。ASEAN設立の背景には、ベトナムの泥沼に手足を縛られたアメリカが、アジア政策の力点を軍事から経済社会面へと移し、財政支援をテコに自由主義諸国を結束させ、反共同盟的なASEAN地域主義の組織化を誘導した側面がある。つまり、インドシナの共産化に絡むアメリカからのASEAN支援は、ソ連や中国といった共産主義勢力の南下を阻止するというドミノ理論に基づく冷戦戦略と合致した。かたや、タイを除いて戦後相次いで独立し、十分な産業基盤や資本、技術などを持たないASEAN諸国は、その経済発展と政治権力の強化とをアメリカからの経済支援に依存した。

過去においても、アジアの地域主義は、西欧列強や日本によ

る植民地秩序などといった歴史的経緯に絡んで展開してきたが、やはりASEANも、「大国による支配の構造」というアジアに固有の特性を内包していることになる。すなわちASEANは、二極冷戦構造の展開過程の中で、集団安全保障が国際秩序としての機構ではなく、むしろ地域主義という形で現出した結果の所産なのである。

　一方、現在のEUに代表されるヨーロッパの地域主義は、小国と化した西欧諸国による政治経済的な自己回復運動として生起し、その本質は完全な地域システムとして確立している。そのため、域外に依存的なASEANと域内を重視したEUとの差異は明らかで、ASEANは外的要因や対外環境に著しく影響を受け易い。

　単純にEUとASEANとの域内貿易比率を見ても、EUのそれは設立以来ほぼ60％前後で推移するが、かたやASEANは20％前後の低率でしかない。この数字ひとつを採っても、グローバル化圧力に対する2つの地域協力の潜在能力の違いが見て取れる。つまりASEANは、域外依存という特性によって、グローバル化対応と関連した地域協力とは乖離していかざるを得ない。

　つまり、ASEAN型の地域協力は、域内に志向性を持つEU型の地域協力とは異なり、グローバリゼーションと（その浸透圧力を強要される）国家との間の有効な緩衝レベルとは成り得ず、対外環境に影響を受け易いため、グローバル化に対する地域的セイフティネットとしては機能しにくい。そのためマレーシアは、グローバル化の急拡大に伴うASEANの弱まりを背景に、ポスト冷戦の早い段階で、グローバル化対応を意識した東アジア全域を包括する新たな地域協力機構を模索していた。

　「東アジア経済協議体（East Asia Economic Caucus：EAEC）」と呼称されたマレーシア発の地域主義構想は、東アジア14カ国（ミャンマーを除くASEAN 9カ国と日本・中国・韓国・台湾・香

港）の参加を想定し、制度化を目指していた。仮に同構想が実現していたとすれば、2000年における域内貿易比率は、ASEANの25.8％に対し、推定で51.5％にまで達し、同年61.2％のEUに近接する（JETRO, *ASEAN in Figures 2003.* より）。つまり、東アジア経済協議体はグローバル化圧力を地域レベルで緩和できる広域的地域協力の典型であった。

　しかし、その広域協力構想は霧散し、後のアジア経済危機へとつながった。その結果、再び広域協力を求める動きが活発化し、「東アジア共同体」をめぐる議論は急速に是非論から方法論へと移行している。では、なぜ東アジア経済協議体構想は破綻したのか。マレーシア外交を中心として、その展開過程を概観し、そこから東アジア共同体の実現可能性とマレーシアの役割とを省察してみたい。

東アジア経済協議体構想とマレーシアの地域共同体戦略

　前述したように、ASEAN諸国の急速な発展は、少なからず冷戦構造の中で引き出されてきた。そのため、冷戦時代に膨張した対外貿易赤字に苦悩するアメリカは、冷戦の終焉を機に、不均等貿易の是正を目的として東南アジア政策を転換した。

　1990年末、GATT（関税・貿易一般協定）ウルグアイ・ラウンド閣僚会議は、農業分野での対立を理由に中断し、その結果、アメリカによる一方的制裁措置（包括貿易法スーパー301条など）の発動が現実味を帯びて、自由貿易体制（GATT体制）は動揺した。加えて、ラウンド決裂の背後では、欧米経済の地域化も進行していた。経済・通貨統合を目指すEC（欧州共同体）がより強固な地域協力を進める一方、アメリカも着実にNAFTA構想を推進し始めていた。冷戦の終焉が、欧米諸国の保護主義化と地域化、さらにはアメリカの一国主義への傾斜をもたらしたと言ってよい。

　こうした欧米の潮流に対し、マレーシアのマハティール

(Mahathir Mohamad)首相は、「昨今の欧米は、アジア各国に対して市場開放を要求し、かつ貿易ブロックを拒否するべきと主張しながら、自らはブロックの陰に隠れ、ブロックをより強固なものにしようとしている……」(『「NO」と言えるアジア』より)と批判し、東南アジア諸国の共通戦略として、東アジア経済協議体を着想する。つまり、域外市場に経済活動を依存するASEANに代わって、欧米両地域と同様の域内市場を重視した広域的地域協力機構を形成し、アジア独自の発展の道を模索しようと試みたのである。

こうした発想の原点には、国内の深刻な種族対立を、融和政策ではなく、ブミプトラ政策(貧困な土着マレー人層を経済的に優遇する積極的格差是正措置)で克服してきた経験がある。つまり、マハティールは、マレーシア国内の種族間格差を、国際社会における国家間格差に置き換え、「人間というのは貧困に直面すると周りの国を嫉妬をもって眺め、たまたま軍事力に長けていたりすると周辺国を侵略しようとしたりする。逆に経済的に豊かなら周辺国の安定の上に立って貿易を通じてさらに豊かになろうと努める」(『同上』より)と考えたのである。そこから、欧米の保護主義化に対抗し、アジアが結束して経済発展を維持しなければ、国内の安定も域内の平和も維持できないという危機感を持つに至ったのであり、これがマレーシアの地域共同体戦略の根底をなしている。

1991年4月、訪日したマレーシアのラフィダ(Aziz Rafidah)国際貿易産業相は、中山外相に対して、東アジア経済協議体への日本の参加を正式要請する。同月末、マレーシアを訪問した海部首相は、自由貿易主義の動揺と国際経済の不透明化を理由として同構想に一定の理解を示した(『毎日新聞』1991年4月28日付)。この直後、構想から排除されたアメリカは「排他的貿易ブロックの画策」とか「人種主義プロジェクト」といった激しい言葉で東アジア経済協議体を批判し始め、同年11月、日米

外相会談に臨んだベーカー（James Baker）国務長官は、「太平洋に線を引き、日米を分断する構想だ。絶対に認められない」と日本政府の姿勢にクギを刺した（『朝日新聞』1992年1月18日付）。

当時、アメリカの狙いは、NAFTAをサポートしつつ、APECを通じて東アジアへのアクセスを確保することにあり、そのためアメリカが東アジア経済協議体に対して抱いた畏怖の源泉は、マレーシアの構想力というより、むしろ日本の経済力であった。その理由は、戦後一貫して自国の影響下においてきた東アジア地域が日本によって独占され、事実上の円経済圏となる可能性を懸念したからである。アメリカ政府内では、同構想が日本とマレーシアとの密談によって描かれ、その黒幕（elusive mastermind）こそが日本である、という意見すら存在した（同上）。ゆえに、同構想の中核であり、最終的な成否を握っていた日本に対し、アメリカは徹底した対日圧力をかけていた。

当初、日本は対日圧力の回避と対米配慮の立場から、東アジア経済協議体構想への発言を控えていたが、1993年1月、ASEAN諸国を歴訪した宮沢首相は、ASEAN内部でのコンセンサスの欠如を指摘し、APECの有効性とその活用を強調して、同構想への（事実上の）日本の不参加を表明した。

それでもマレーシアは、日本を取り込むために、ASEAN諸国を回って粘り強い交渉を継続した。その結果、1993年7月のASEAN外相会議と94年3月の太平洋経済協力会議（PECC）で、東アジア経済協議体に消極的であったインドネシアが支持を表明し、同構想はASEAN諸国の総意として推進されることが確定した。

これを受けてマレーシアは、ASEANのコンセンサスとして、（公式・非公式を問わず）あらゆる討議の場で、東アジア経済協議体への日本の参加を再度要請し続ける。対してアメリカは、

モンデール（Walter Mondale）駐日大使を通じて日本政府に不参加を働きかけ、1994年7月のナポリ・サミットにおいても、クリストファー（Warren Christopher）国務長官が日本政府に対して強く不参加を求めた。

その直後にマレーシアは、ラフィダを再訪日させ、東アジア経済協議体が排他的経済ブロックではないことを強調して日本の英断を迫った。しかし、APECとの整合性を最大の理由に、日本は最後まで慎重な姿勢を崩さず、激しい綱引きの末、アジア初の広域協力構想は事実上失敗し、次第に議論の俎上から消えていったのである。

東アジア共同体とマレーシアの役割

東アジア経済協議体の失敗を余所に、グローバリゼーションは加速度的に深化し、アジア経済危機の衝撃は、東アジア諸国にグローバル化への地域的対応の重要性を再認識させた。

ちょうどその前年（1996年3月）、アジア諸国とEU諸国とが参集するアジア欧州会議（ASEM）の第1回首脳会議がバンコクで開かれ、その際、ASEMの開催に向けたアジア側の準備会合は、ASEANに北東アジア3カ国（日・中・韓）を加えた形で行われた。偶然にもその形が、広域協力を求めるポスト経済危機の中で、かつて東アジア経済協議休が想定した領域とほぼ同じ「ASEAN + 3（ASEAN Plus Three：APT）」という新たな枠組みへとつながった。

ASEAN + 3は、将来的な東アジア共同体の実現を視野に入れた連携・協力を模索し、経済分野での自由貿易協定（FTA）とともに、政治分野での東アジア地域協力を主導している。そして、ASEAN + 3の中で積極的な役割を担っているのがマレーシアである。

2004年6月には、マレーシアのISIS（戦略国際問題研究所）が東アジア各国のシンクタンクや準政府機関の代表者を集め、

地域の平和と協力について話し合う第2回「東アジア会議」を開催した。その席上、同国のアブドラ首相は、東アジア共同体について発言し、「共同体発足のために新たな条約を結ぶのではなく、ASEANの設置を決めたASEAN設立宣言（バンコク宣言）のような形が望ましい」と提案した。同年12月には、やはりマレーシアで第2回「東アジア・フォーラム」が開かれ、同首相は「東アジア共同体に向けた7項目にわたる具体的ロードマップ」と、「東アジア共同体憲章についての素案」を公表した。

　さらに2005年末には、ASEAN＋3にインドとオーストラリアを加えた第1回「東アジアサミット」がマレーシアを議長国として開かれた。マレーシアを核とする一連の流れが、共同体構築を少しづつ具現化してきていると言ってよい。

　にもかかわらず、新たな枠組みとしてのASEAN＋3が実体化し、欧州と米州に対抗し得る広域協力としての東アジア共同体が実現する可能性は今なお未知数である。なぜなら、東アジア共同体の実現は、東アジア経済協議体構想の時と同じく、東アジア地域の安全保障と経済発展に重大な役割を担っている域外大国アメリカと、その同盟国である域内大国日本の動向に左右されるからである。

　東アジア共同体の中核を期待される日本は、戦後一貫してアメリカと共同歩調をとり、とりわけ安全保障面では日米同盟に多くを依存してきた。そのため日本は、今後も対米関係を軽視できない。だが同時に、経済活動で相互依存関係を深めるアジアとの統合を進めずに、現在の経済停滞を打破することも不可能である。かたや、9.11以降の経済見通しが不透明なアメリカは、有望で魅力的な東南アジア市場を渇望する反面、未だに払拭できないベトナムの後遺症によって、この地域への積極的関与を示せず、ゆえにその統合に抵抗するだろう。すなわち、同盟国である日本が、この地域に単独で政治的、経済的な関与を

示すことは、アメリカにとって「耐え難い行為」(ベーカー)以外の何物でもない。

しかし、アジア諸国から地域統合に向けた貢献と指導力を期待されている現在の日本は、その外交がアジア諸国との信頼醸成に直結する好機を迎えている。なぜなら、日本がアメリカから自立して東アジア共同体の構築に取り組むことは、アジア諸国との間に横たわる多くの課題に日本外交が改めて向き合うことを意味する。そのため、地域統合の過程で、日本がアジア諸国からの信頼を回復できれば、必然的にこの地域における日米同盟の有効性も高まる。

ゆえにマレーシアは、東アジア経済協議体の失敗を教訓として、東アジアの統合とアメリカの国益との共通性を示唆し、東アジア共同体と日米同盟との整合性を論理的に指摘する中心的役割を果たさなければならない。その結果、アメリカの圧力を回避し、日本を地域協力に積極関与させることができれば、東アジア共同体の実現も大きく前進することになる。

だが、それでもなお、東アジア共同体への道は平坦ではない。なぜなら、グローバル化に並行して東アジアの統合が否応なしに深化している反面、歴史認識の隔たりを理由に、「プラス3」の内部に摩擦が顕在化しているからである。現状では、FTAなど経済分野に限ったとしても、東アジア諸国相互がアジア特有の多様性と異質性とを超え、対立と摩擦とを克服し、一部の国家主権を共同体に譲渡することは困難である。

しかし、極めて異質な諸国家からなるASEANは、そうした困難ですら、"ASEAN Way（アセアン外交流儀）"と呼ばれる特有の行動原理によって克服し、互いを横目に見つつ、隣国の成功を学び、失敗を反面教師としながら発展してきた経験を持つ。つまり「コンセンサス方式」と「内政不干渉原則」を柱とする"ASEAN Way"は、インドシナ諸国とミャンマーを抱えてなお、ASEANを存続させてきた中心原理であり、「プラス3」が現

在抱えている困難を理念と政治的意思によって超克するための「接着剤」とも成り得る。すなわち、多様な東南アジア諸国を結束させてきた"ASEAN Way"の行動原理を「プラス3」にまで拡大し、東アジア諸国間に強固な結束を造り上げながら、東アジア共同体に向けた具体的なロードマップを描いていくことこそ重要である。

　現在の東アジアは、地域協力の深化と停滞が同居する状態であり、いわば統合と分裂との岐路に立たされている。そうした中でマレーシアは、かつて自らが提唱した東アジア経済協議体構想の教訓を生かし、東アジア共同体の構築に向けた「舵取り役」として、ASEAN＋3を舞台に積極的な外交を展開している。かくして、今後もマレーシアの動きが、「東アジア共同体」の成否に大きな意味を持ち続けることだけは間違いあるまい。

25 インドネシアから見た ASEAN共同体との重層性

首藤もと子

東アジアの地域主義の加速

東アジアに地域的自由貿易協定はないが、ASEAN諸国と日本、中国、韓国および台湾の域内貿易額（2003年）は53.3％を占める。これはEUの60％には及ばないが、NAFTAの44.5％を上回る域内貿易額であり、東アジアにNAFTAに匹敵する地域市場が実現していることを示している。とくに1997年のアジア通貨危機以後、その再発防止のための政策協議や、投資協定の改善、サービス貿易の自由化等、より深い市場統合へ向けた政策協議がASEAN＋3の閣僚会議で行われてきた。すでに、一部の政策協議は、「チェンマイ・イニシアチヴ」や「アジア共通債券市場構想」に向けた基金のように、新しい地域制度構築に向けて始動している。多国間枠組みだけでなく、東アジア域内の2国間のFTAに関する協議や共同研究も、産官学レベルで行われている。

一方、ASEANも1997年12月の第2回非公式首脳会議で「ASEANビジョン2020」を採択して、2020年までにASEAN共同体を形成するという目標を掲げた。さらに、03年の「第2 ASEAN協和宣言」（バリ・コンコードⅡ）は、20年までにASEANの完全統合を達成すると宣言した。翌年には、その3つの柱である安全保障共同体、経済共同体、社会文化共同体の実現に向けて、「ビエンチャン行動計画」が採択され、具体的な政策目標が明記された。

このように、東アジア共同体に向けた協議と、ASEAN共同

体構築に向けた協議は、いずれも1997年以降急速に進展している。こうした地域主義の進展は、東アジアにおけるグローバル化の一部であると同時に、グローバル化への地域的対応でもある。その求心力となっているのは経済的実利の追求である。また、その共通する方法は市場の自由化と対外志向型の開発戦略である。とくに1997年のアジア通貨危機以後、円滑な市場活動を担保するために地域的政策調整が急務となり、ASEAN + 3 が定例化した。さらに、「9.11」同時多発テロを契機に、東アジア地域で反テロ対策や海賊対策に関する地域的な協力活動が行われるようになった。こうした過程で「東アジア共同体」構想が浮上し、2005年12月に東アジア・サミットが開かれて、今後はこの東アジア・サミットも定期的に開催されることになった。

では、こうした近年の地域共同体に向けた協議は、東南アジアではどのように認識されているだろうか。以下では、インドネシアの視点からこの点を検討したい。

インドネシアから見た「東アジア共同体」構想

インドネシアに限らず、ASEAN 諸国にほぼ共通していることは、「東アジア共同体」構想に反対ではないが、ASEAN がそうした地域共同体を構築する中核になるべきだという点である。日本と中国がそれぞれ異なる思惑から、ASEAN + 3 をベースに「東アジア共同体」構想を提案しているのとは別に、ASEAN は「ASEAN + 6」(ASEAN、日本、中国、韓国、豪州、ニュージーランド、インド) というイメージで「東アジア共同体」を想定している。つまり、2020年までに達成すると宣言した「ASEAN 共同体」の外延に「東アジア共同体」が想定されている。

これは ASEAN から見れば、2つの合理的な理由がある。第1に、主権尊重と内政不干渉、全会一致方式、対話重視と武力

不行使といったASEANの規範が、冷戦後の東アジア秩序形成に貢献してきたという認識がある。ASEANは多国間協議の制度化を通して、域内の紛争要因を外交的手段で解決する規範を確立してきた。統合基盤が脆弱な主権国家間でこうした外交規範を確立したことは、それ自体が功績である。実際には、「内政不干渉」の原則を掲げながら、1980年代半ばからインドネシア政府が主宰したカンボジア問題に関する「カクテル・パーティ」のように、紛争解決のための仲介外交が行われた事例はある。しかし、それらは「非公式」パーティとされ、交渉の争点も経過も公表されずに行なわれた。こうした非公式性と柔軟性、対話重視型の協議は、ASEAN方式（ASEAN Way）として評価された。そして、70年代末から定例化してきたASEAN拡大外相会議は、冷戦後のアジア太平洋地域の安全保障対話を行う最適な場として評価された。ASEANの規範はASEAN地域フォーラム（ARF）の基本概念とされ、95年の第2回ARFで採択された『コンセプト・ペーパー』においても、「アジアの状況ではASEANのアプローチに相応の長所がある」と評価されていた。

こうした経緯から、「東アジア共同体」は、ASEANの規範が東アジア地域に共有された秩序であるべきだとASEAN諸国は考えている。現実の東アジアでは、富とパワーは極度に偏在しており、東アジア域内でASEAN10カ国のGDP総額は10パーセントに満たない。しかし、経済的、軍事的覇権の対極にあるASEANは、その経験的成功を踏まえた「東アジア共同体」を想定している。そこには、単にASEANの存在感を強調したいという意図ではなく、東アジアで覇権的な権力による威嚇や軍事的対立がおきれば、ASEANがこれまで構築してきた多国間協議の枠組みも形骸化しかねないという懸念があると思われる。

第2に、東アジア地域の多様性と異質性のなかで「共同体」

が可能かどうかを見るうえで、「ASEAN 共同体」の実現は十分ではないが、必要な要件である。換言すれば、「ASEAN 共同体」が実現したとしても、「東アジア共同体」が実現したことにはならないが、民族、宗教、言語がきわめて多様であり、政治体制が立憲君主制から共和制、共産党一党体制まである ASEAN 諸国間で地域共同体ができないようでは、「東アジア共同体」も虚像にすぎないであろう。そこで、ASEAN は当面「ASEAN 共同体」構築を直接の目標として、その延長に「東アジア共同体」を目標にするという姿勢をとっている。事実、ASEAN 地域フォーラムのような多国間枠組みよりも、ASEAN ＋ 1 交渉において ASEAN がその存在感を発揮している。そこで、「ASEAN 共同体」の制度化が進み、かつ ASEAN ＋ 1 交渉で日本、中国、韓国等との政策協議が緊密になるならば、ASEAN が「東アジア共同体」の機能的な媒介となることは現実に可能であろう。

このように、インドネシアから見た「東アジア共同体」構想は、「ASEAN 共同体」の延長上にあり、その規範的秩序や行動原則において ASEAN が中核になるべきだと認識されている。

「ASEAN 共同体」とインドネシアの役割

では、「ASEAN 共同体」構想の実現に向けて、インドネシアはどのような役割を果たせるであろうか。これまでにインドネシアが果たしてきた役割と現在の状況をふまえると、次のような役割がインドネシアに期待できる。

第 1 に、インドネシアは「ASEAN 共同体」の規範形成に主導的な役割を果たせる立場にある。インドネシアは、これまでも ASEAN の規範に、非同盟主義、非核化、「協議」と「合意」による意思形成、「自立的で積極的な」外交の理念等、自国の外交理念を反映させてきた。東南アジア諸国で地域主義が政策的に重視されるようになるのは 1970 年代後半以降であるが、

76年の初のASEAN首脳会議で採択された文書では、ASEANが「地域的強靱性」を備え、協議による合意形成（非公式レベルでの実質的な意見調整）の方法をとることが明記された。「地域的強靱性」は当時スハルト政権が掲げていた「国家的強靱性」を地域に反映させたものであり、域外大国による軍事的介入や内政干渉を牽制し、国家安全保障を地域的に拡大させた理念であった。

　もっとも、インドネシアが単独でASEANの規範形成を主導したというわけではなく、それらは他の加盟国との合意の産物であった。また、「地域的強靱性」や「平和自由中立地帯構想（ZOPFAN）」のようなASEANの規範は、具体的な政策基準を伴うものではなかった。なぜなら、1970～80年代のASEAN諸国にとって、地域主義は主権を超えるものではなく、国内の安定と経済政策を遂行するために好都合な地域的関係をもたらす方法であって、方法は目的ではなかったからである。また、80年代までASEAN域内の社会的交流は乏しく、ASEANの社会的認知度はほとんどなかった。

　しかし、現在は当時と状況が相当に異なっている。まず、ASEANは、ベトナム、ラオス、カンボジアとミャンマーが加盟したことで、全地域的な組織になった。また、1990年代になると市場の自由化や規制緩和に向けた政策協議が、当初APECにおいて行われ、通貨危機を契機に、ASEAN＋3の政府間協議も定例化した。こうした市場の自由化、民営化、規制緩和は、国家主導型の開発政策をとってきた政府にとって、市場との関係に根本的な変革を迫る圧力である。しかし、現在のASEANの地域主義の動機には、そうした圧力に対応していかざるをえないという危機感がある。シンガポールやマレーシア、タイのように、個別に積極的な外交戦略を展開している政府もある一方で、これほど異質性に富み、広域にまたがる地域で「ASEAN共同体」を構築するということは、それがグローバ

ル化に生き残るための戦略であり、それ自体が目的とされる一面もある。さらに、90年代以降急速にインターネットが普及したことにより、政府が国内のメディアや社会団体の活動を規制することは、次第に困難になった。こうして、グローバル化の圧力と国内社会の変容のなかで、ASEANの規範や外交方式の再検討も繰り返し提案されるようになった。

　そのなかで、インドネシアはどのような地域的規範の形成に貢献できるだろうか。非覇権的で非軍事的な地域秩序をめざすという基本的な立場は、今後も変わらないであろう。それに加えて、これからインドネシアが新たな貢献をなしうる重要な領域は、域内の局地的な紛争予防、多様な宗教的・民族的集団の共存、越境する移住労働者の権利保障等、「人間の安全保障」に関するASEANの新しい規範の領域である。それらはいずれも、ASEANの「盟主」と言われたスハルト時代のインドネシアの役割とは、全く異なる規範である。

　インドネシアは1998年以降、4次の憲法改正を通して法制度上は画期的な人権保障と民主化を達成し、国軍は議会や行政の場から退場した。今や同国は、スハルト体制期とは基本的に異なる政治制度になっている。議会において、これほどの制度変革を非暴力的に実現したことは、重要な達成である。ただ残念ながら、メガワティ政権時まで政治的な混乱と停滞が続き、局地的に紛争が拡大し、汚職が公然と横行したため、大局的な制度改革の達成は評価されずにきた。実際に、2001年から本格的に施行された地方分権の展望はまだ不透明で、地方行政が混乱し停滞している自治体は少なくない。国内のガバナンス向上、とくに司法、警察に対する社会的信頼の構築と「法の支配」の確立が、同国にとって焦眉の急務である。こうした山積する課題をかかえているが、現在のインドネシアには、「ASEAN共同体」の新しい規範構築に貢献するうえで、必要な法制度面のインフラは実現している。社会的には、国内の有力なイスラム

団体やイスラム政党が世俗的民主制度を支えており、寛容なイスラム人口が大多数である。あとは、政治指導者の資質と意思によるところが大きい。政治指導者に「ASEAN共同体」(およびその外延に展開する「東アジア共同体」)に積極的に貢献する意思があれば、現在のインドネシアは、「ASEAN共同体」の規範に、民主主義と人権保障、民族的・宗教的な「多様性の尊重と共存」を設定するうえで主導的な役割を果たすことが可能であるし、またそれが必要であろう。

その一方、そうした「人間の安全保障」に関する領域にも関連するが、より政策的な争点となるのは、ASEANの外交規範とされてきた「内政不干渉」の再検討である。とくに1997年から内政不干渉原則の見直しに関する議論が、繰り返し報道されてきた。当時その契機となったのは、ミャンマーとカンボジアの問題であった。メディアだけでなく、知識人層からも同様の提案はなされてきた。ASEANの公認NGOであり、政府系シンクタンクでもあるASEAN-ISISの会合で、インドネシアの戦略国際問題研究所（CSIS）のユスフ・ワナンディ所長（当時）も、97年6月にミャンマーに関して、ASEANが内政不干渉原則の例外とすべきことを提言していた。その後も、タイやマレーシアの議会で公然とミャンマー非難が表明されている。そうしたなかで、2005年12月の東アジア・サミットの際、ASEANはミャンマーの民主化促進のために特使を派遣すると公表し、06年に実際に特使が派遣されたが、不本意な待遇を受けて帰国した。ミャンマーの民主化とASEANの内政不干渉原則の再検討は、今後ASEAN指導者にとって試金石となる問題である。この問題に関して、ASEANには新たな外交的対応が必要であり、そのためにはインドネシアの積極的な役割が（それだけでは十分ではないが）、必要であろう。

第2に、そうした「人間の安全保障」に関する新しい制度化には、インドネシアの積極的参加が不可欠である。とくに、

ASEAN安全保障共同体は、良いガバナンス、「ASEAN憲章」制定等の地域的な規範の共有を促進し、軍事関係者の交流と信頼醸成を図ることなどを目標にしている。こうした広義の安全保障協力にインドネシアの参加は不可欠である。また、ASEAN社会文化共同体は、貧困削減、教育の機会改善、女性支援、感染症対策、薬物対策等において機能的協力を促進し、芸術、観光、スポーツ交流等を通じて、ASEANアイデンティティを促進することを目標に挙げている。この点に関して、2004年11月に採択された「ビエンチャン行動計画」（2004～10年）に興味深い箇所がある。同計画は「ASEAN共同体」構築に向けて採択された第2期の行動計画である。そのなかで、少数者の人権、児童・女性の人権保障や高齢者の社会保障、保健衛生、防災対策、科学技術の振興等11の分野で、国家を補完すべく「地域的介入（regional interventions）」が認められると明記されている。ここでいうASEANの「地域的介入」は、冷戦後の「人道的介入」が示唆するような軍事的介入という方法ではなく、ASEANの政府間交渉と協力およびASEAN内のNGOの地域協力から成る、いわば政府と社会レベル双方からの「地域的介入」を意味している。それにしても、ASEANが「地域的介入」を是認し、それを明記したことは注目すべき変化である。

この変化の背景には、ASEAN諸国の市民社会の変化が大きい。すでにフィリピン、インドネシア、タイ、マレーシアでは国家人権委員会が設置され、人権保障の観点から国内法の改正や政策提言を行っているが、それと別にASEANの市民社会レベルでは、「ASEAN人権メカニズム」構築に向けた動きがある。彼らは閣僚会議や高級事務官協議と対話を続けており、まずは東南アジア人権センターを設立することを目標にしている。こうしたASEAN諸国の市民社会における議論は、ASEAN地域に民族、宗教、文化的な多様性を保障し、効率的で透明な地

域的人権制度を構築するという目標を共有している。

インドネシアは、フィリピン、タイと共に、こうした新しい地域的人権メカニズム構築に関する主導的役割を果たせる立場にある。インドネシアの市民社会には地域的協力活動の経験もある。とくに、1990年代以降、開発や人権問題に関わるNGO間の交流が飛躍的に増えた結果、彼らの働きかけにより、ASEANの政府間会合と市民社会との橋渡しとして、「ASEAN トラックⅡ」アプローチを確立する試みが行なわれている。その一環として、2000年と02年に、ASEAN 民衆会合（ASEAN People's Assembly）が、いずれもインドネシアで開かれ、インドネシアの市民社会はその中心的役割を果たした。今後 ASEAN の市民社会レベルの地域的制度化の努力において、インドネシアの政府と市民社会の協力と貢献が重要である。

スハルト時代に一時期言われたような ASEAN の「盟主」的立場というものは、今後はインドネシアだけでなく、ASEAN のどの国家でも単独では不可能となり、むしろ不必要になるだろう。現代は、情報通信も市場も、古典的な国家の権力を超えて、独自のネットワークを国際的に展開している時代である。そうした異質なパワーの影響力に対処するためには、政府間の政策調整が常に必要になる一方で、政府には市民社会との対話と協力が常に求められる。そうした時代のなかで「ASEAN 共同体」の実現に向けて、現在のインドネシアは地域的な「人間の安全保障」の規範の構築と制度化のために、主導的な役割を果たすことが必要であるし、またそれが可能であろう。

26　ASEAN外交流儀をいかに発展させるのか

黒川修司

　2005年11月に開催された東アジア首脳サミットは、当初「東アジア共同体」に全く触れていなかったが、その後「東アジアにおける共同体建設の努力に貢献する」との文言が付け加わった。しかし、米国を締め出したい中国と、中国の影響力を薄めたい日本との主導権争いから曖昧な表現で締めくくられた。ASEAN＋3が「共同体達成の主要な手段」であり、インド、オーストラリアが参加する東アジア首脳会議16カ国が「共同体形成で重要な役割を果たしうる」という何とも意味不明な位置づけに終わっている。米国抜きで「東アジア共同体」を考えることが、どの程度意味があるのか大問題である。

　確かに10年前と比較すれば、東アジア共同体の論議は盛んになり、もはやその可能性を議論する段階を超えて、いかにまた何時ごろに成立するのかが議論の中心テーマになっている。従来地域協力には消極的であった中国も2002年に南シナ海行動宣言に調印するなど、「共同体」構想にかなり積極的になりつつある。しかしながら、根本の「共同体」の理念が曖昧なままであり、経済・外交・安全保障などの共通性はさほど進んでいるとは思えない。差し当たり出来る問題から共通政策を構築していく地道な努力が一番必要だと思われる。

　本稿ではまず基本的な価値観である「アジア的価値観」そして、「Asian Way」即ち、アジアの発展途上諸国が順調な経済発展の実績を背景にした自己主張、更に、これが「ASEAN Way」という一種の外交流儀になっているかを検討し、特に

ARF（ASEAN 地域フォーラム）の場でその特徴を分析する。

まずは「アジア的価値」とは何であるかを、マハティール首相の発言から引き出してみよう。(Dato' Seri Dr. Mahathir bin Monhamad, "The Asian Values Debate" The Perdana Papers, The Institute of Strategic and International Studies, 1997) 彼は「資本主義の勝利」は外交官や将軍によるものではなく、商品で溢れているスパーマーケットとショッピング・モールによって勝ったのだとする。冷戦の戦略に関しては、封じ込めるのではなく、関与することが肝要であると興味深い発言をする。(Engage, don't contain) 西欧人は普遍的な価値を信じているが、アジア的価値の方が欧米の価値より普遍的だと言う。しかしながら、彼は自分でアジア的価値を定義せず、米国のヒッチコック (David Hichcock, *Asian Values and the United States: How Much Conflict?*) が1994年に調査したデータから間接的に論じている。東アジアの人々が大切にしている社会的価値として、①秩序のある社会、②社会的な調和、③官僚の説明責任が確保できること、⑤表現の自由、⑥権威の尊重（何故か4番目の価値に触れていない）。更に、最も大切にしている5つの個人的価値としては、①労働の大切さ、②学習と教育の尊重、③正直さ、④自信、⑤自己訓練、を挙げている。

黒柳米司（「『人権外交』対『エイジアン・ウェイ』」『国際問題』1995年5月号）に従えば、「Asian Way」とは、①人権は各国の政治経済文化社会的な文脈の中で実現されるべきであり、欧米の基準に基づく人権のみが普遍的な価値をもつという独善的な考え方は認められない、②人権外交のダブル・スタンダードの欺瞞性に反論する、③アジア諸国からすれば最大の人権侵害は貧困を恒常化する国際システムの不公正さである、④秩序維持を優先する集団主義的な人権観に立脚したことで、国際水準を超える高度成長を達成したとの自信、⑤欧米先進諸国が経済在援助を武器にして途上国の人権改善の圧力をかけているのは、

いわば文化覇権主義であり、内政不干渉原則は尊重されねばならない、との主張である。

このようなアジア的価値が外交にどのように現れているのだろうか。通常、よく言われているのが、「mushawarah」（協議）と「mufakat」（全会一致）による政策決定であろう。アルチャヤによれば、1）国家間紛争の平和的解決、2）地域自治（地域問題の地域的解決）3）内政不干渉の原則、4）軍事同盟を結ばないことと、2国間の防衛協力を挙げている。(Amitav Acharya, *Constructing a Security Community in Southeast Asia: ASEAN and the Problem of Regional Order,* Routledge, 2001) これがASEAN Way（アセアン外交流儀）だと言われているのだが、それほどユニークなものなのであろうか。確かに、ASEANの会議は「全ての国に快適なペース」で進められるために、1国でも反対する議題に関しては、公式な場での議論を避けて非公式討議に切り替えたりする。時にはコンセンサスが得られないと判断すると、ASEANの枠組みを捨て去り、各国毎の国益追及に走ることさえあった。もし、加盟国が妥協出来ない問題に直面すると、その問題は棚上げにして、もっと解決し易い問題を取り上げ、協力と成果を誇るのが「アジア的知恵」である。いわば「紛争解決」ではなく「紛争回避」の技を磨いてきたと言えよう。

経済発展と社会秩序を優先する発展途上国であるASEAN諸国は、内政干渉を嫌う傾向が強い。また成立当初は外国が支援する国内の共産主義者の反乱を最大の脅威だと見ていた。1975年のヴェトナムの統一がASEANにショックを与え、相対的に不活発であったASEANを動かし、76年のインドネシアのバリでの会議で東南アジア友好協力条約（ASEAN Treaty of Amity and Cooperation）を作成した。この条約に署名した国家は紛争の平和的解決と主権の相互尊重を約束し、ASEANに加盟を希望する国家は、その前提条件としてこの条約を署名・批准する

ことが求められるようになった。78年にヴェトナムがカンボジアに侵攻すると、この後12年間に渡って、ASEANはヴェトナムをカンボジアから撤退させることにそのエネルギーを注ぎ込んだ。

ASEAN 地域フォーラム

本稿では ARF（ASEAN 地域フォーラム）を中心として、アジアの安全保障の現段階を検討して、そこから共同体へ射影してみよう。（拙論「冷戦後のアジアの安全保障―― ARF を中心として」中野実編『リージョナリズムの国際政治経済学』学陽書房、2001年も参照されたい）

1994年に成立した ARF はその後着実に進展してきたと言えるが、欧州と比較する一部の人々が期待するほどには制度化が進んでいないのもまた事実である。アジア太平洋の殆どの国家が参加して、安全保障について議論する大切な場（フォーラム）であることは誰も否定できないであろう。第3回会合（96年、ジャカルタ）でインドとミャンマーが参加したが、参加基準が設けられ、事実上台湾の参加が不可能になった。これはARF に中国を加盟させたことの副作用である。台湾は ARF に招待されないことに不満でバンコク・ポスト紙に1頁大の意見広告を出したほどであった。南沙諸島問題で ASEAN 諸国の多くと領土紛争を抱えている中国が初回から ARF に参加したことは、「南シナ海問題に関する宣言」などを出している ASEAN にとって大きな得点であった。潜在的な脅威である国家を ARF の枠組みに取り組むことこそ、ASEAN の追求した戦略であった。

新規加盟の条件としては、①主権国家であること、② ARF が過去に下した決定と声明を完全に遵守することに同意すること、③全ての ASEAN 加盟国は自動的に ARF の加盟国になること、④北東アジア・東南アジア・オセアニアの平和と安全保

障に有効であることが証明された後にのみ加盟が認められること、⑤ARFの有効性を確保するために加盟国を管理できるレベルに制限する(但し、以下の経過が示すように守られていない)、⑥加盟希望国はARF議長国に申し出ること、また議長国は全ての加盟国とSOMレベルで協議し、全加盟国の賛成が必要であることが決められた。(http://www.aseansec.org/amn/partcp.htm)第7回会合(2000年、バンコク)から北朝鮮が参加し、第12回会合(05年、ビエンチャン)から東チモールが参加して現在では、24カ国とEUが正式メンバーであり、06年にはバングラデシュの参加が認められ、スリランカの参加が検討されることになっている。

　地域安全保障フォーラムのアイディアは元々カナダとオーストラリアが唱え、後に日本と米国が支持したものである。(西原正「アジア・太平洋地域と多国間安全保障協力の枠組み」『国際問題』1994年10月号)当初ASEANは地域安全保障対話のアイディアに冷淡であったが、積極的に関与しないと冷戦後のアジア・太平洋地域で必要のない弱小パートナーに陥ることを危惧し、多元的安全保障の必要性を認めるに至ったものである。1994年の設立会合でタイのスリン・ピッスワン(Surin Pitsuwan)外務次官(後に外相)は「ASEAN諸国が常に主導すべきだ」と発言した。そして95年の第2回会合でASEAN諸国がARFを主導していくための「コンセプト・ペイパー」を打ち出した。ここにASEAN Wayに従って、ARFの外交行動を作成し、「信頼醸成」「予防外交」「紛争対処」の3段階が目標として設定された。当面は第1段階にあるとされ、具体的には捜査・救難協力、国防白書の刊行、軍関係者の交流促進などが選ばれていた。97年の第4回会議で議長声明として「ARFが『信頼醸成』の段階から『予防外交』の段階に進むことを希望する」とされた。この当時の「予防外交」の定義としては、ガリ国連事務総長が示した「紛争の発生を妨げ、争いが武力衝突

に発展するのを防ぎ、衝突を最小限にとどめる行動」と説明していた。予防外交の具体策としては、ARF 議長の役割強化、専門家・著名人の登録、コミュニケーションチャネルの拡大、特別代表の設置、ARF 情報研究センターの設立などが提案されているが、それほど進展していない。（神保謙「ARF における予防外交の展開」森本敏編『アジア太平洋の多国間安全保障』日本国際問題研究所、2003年）ARF の特徴が予防外交に進むことを妨害していると、研究者たちに言われていることは興味深い。即ち、ARF の主催国は毎回 ASEAN 加盟10カ国の持ち回りである。当然ながら議長国も ASEAN 加盟国に限られ、議長声明には常に ASEN の「指導性」が強調されていた。議長が毎年ローテーションで交代することでは予防外交の継続性が欠けるとの反論が強く、第 7 回会合で前年度と翌年度の議長が加わる 3 人（トロイカ）方式が導入された。将来的には ASEAN 以外の参加国が共同議長として参加することも考えられよう。

内政不干渉原則の動揺

欠陥として挙げられるのは制裁のメカニズムがないこと、事務局とスタッフがいないことである。継続的な運営のためには専門スタッフが不可欠であろう。更に、内政不干渉原則が各国の内政問題を議題とすることを妨げている。ARF を主催している ASEAN が大切にしている内政不干渉と、内政干渉を伴う予防外交との間に矛盾が生じかねないのである。

ARF の安全保障と言っても、年 1 回（7 月末から 8 月始め）の外相会談とその前（5 月末頃）に行われる高級事務レベル会合（SOM：Senior Officials Meeting）だけではなく、会期の間に行われる会議（インターセッショナル・グループ）の会議、あるいは非政府組織による（現状では半官半民の組織である）トラックⅡの会議なども含んで考えるべきであろう。トラックⅡは公的な制約を受けないで率直に討論ができ、その成果をトラック

Ⅰに提言するという「公式の外交チャネルの補完」として重要な役割を果たしている。トラックⅡの一部であるアジア太平洋安全保障協力会議（CSCAP）に1994年から北朝鮮の軍縮平和研究所が参加していたことが2000年の正式加盟に結び付いたのである。また、中国の働きかけで正式メンバーになれない台湾もCSCAPへの参加が認められているので、ここで辛うじて台湾とのコンタクトが取れる。

　西側大国による「人道的介入」は途上国の反発をかう。1国内の政治・人権・経済などが地域全体の問題であるとの共通意識が存在していないと、従来の内政不干渉原則によって外部からの介入が排除されてしまう。特に、中国は「ARFは信頼醸成を行う場であり、予防外交に移行するのは時期尚早だ」と発言してきた。また国内の反体制派や分離独立派に対する締め付けを、人権問題だと介入されることに過敏な反応を示してきた。即ち、中国の立場からすれば、予防外交が進展すると国際的な介入を正当化することになり、中国の主権を脅かすことになりかねないのである。これは中国だけの問題ではなく、例えば1990年代に入って特に顕著になっている欧米のミャンマーの人権問題に対する非難や制裁要求に対して、ASEAN諸国は内政干渉だとして反論している。ミャンマーのASEAN加入を契機として、各国の内政問題であっても対話を行うことは可能だとする「柔軟関与政策」が提唱された。更に、タイのスリン外相が98年6月にASEAN内部でも、同僚が批判しあう「ピア・プレッシャー」が有効ではないかとして、初めて内政不干渉原則の修正を企てた。（山影進「ASEAN——10の課題と内政不干渉原則の動揺」『国際問題』1999年7月号）インドネシアやシンガポールはこの見直しに反対しており、「柔軟関与」案すら賛成を得られず、現状維持に留まった。現段階で「見直しの必要性で意見が一致」という曖昧な合意であろうとも、従来の内政不干渉原則が揺らぎ始めていること自体が重要であると言えよう。

1997年のアジア通貨危機もまた内政不干渉問題を変質させることになっただけでなく、従来消極的であった首脳たちに東アジアにも制度的な枠組みが必要だと思い知らせることになった。経済混乱により各国は経済再建にエネルギーを集中せざるを得ず、軍事・外交能力を低下させた。このような状況下でASEAN諸国は個別にIMFや先進諸国の支援を要請した。IMFの融資を受けた各国は、IMFの提示した政策プログラムを誠実に履行することを要求された（いわゆるコンディショナリティ）が、それは各国政府の政策理念や利害との間に対立を生じ、「内政干渉」だとして批判を受けることになった。更にASEANとしての域内協力を模索する努力までなされた。議論された構想は、ASEAN単一通貨、通貨基金、域内通貨による決済などがあったが、実際に合意できた協力は「監視メカニズム」だけであった。これはマクロ経済政策の相互監視とそのための常設機関の創設であり、各国の内政に干渉することを相互に認め合うことをしぶしぶ認め、98年7月の年次閣僚会議でも正式に承認された。

　ARFは実効性の「牙」を持つべきなのだろうか？今まで着実に進んできたARFは、国家主権との関係で違反行為に対する制裁などは導入していない。2000年に私がインタビューしたマレーシアのケバンガサン大学のアーマッド社会科学・人文学部長の発言を引用すると、"Barking is better than biting"である。ARFの頭文字は日常の英語では犬の鳴き声を意味するのである。

　ある程度は実効性がないと、ARF加盟は単なるお付き合いに終わってしまう。ARFの加盟国が増加し、その多様性を考えると、決定は全会一致ではなく、紛争当事国は参加できても決定権がない「コンセンサス・マイナス・ワン」方式が望ましい。そうでないと全会一致の決定方式では、山積する問題を解決できない。また、国連のPKO活動とリンクさせるために、

ARF加盟国が参加するPKO訓練センターを創設することは如何であろうか。いずれにせよ、制度化はASEAN地域フォーラムから「ASIA地域フォーラム」に変身する必要を迫る。今でさえ、非ASEAN諸国の中にはARFで第2級市民として扱われているとの不満がある。このようにARFはその理念を実現させようと制度化を図ると、その理念と矛盾する困難さがある。

27　ヨーロッパに学ぶ地域統合
アジア共通通貨制度の必要性

山下英次

なぜ必要なのか——アジアでも「脱ドル戦略」が必要

わが国とアジア諸国が欧州統合から学ぶべき教訓は計り知れないほど大きいといえる。わが国は、それを良く踏まえた上で、今後、極めて戦略的な国際通貨政策もしくは国際通貨制度政策を展開していくべきである。

とりわけ、通貨政策について言えば、円とマルクの実質実効為替レートの長期的な推移をプロットしてみると、ドイツ（およびヨーロッパ）の通貨政策の「成功」と、わが国の無策ゆえの「大失敗」とが際立っている。すなわち、グローバルな国際通貨システムは、ニクソン・ショックのとき、中心通貨国であるアメリカが「ルールの破壊者」（rule breaker）となったために、必然的にフロート制への移行を余儀なくされた。しかしながら、そうした中にあって、ヨーロッパは1972年4月にECスネイク制という域内固定為替相場制を採用し、さらに79年3月にはそれをEMS（欧州通貨制度）へと発展させていきた。すなわち、グローバルな国際通貨体制は、アメリカの身勝手な行動によってフロート制へ移行することになってしまったが、ヨーロッパは、自分たちの域内ではそれに追随しないと決意したわけである。どういうことかというと、共通為替相場制度で域内の各通貨の関係を固定する一方、ドルや円など域外の他の主要通貨に対しては、共同してフロートするということである。すなわち、ヨーロッパは、ユーロが誕生する99年初めまでの27年間近くにわたって域内固定為替相場制を維持し続けることで、

国際通貨体制としてのフロート制の悪影響（例えばドルの急落による影響など）をミニマイズしてきた。このように、欧州の域内固定為替相場制度は「隔離効果」を発揮した。つまり、EMSは、あたかも固い殻で覆われたカプセルのように、外界の荒波から中の人々（欧州各国）をプロテクトしたわけである。私は、これを「EMSハードシェル・カプセル効果」と呼んでいる。しかしながら、わが国の場合には、何の対応策も採らなかったために、全く無防備の状態でフロート制とアメリカの身勝手な政策に振り回され続けてきた。ドイツ・マルクも、円ほどではないにせよ、ドルに対しては急激に上昇してきたが、マルクの実質実効為替レートの動きは円のそれと比べて、はるかにゆるやかなものにとどまっている（図参照）。こうした実質実効為替レートに関する円とマルクの際立った違いは、日本にとって正に悲劇的と言わねばならない。日本は、これを教訓として、将来の戦略に生かしていかなければならない。ところで（名目）実効為替レート（NEER）というのは、ある通貨の世界全体の主要通貨に対する平均的な変化を示したものである。そして、実質実効為替レート（REER）は、NEERをさらに各国間の相対インフレ率で調整したものである。したがって、これがその国全体の対外的な価格競争力を示す極めて重要な指標となる。

　また、欧州は、1970年10月の「アンショー報告」（『ウェルナー報告』の第5付属議定書）以来、ドルの域内基軸通貨としての機能の剥奪を「悲願」としてきたが、これは1980年代半ばにドイツ・マルクが域内基軸通貨化することによって実現した。しかし、これも、ヨーロッパが域内固定為替相場制というEMSを持続していたからこそ実現したのである。どういうことかというと、80年代半ばのマルクの域内基軸通貨化の必要条件は、プラザ合意以降のドルの暴落であったが、域内固定為替相場制の持続という十分条件がなかったら決して実現していな

(1973年3月=100)

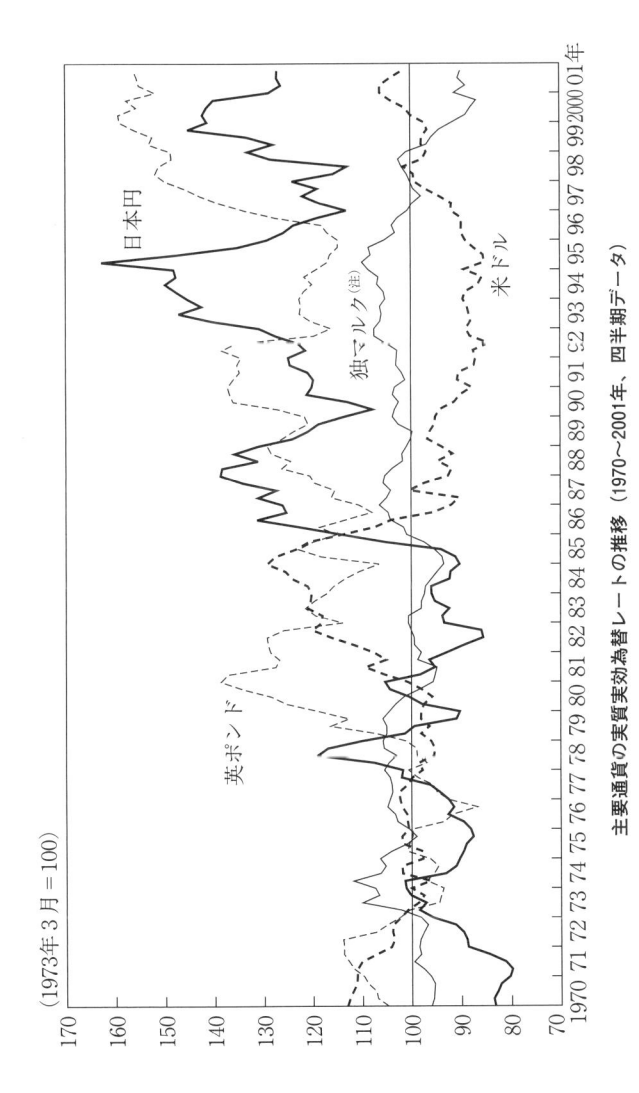

主要通貨の実質実効為替レートの推移（1970～2001年、四半期データ）

注：1998年第四半期までは独マルク、それ以降はユーロをつなげたもの。
資料：日本銀行調査統計局「CD-ROM 日本銀行金融・経済データ2002」、ダイヤモンド社、2002年4月。
出所：山下英次『ヨーロッパ通貨統合――その成り立ちとアジアへのレッスン』勁草書房、2002年7月、P.238、図表39

かったに違いないからである。

　こうしたわが国の国際通貨政策もしくは国際通貨制度政策の失敗によって、日本の経済安全保障は大きく損なわれ、1990年代以降今日に至るまで長く続いてきたいわゆる「日本経済の失われた十数年」の大きな原因のひとつともなった。どのような国際通貨政策および国際通貨制度政策を採るべきかは、わが国の経済安全保障政策の正に要であると理解すべきである。国益を踏まえたしっかりとした国家戦略の下に、わが国としての国際通貨政策並びに国際通貨制度政策を策定し、推進していかなければならない。

　もっとも、ヨーロッパとは異なり、わが国の場合には、近隣諸国にわが国に近い経済発展段階の国が皆無であったため、これまではわが国がアジアの地域協力の枠組みを目指したとしても、実現は甚だ困難であったという面も多分にあるであろう。しかしながら、近年における近隣諸国の急成長によって、アジアにおいてもいまや計画の機は熟しつつある。東アジアにおいては、日本企業などの活動によって、工程別分業による生産・流通の域内ネットワークが構築され、すでにインフォーマルな経済統合はかなり進んでいる。こうした東アジアにおける製造業の工程別分業のネットワークは、いまや世界で最も緊密かつ最強のものに発展したといえるであろう。こうしたことを背景に、日本とアジア諸国との関係は年々強まっており、日本のアジア向け輸出シェアが対米輸出のそれ上回ったのは、もう何年も前のことであるが、2003年に中国、台湾、香港の3つを合計した「中華」に対する日本の輸出が、初めて対米輸出を上回った。

　今後は、域内の政府間において各分野での合意を進め、フォーマルな統合を進展させていかなければならない。また、東アジアのフォーマルな地域協力・統合の動きも、2000年5月、「チェンマイ・イニシアティヴ」（the Chiang Mai Initiative、

CMI）として、「ASEAN ＋ 3」の枠組みとして合意され、スタートしている。これは、域内で２国間スワップ取り決め（BSA）のネットワークを構築し、緊急時に外貨を融通し合おうというものであり、06年２月現在、合計16本の２国間取り決めを含む総額715億ドル相当のスワップ網が完成している。欧州統合は、1950年５月、独仏の歴史的和解を謳った「シューマン・プラン」によって始まったが、アジア地域協力・統合のフォーマルな枠組みも、この「チェンマイ・イニシアティヴ」（CMI）によって、すでにスタートしたといえる。CMI は、「シューマン・プラン」のように画期的なものではなく、ささやかな第一歩であるが、象徴的な意味は決して小さくはない。すなわち、奇しくも「シューマン・プラン」からちょうど50年遅れで、アジア地域協力・統合のフォーマルな枠組みがスタートしたということになる。東アジア地域統合というのは、先に述べたようなすでに出来上がっている世界で最も緊密かつ強力な東アジアの生産工程別分業のネットワークの上に、政府間の合意を踏まえたフォーマルな統合を築き上げていこうという作業に他ならない。そして、アジアは、何よりも「域内の脱ドル」を明確に標榜し、それに向けた戦略とロードマップを確定しなければならない。

何を目標とすべきか

　欧州統合の経験に学びつつ、筆者なりに、東アジアの地域協力・統合に向けて、何を目標とすべきか、そしてそのためには何がなされなければならないかについて、ここで指摘しておきたい。まずはじめに、基本的に何を目標とすべきか、ということである。

　第１に、経済的には、実体経済と通貨・金融の両面での協力・統合を一体化して進めていくことが必要とされる。すなわち、域内の貿易・投資の枠組みと共通の通貨制度の双方を構築

しなければならない。EUの市場統合と通貨統合は車の両輪であるが、それはいわば自発的に作り上げた「外圧」ともいえるものであり、実体経済と通貨・金融両面での域内協力・統合は、わが国を含めた東アジア全体の構造改革をも促すことになるであろう。

第2に、EUがEMU（経済通貨同盟）とPU（政治同盟）を平行して進めてきたように、東アジアにおいても、各国間の信頼を高めるためにも、地域の安全保障の枠組み作りを経済分野における協力・統合と平行して推進していくべきである。アジアにおける米軍のプレゼンスは今後ともある程度必要であろうが、東アジア独自の枠組みも必要とされる。すなわち、ヨーロッパと同様に、わが国とアジア諸国は、今後、重層的な集団的安全保障の枠組みをこの地域で追求していくべきである。

次に、経済面についてより具体的に言えば、3つの段階を経て「アジア経済通貨同盟」（"the Asian Economic and Monetary Union" "AEMU"もしくは"the Asian EMU"）を創設し、アジアの共通通貨の創出を目指すべきと考える。

第1段階は、日本を除くすべての東アジア諸国が、円、ドル、ユーロの3極通貨バスケット・ベースの固定為替相場制を採用するということである。筆者の試算によれば、東アジア9カ国・地域（ASEAN4＋アジアNIES4＋中国）の日米欧3極との総合的な経済関係（ここでいう総合的な経済関係とは、貿易、直接・間接投資、ODA（政府開発援助）のすべてを総合したものである）は、「日本：アメリカ：EU＝4：3：3」である。すなわち、これがそのまま、東アジア9カ国・地域の最適な通貨バスケット・ウェイトということになる。したがって、東アジア諸国は、まずはじめに、自国通貨を「円：ドル：ユーロ＝4：3：3」の共通ウェイトで3極通貨バスケットにペッグ釘付けさせる固定為替相場制の採用に踏み切るべきである。これによって、東アジア諸国は、世界の3つの主要通貨相互間のヴォラティリテ

ィーに惑わされることなく、常に、「3つの主要通貨の平均的な水準」をアンカーとすることができ、域内通貨の安定に資することになるであろう。

東アジアの共通通貨制度の第2段階としては、日本を含めた東アジア諸国の通貨を相互に固定させるということである。すなわち、EMSタイプの固定為替相場制を採用するということである（「アジア版EMS」）。この制度の採用は、EMSと同様に、東アジア域内諸国に対してディシプリン効果——国際収支節度を課す効果——とカプセル効果（隔離効果）をもたらすことになるであろう。

また、第2段階で各国間の経済パフォーマンスの収斂が進めば、やがて東アジアにも単一の共通通貨を構想する機が熟してくるであろう。すなわち、これが第3段階である。次に、以上述べてきたような目標を達成するために、何がなされなければならないかについて考えてみよう。

目標達成のために何が必要とされるのか

まず第一に必要なこと、そしておそらく最も重要なことは、日本の外交姿勢を根本的に改めなければならないということである。すなわち、率直に言って、わが国の「アメリカ離れ」がどうしても必要とされる。ヨーロッパおいても、西ドイツは、1960年代初め頃までは、「大西洋主義者」（Atlanticist）的な立場を採っており、アメリカ離れができていなかった。例えば、99年初めからはじまったEMU（欧州経済通貨同盟）は、実は3度目の正直で成立したものなのであるが、第1回目の計画は、62年4月に欧州議会から「ヴァン・カンペン報告」として出された。当時のEEC諸国は、これを決議しようとしたが、西ドイツはその頃はまだヨーロッパ域内同盟よりもアメリカとの大西洋同盟を重視していたためこれに反対し、そのために計画は挫折してしまったのである。しかし、70年代の終わり頃になると、

西ドイツ自身がEMSを構想するようになり、79年3月これが実現したのである。EMSに対しては、アメリカの強い反発もあったが、この頃になるとドイツでも「アメリカ離れ」が進み、完全に「ヨーロッパ主義者」(Europeanist) 的な立場を採るようになっていたのである。ドイツは、日本と同様に、第2次大戦後、非占領国家として出発したが、このように「アメリカ離れ」を遂げ、いまや完全なる独立国家となった。残念ながら、今の日本は、その意味では、まだ60年代初めの西ドイツと同じレヴェルにとどまっているということではないだろうか。

　2000年10月、アメリカの国防大学の国家戦略研究所 (INSS) がまとめた報告書（通称「アーミテイジ・レポート」）は、「今後の日米同盟の在るべき姿として米英の特別な関係をひとつのモデルとして考えている」と述べている。また、現実にも、小泉政権下では、残念ながらこのアーミテイジ・レポートを着々と実施する動きがみられる。

　しかしながら、私としては、わが国は「ヨーロッパにおけるイギリス」になるのではなく、むしろ「ヨーロッパにおけるドイツ」の役割を果たすべきではないかと考える。イギリスは対米関係を重視しすぎたため、ヨーロッパとの間に断層を作ってしまい、その結果、これまで欧州統合に関して全くリーダーシップを発揮できなかった。そして、ヨーロッパ諸国から「イギリスはアメリカの〈トロイの木馬〉だ」とまで言われるようになってしまった。日本は、イギリスの轍を踏むべきではなく、ヨーロッパの中で生きることを決意し、欧州統合の推進にリーダーシップを発揮してきたドイツのような役割を、アジアの中で果たしていくべきである。

　また、従来であれば、わが国が参加しない限り、アジアの地域的な枠組みは進展しないと高を括ることもできたかもしれないが、近年における中国の急成長と東アジア諸国全体の「意識」の向上とによって、最悪の場合には、わが国抜きでもアジ

アの地域協力・統合がかなり進展する可能性すら出てきた。象徴的に言えば、わが国は、いま「アジアの中で生きる」という決断を迫られていると言える。

第2に、アジア地域協力・統合に向けた非常に強い「政治的な意思」(political willingness) が必要だということである。どのようなスキームにするかということよりも、各国の政治の高いレヴェルの確固としたコミットメントが何よりも重要であることは、半世紀余りに及ぶ欧州統合の経験から明らかである。ヨーロッパは早い段階、すなわち1957年のローマ条約以来、"an ever closer union"(「常に深化を遂げゆく同盟」)という統合推進のための基本理念を打ち出した。このように、少しずつでも一歩一歩着実に域内協力・統合を推進していくことが、アジアにとっても極めて重要となるであろう。アジアも早いうちに、しっかりとしたタイム・テーブルを伴った行動計画（action program）を策定することが肝要である。

第3は、ヨーロッパが「原参加の6カ国」(the Original 6) から統合を開始し、次第に参加国数を拡大していったように、アジアにおいても、「ASEAN＋3」の13カ国のすべてが揃うまで待つとしたら、なかなか進まないであろう。なぜなら、ASEANの10カ国においては経済の発展段階における各国間格差が非常に大きいからである。私としては、東アジアの場合、「原参加の8カ国・地域」(the Original 8) から始める方が現実的ではないかと理解している。筆者のいう東アジアの「原参加8カ国・地域」とは、日本、中国、アジアNIES4（韓国、台湾、香港、シンガポール）にASEAN加盟国のマレイシアとタイの2カ国を加えたものである。

すなわち、ヨーロッパが採用してきた「多段階統合方式」(multi-speed approach) と特定分野ごとの「時差統合方式」(differentiated integration) をアジアの域内協力・統合においても適用させ、出来る分野から、そして、できる国々から先に統

合を進めた方が現実的ではないかということである。

　第4は、欧州統合は、独仏枢軸によって推進されてきたが、東アジアでは結局のところ、日中両国が共同してリーダーシップを発揮していくことが是非とも必要とされるということである。「ASEAN + 3」の枠組みの進展は、これまでは、主としてASEAN諸国と韓国の頑張りに負うところが大きかったが、いずれはやはり日中両国がリーダーシップを取らなければ本格的な進展は難しくなるであろう。そして、日本にとって、アジアにおける有力なパートナーは、将来的には中国をおいてほかにない。これは好みの問題ではなく、論理的な帰結なのである。日中関係には厄介な要素はあるが、長期的な戦略としては、日本がドイツの役割を、そして中国がフランスのような役割を果たし、いわば「日中枢軸」を創り上げることが、何らかの形での「アジア統合」を進めていく上で決定的に重要な推進力となるであろう。すなわち、アジア統合の推進に必要とされる「コア・パートナーシップ」（core-partnership）もしくは「共同リーダーシップ」（joint leadership）を構築しうるのは、日中両国以外にはないのである。

　今後、日中両国の首脳レヴェルで極めて良好なパートナーシップを築き上げていくことが肝要である。独仏間の「アデナウアー & ドゥ・ゴール」や「シュミット & ジスカール・デスタン」もしくは「コール & ミッテラン」あるいは「シュレーダー & シラク」に匹敵するような、日中両国の偉大なパートナーシップが出てくるようでなければならない。独仏両国は、「ギブ & テイク」の良好な関係を築くことによって、パートナーシップを高めてきたが、日中両国間においても、お互いに相手の弱点に手を差し延べるような形の関係を築いていくことは可能であろう。日本の弱点は、言うまでもなく「過去の負の遺産」であるが、中国も発展途上国であるがゆえに、国際社会をリードしていく上で知識と経験がまだ不足している。また、

人権の尊重や民主化の進展が不十分であるという意味で国際社会に対する非常に大きな「負い目」も持っている。このように、長期的には日中間にもお互いに相手の弱点を補う形での「ギブ＆テイク」の良好な関係を築くことは可能だと私は考える。

日中間には難しい歴史問題があるが、独仏両国は16世紀以来第2次世界大戦に至るまで実に27回にもわたる戦争を経てきたといわれる。他方、日中間には、2000年にも及ぶ非常に長い交流の歴史があり、その間、「不幸な時期」もあったが、ほとんどの期間については、友好関係を保ってきた。歴史的に宿敵同士であり続けてきた独仏両国に「和解」ができて、日中両国にそれができないということはないはずである。

ただし、いずれにせよ、中国が現在の政治体制と経済体制のミスマッチを、何らかの時点で平和裡に解消することが大前提となる。中国の政治体制と経済体制のミスマッチの解消は避けて通れない問題であり、これは中国にとってのみならず、国際社会全体にとっても、21世紀の最も注目すべきアジェンダのひとつとなるであろう。

いずれにせよ、わが国としては、今後は、「アジアの建設」に全精力を傾注させるべきであり、その点にこそ日本の長期的な国益があると私は信じる。

28　米国の地域統合戦略とアジア
NAFTAと中国

萩原伸次郎

　周知のように、NAFTA（North American Free Trade Agreement）は、1994年1月1日、カナダ、米国、メキシコの3カ国による自由貿易協定として発効した。それから、今年2006年で12年たった。この間、3国間の貿易と投資は、従来に比較すると劇的に増加した。カナダのNAFTA域内貿易は、NAFTA発効後、10年間で87％の伸びを示し、米国へは、1,136億ドルから2,139億ドルへと増大し、メキシコへの輸出は16億ドルに達した。米国のカナダへの輸出は、やはりこの10年間で965億ドルから1,529億ドルへと増加し、またメキシコへは、511億ドルから1,072億ドルへと増大した。メキシコは、米国への輸出を234％も増加させ、1,361億ドルにも到達したし、カナダへは、29億ドルから88億ドルへと203％もの上昇を示したのである。この協定が、3国間の貿易と投資を活発化させることにあったことを思えば、NAFTAによる地域統合戦略は、成功したといえるだろう。

　ここでは、成立から今年で12年になるNAFTAを米国の地域統合戦略から検討し、NAFTAの功罪を問う。また、最近米国の通商戦略にとって、最も重要な地域的ターゲットとなった中国について、その具体的な展開について論じることにしよう。

北米自由貿易協定の概要
　まず、北米自由貿易協定（NAFTA）の概要を述べることにしよう。NAFTAは、人口約4億3000万人からなる米国、カナダ、

メキシコ間の自由貿易協定であり、域内の GDP は、約11.9兆ドルに上る。この自由貿易協定が、同じ地域統合にもかかわらず EU と異なるのは、経済的成熟度が異なる先進国と途上国間の自由貿易協定であるという点にある。EU の場合、今日では、対外共通関税や資本の自由化のみならず、労働移動の自由、通貨統合のレベルにまで進展しているのだが、NAFTA の場合、対外共通関税を持たず、労働力移動の自由化や経済政策の協調も含まれていない。

　NAFTA の特徴は、重要産業において厳格な原産地規則が定められ、加盟国相互間の投資の自由化が進められており、サービス貿易の自由化、知的財産権に関する規則など、域内企業の競争力の強化が意識的に図られているといえよう。協定第1章では、NAFTA の目的が述べられているのだが、そこには次の6点が明示されている。(1)商品・サービスの貿易障壁を撤廃し、国境を越えた移動を促進すること、(2)公正な競争条件を促進すること、(3)投資機会を拡大すること、(4)知的財産権の保護を行なうこと、(5)紛争解決手続きを確立すること、(6)協定の拡大・強化のための3国間・地域間・多国間の枠組みを確立すること。

　ここで注目すべきは、貿易の自由化が、先進国多国籍企業とりわけ米国多国籍企業の競争力強化という点から企図され、この地域協定が形成されているという事実である。なぜなら、単に貿易ではなく、米国多国籍企業にとって重要なサービス貿易の自由化が WTO 協定と同様に明確に規定されているからであり、また知的財産権の保護が明確に謳われているからでもある。しかも投資機会の拡大が目的に入っているということは、今日の貿易が企業の国境を越えた活動と密接不可分な関係にあることを示唆している。NAFTA 形成以前、米国多国籍企業は、マキラドーラ制度によって免税措置を受けていた。マキラドーラ制度とは、メキシコの工場が製品を生産し、輸出することを前提として原材料・部品を輸入する場合、その原料・部品に対す

るメキシコの輸入関税を免除する制度なのだが、米国企業は、この制度を利用して米国に近接するメキシコ地域へ工場を建設し、低賃金を利用して生産活動を行なっていた。NAFTAの成立によって、米国メキシコ間の関税が撤廃されるので、もはやマキラドーラ制度は必要なく、いわばメキシコ全域がマキラドーラ化したと言い換えてもよいだろう。かくして、それは2001年までに撤廃されたのである。

　域内貿易の自由化と産業の活性化いう観点からすると重要産業に課せられた原産地規制がNAFTAにとって重要である。なぜなら、この規制にパスしなければ、企業は域内の関税撤廃の恩恵に浴することができないから、工場の域内立地が必然化することになるし、その意味では、域外企業よりは、域内企業の有利さは明らかであろう。すなわち、北米産と認定されるには、締約国の材料・製品を用いて生産される場合はもちろんだが、基本的に現地調達率が取引価格方式で60％、純費用方式で50％以上が要求されるのである（取引価格方式による現地調達比率とは、財の取引価格から非北米産の原材料価格を差し引き、それを財の取引価格で割った比率である。純費用方式による現地調達比率とは、財の純費用価格から非北米産の原材料価格を差し引き、それを財の純費用価格で割った比率である。なお、この現地調達比率は、自動車と繊維に関しては特殊ルールが当てはめられ、前者は、徐々にヨリ高い比率が適用され、繊維に関しても、糸またはファイバーの段階から一部を除き域内産であることが条件付けられた）。

北米自由貿易協定がもたらしたもの

　北米自由貿易協定が3国間の貿易と投資を飛躍的に増加させた要因であったことは冒頭に述べた。米通商代表部は、NAFTAによる経済的成果を米国とメキシコとの関係において、次の10項目にわたって指摘した。NAFTAは、第1に、メキシコの輸出に貢献し、高賃金職を増やし、貧困を削減し、外国投

資を増加させ、より強い農業セクターを実現させた。第2に、2001年にメキシコは1,430億ドルの輸出を米国とカナダに行ったが、それは1993年に比較すると232％の増加であり、その他世界との輸出増加率の2倍である。第3に、93年から01年までのメキシコの実質国民所得の増加の半分は、輸出の成長によるものである。第4に、5人に1人のメキシコ人は、輸出志向型産業に雇われており、95年から00年までにメキシコで創り出された350万人の半分は、NAFTAによる輸出増によるものであった。第5に、メキシコの輸出セクターの雇用は、その他の製造業よりも37％ほど賃金が高い。第6に、メキシコは、増加する外国投資から恩恵をこうむっており、94年から00年にかけて平均すると年間1,170億ドル受け入れたが、それはNAFTA成立前の同時期の3倍の大きさである。第7に、NAFTAは、メキシコ農民を苦しめたと非難されるが、93年から01年にかけてメキシコにおける農業生産は、50％も増加したのだ。増加した農業セクターは、豚肉（24％増）、牛肉（13％増）、鶏肉（80％増）、果実（27％増）、野菜（36％増）であった。第8に、メキシコの対米農産物輸出は、93年から00年にかけて103％の増加であり、それはNAFTA成立前の2倍、それまで対米貿易赤字だった農産物が現在では、若干の黒字を計上するまでになった。第9が、メキシコにおけるとうもろこし栽培農家の問題を多くの人が指摘するが、メキシコで売られる米国産とうもろこしは、家畜用の黄色とうもろこしである。メキシコ農民の多くは、人が食べる白とうもろこしを栽培している。そして、第10が、米国との競争を懸念するラテン・アメリカの牛産物セクターの多くは、牛肉、豚肉、家禽や果実など米農業立法からの直接的恩恵を受けてはいないセクターなのである。

　これによれば、NAFTAは、米国よりもメキシコにとって大きな経済的メリットがあったと判断できそうなのだが、果たしてそうなのだろうか。ここで注意しなければならないのは、

NAFTAによって活発化したとされるメキシコ農業と輸出の急増が、いかなる事情によってもたらされたかなのである。ことの真相はおよそ次のようなことなのだ。たしかにメキシコから米国への農産物輸出は急増した。モルト、コーヒー、トマト、畜牛、ピーマン、胡瓜、葡萄、カリフラワー、そして、ブロッコリーの米国への輸入の半分以上がメキシコ産なのである。たとえば、フロリダでは、メキシコからの安いトマトの輸入で3分の2の栽培農家が破産した。ピーマンにおいても然りである。だが、このメキシコからの農産物は、その多くはメキシコ栽培農家によるものではない。すなわち、国境を越えて進出した米アグリビジネス、農業多国籍企業が、メキシコの農場を買い取り、メキシコの低賃金労働を使って栽培したものが大きな役割を果たしているのである。そしてこうした農場で働く多くのメキシコ人は、米国からの安いとうもろこしなど、米アグリビジネスとの契約による大規模農場による大量生産によって生産された農産物の大量輸入によって、破産に追い込まれた農民達なのである。NAFTA成立によって貿易自由化が進行し、これを好機と見た、米アグリビジネスが持ち込んだ大量の安価な農産物がメキシコの多くの農民を破産に追い込み、彼らは、都市に流れ込み低賃金労働の供給源と化したのだが、また農村に残った多くの破産に追い込まれた農民たちは、米アグリビジネスの下で働かざるをえなかったのである。

　したがって、NAFTA成立によって引き起こされた事態とは、米国が一方的に利益を得たとか、メキシコが一方的に損失をこうむったということではなく、締結国の多くの中小農民が農業をあきらめ土地を手放し、それに対し一握りの巨大アグリビジネスが巨万の富を蓄積するという構図だったのである。巨大アグリビジネスは、メキシコ農民を破産に追い込んだだけではなく、米国の中小農民を破産に追い込んだ張本人でもあったという事実はここで記憶されねばならないだろう。しかも、こうし

た事態は、単に農業だけに限ったことではなく、工業部門においても引き起こされたことなのである。すでに北米自由貿易協定の概要において述べたように、NAFTAは、マキラドーラを利用した多くの米製造業多国籍企業の競争力強化戦略でもあった事実を想起されたい。

対中貿易赤字と米国の通商戦略

こうしてみてくると、NAFTAにおける米国の地域統合戦略は、実は、米国多国籍企業の戦略であったことがわかる。米国多国籍企業は、1970年以降、日本、ヨーロッパ諸国、アジアNIES経済の台頭とそれら諸国に本拠地を置く企業の活発な展開に直面し、かつてのグローバル経済における支配的位置を失いかねない危機的事態を経験していた。かくして、米国は、積極的通商戦略を駆使し、最近では、世界貿易機関による多角間交渉、NAFTAに代表される地域的統合戦略、また２国間の自由貿易協定などさまざまな手段を通じて攻勢に出ている。

それでは、米国は、中国との関係でどのような戦略を採ろうとしているのだろうか。

米中貿易関係において、米国からの輸出は、2004年、346億3,900万ドルとさほど多くはないが、米国の輸入は、同年、1,966億7,400万ドルを記録し、メキシコ、日本を抜き、ユーロ地域からの輸入に迫る勢いである。差し引き1,620億3,500万ドルの赤字は、国別ではトップの位置をしめる。2006年において中国の外貨準備高は、日本を抜いて世界第１位に伸し上がった。こうした米中経済関係は、かつて1980年から90年代にかけての日米関係を想起させる。果たせるかな、米国は、この06年２月に通商代表部による『米中通商関係──より重い責任と実施の新しい局面の開始』と題する徹底検証文書を発表し、今後の対中通商政策を明確にした。

この通商代表部による文書によれば、米中経済関係は、第３

段階に入ったということになる。すなわち、第1段階は、1986年から2001年にかけての15年であり、中国のGATT加盟に始まり、それを引き継ぐWTOへの加盟で締めくくられる。米中貿易は、輸出輸入をあわせると80億ドルから1,210億ドルへと上昇し、18番目から4番目の貿易パートナーへ成長したと評価している。第2段階は、01年から05年にかけての5年間であり、中国のWTO加盟からの5年間でもある。米国は、この時期中国がWTOの責任義務を如何に果たすのかを見守ってきたのであり、その責任義務とは、関税に引き下げ、サービス貿易市場の拡大、知的財産権の保護、透明性の改善、非関税障壁の除去などが挙げられ、米中貿易は、1,210億ドルから2,850億ドルへと、米国にとって3番目に大きな貿易パートナー国となったと評価した。中国における経済改革の実施は米国に有利であり、中国のWTO加盟による関税率の引き下げは、米国輸出の驚異的上昇をもたらしたのである。そのほか、外国会社に中国国内での販売網の形成を認め、保険、運輸、銀行の開設による米国によるサービス輸出の拡大があり、航空機の売り込み、大豆と綿花の輸出、はたまた、半導体の輸出も大きく前進した。だが。この文書によれば、WTOでの中国の約束事は多くが実施されずに残されているとし、それが06年から開始される第3段階へとつながるのである。すなわち、米国は、06年から始まる新段階は、中国がWTOで約束した課題を実施しなければならない時期と規定し、米中関係からいうと、貿易の一方的インバランスをバランスの取れた2国間関係にすることであると主張した。かくして米国は、次の6つの目的をもって今後、政策を展開するとした。第1に、ドーハ開発アジェンダなど中国を開かれた世界市場に参加させる。第2に、知的財産権保護などWTOにおける国際貿易の重要なルールを中国に実施・遵守させる。第3が、中国からの不公正な輸入、たとえば、ダンピングや模造品を米国通商法の実施によって阻止する。第4に、金融サービ

スなどこれまで以上に中国市場へのアクセスを促進し改革を実施する。第5に、沿海地方などに対して米国の中小企業の製品の売込みを積極化する。そして第6に、これまで以上に情報収集を行い、米中の通商問題の解決に向けて努力することである。

しかもこうした目的を達成するため米国は今後展開すべき行動項目を具体的に設定した。米通商代表部の執行権限の強化、情報の収集能力の拡大、北京での交渉能力の増進などが、事細かに書かれている。そこには、中国を世界市場に積極的に組み込み、かつて日本との交渉で、一方的勝利した米国の方式を再び中国で実践しようとする意気込みが感じられる。しかし、かつて日本との交渉において演じた高圧的方式が、中国にも通用すると米通商代表部が判断したとすれば、それはあまりに楽観的な情勢判断だといわねばならないだろう。

東アジア共同体形成への教訓

以上の分析から、生まれ始めた東アジア共同体について、次のような議論を引き出すことができるはずだ。NAFTAに収斂される露骨な国家主導のアメリカ型の地域統合戦略と異質なもうひとつの地域統合戦略を東アジアの近未来に描くことができるのではないだろうか。その近未来が、アセアン主体の東アジア型地域統合として、共同体の形成を次の3つの柱の形で促している。

第1にアセアンや中国のような地域開発途上過程の国々の農業部門の生き残りと拡大強化を共同体の柱にしていくこと。第2に、米国のような露骨な国家主導ではなく、あくまでも「ASEAN＋3」を柱とする非覇権国家群が地域統合を形成していくこと。第3に、東アジア共同体それ自体が、現存するアメリカン・グローバリズムの跳梁跋扈の動きを掣肘し、国際政治経済統合の垂直化よりも水平化に機能する潜在性を持っていることである。

Ⅴ　アジア・アイデンティティへの道

29　人材交流移動とヒューマン・キャパシティーの構築

箕輪真理

　今日、貿易と金融においては世界的なレベルでの市場の統合が進んでいる。こうした市場統合の背景にある先進諸国と開発途上国の間の大きな経済格差や各国市場間の相互補完性は、モノや資本の動きだけに限らず人の移動についても同様に自由化を促すものであるはずだが、人材の国境を越えた移動にはまだ大きな制約がある。後で見るように経済的には大きなメリットがあるにもかかわらず、人材の、特に労働力としての国際移動は常に大きな議論を呼び、人々に不安を感じさせるトピックである。その理由として、ひとつには人材を送り出す国と受け入れる国との間、また同じ国の中でも、人材移動による利益と損害が均等に行き渡るものでないため、利害対立の調整が難しいことが挙げられる。また個人やコミュニティ、そして社会全体のアイデンティティ、社会的公正、平等に対する価値観などが複雑にかかわっていることも人材移動に関する客観的な議論を難しくする要因である。社会全体としては付加価値を生み出すものであっても、一部の人々にとっては深刻な経済的損失をもたらす可能性があり、そうした利害対立が政策によってうまく調整されない限り、外国からの人材を受け入れることに対する社会的障壁を乗り越えることは難しい。

　国際的な人材移動に関するデータは限られており、現状を正確に把握し特定の政策による効果を分析・予測することは難しい。そうした制約の中ではあるが、本論では、東アジア地域における人材交流移動についてその現状を確認し、人材交流移動

の拡大がもたらしうる経済的なメリットを議論する。ヒトが国境を超えて移動し互いに交流することによる影響は、もちろん経済的効果に限られたものではない。異文化間の相互理解、理解が深まることによる安全保障への貢献、交流そのものによって人々の生活が精神的に豊かになることなど、多くの望ましい効果が期待できる。しかしここでは、経済活動における労働力、人的資本としての人材の移動に限って議論することとする。技術革新によって総要素生産性を高め、経済成長をもたらすための原動力となる人的資本の拡大は、どの社会にとっても重要な課題である。教育など人的資本への投資に関する政策が重要なのは言うまでもないが、同時に、人材が地域レベルで自由に移動できるということは、それが必要とされる場所で有効に活用されるということである。人材の交流移動は、地域レベルでの人的資本、あるいはヒューマンキャパシテイーの構築にもつながるものであることを念頭に人材の国境を越えた移動について考えてみたい。

東アジア地域における人材交流移動の現状

国境を越えた人の移動は長い歴史を持つが、近年その規模は拡大し、その形態も多様化している。東アジア地域における人材移動については、地域の中から外へ、外から中への移動に加え、地域内の移動が急速に拡大している。また、移動の動機についても自発的なものから強制的なものまで様々であり、違法・合法性や期間の長さ、目的などについても多様な人材移動の形態が存在する。ここでは、2005年10月に発表された国連『国際人材移動に関する委員会』の報告書（Global Commission on International Migration, *Migration in an interconnected world: New directions for action,* 2005）をもとに、アジア地域における人材移動について概観する。

2005年のデータでは、世界の「移民」（migrants）の総数は約

2億人に上る。ここで「移民」として計上されているのは出身国以外の国に1年以上の長期にわたって生活する者の数であるから、短期の移動を含めればその数はこれよりもかなり大きくなるはずである。「移民」の数は世界の総人口の約3％に過ぎないが、その増加率は大きく、1980年からの25年間でその数は倍増した。アジア地域における「移民」の数は00年の数字で4,990万人で、アジアの総人口の約1.4％を占めているが、その多くは短期労働契約による一時的な移民（overseas contract workers）である。その中には2つの大きな流れがあり、ひとつは、非熟練労働者がアジア、中近東の労働力不足の国において現地労働者が嫌うきつい、汚い、危険な仕事につく場合で、主に南アジア、インドネシア、タイ、フィリピン、中国、ミャンマー、ベトナムなどからの外国人労働者である。もうひとつのパターンは、インド、バングラデシュ、パキスタン、スリランカ、フィリピンなどから高い技術を持つプロフェッショナルが、アジアの新興工業国などの労働力不足を補う形で移動するケースである。アジア諸国は日本、韓国、台湾、シンガポールなどもっぱら受け入れが中心になる国、フィリピン、ラオス、カンボジアなど送り出しが中心となる国、タイ、マレーシアなど両方の動きが見られる国にパターンが分かれる。ただしこの区分は必ずしも固定的なものではなく、経済成長に伴ってかつての送り出し国が受入国に変わっていくスピードは速まっており、また、どの国においても、受け入れと送り出しの両方の動きが存在するといってよい。就労目的以外にも、観光、ビジネス、留学目的の人材移動も急速に拡大している。留学などの短期的な目的で海外に移動する人材も、そのまま受入国に残って就労したり、勉強中に就労したりするケースがかなり見られることから、労働力としての人材移動を考える政策の中にこうした就労以外の目的による移動も含めて考えることが必要である。

日本における人材交流移動の現状

　法務省入国管理局のデータによると、2005年の日本への外国人入国者数は745万人で、前年比で10.3％増加して過去最高となった。これには、短期訪問や長期滞在の目的で日本を訪れた人の数が全て含まれている。一方、外国人登録をしている人の数は04年末に197万人を越え、これも毎年過去最高の記録を更新し続けている。これは10年前の外国人登録者数に比べて約45％の増加であるが、それでも日本人総人口に占める割合では1.6％に過ぎない。さらに、専門的な技術や知識等を活用して日本の企業に就職することを目的として、「技術」または「人文知識・国際業務」の在留資格認定証明書の交付を受けた外国人の数は04年には13,214人で、前年と比較して13.7％の増加ではあったが、日本の総人口に比べていかにその比率が小さいかがわかる。

　このほかに、日本の企業で技術研修を受ける外国人研修生の数は近年増加している。日本企業による外国人研修生の受け入れは、多くの企業が海外に進出するようになった1960年代に始まり、当初は海外に進出した日本企業が現地法人などの社員を日本に招いて関連技術・技能を修得させたことが始まりであった。その後、海外進出をしていない中小企業においても外国人研修生受け入れが許可されるようになり、研修により一定水準以上の技術を修得した外国人について研修終了後、雇用契約のもとでの「技能実習」が許されたことで最長3年までの日本滞在が可能になった。2004年に「研修」の在留資格で日本に滞在した外国人の数は、75,359人、技能実習への移行者数は約26,000人であった。外国人研修生制度は人材不足に悩む日本の中小企業にとって重要な人材確保の手段となっているのが現状である。

人材交流移動の自由化による経済効果

　国境を越えた人材移動の背景には、強い経済的要因がある。貧しい国と豊かな国との間には、賃金レベル、失業率や不完全就業率、平均寿命などさまざまな面でたいへん大きな開きがあり、より良い生活、より良い経済機会を求めて国境を越えて移動する人々の選択はきわめて合理的なものである。その一方で、日本を始め多くの先進諸国で進む少子高齢化、労働力不足によって、外国人労働者がこれらの国々の経済発展のために果たしうる役割は大きい。

　人材が広く国境を越えて移動することによる経済的メリットは大きい。まず、送り出す側にとって、海外労働によって得られる所得は、海外送金という形で出身国に還流する。2005年に開発途上国が受け入れた海外送金の総額は約1,670億ドルと推定されており、この数字はそれまでの5年間に倍増している。その上、データに現れないインフォーマルな送金をあわせると、海外送金の総額はさらに50％ほども増えると言われている。海外送金が、送金を受け取る側の国において貧困の割合（Head count ratio）とその程度（Severity）の両方を緩和することに大きく貢献することが実証研究によって示されている。海外送金による貧困へのインパクトを計量的に測定することは簡単ではないが、例えばこれまでの家計調査データの分析によると、海外送金によって貧困の割合（Head Count Ratio）がウガンダで11％、バングラデシュで6％削減されたという報告がある。世界銀行によるシミュレーションでも、海外送金の増加は貧困の割合を減らすという結果が導かれている。（World Bank, *Global Economic Prospects 2006: Economic Implications of Remittances and Migration,* 2006）

　人材が国境を越えて移動することによる海外送金以外の経済効果としては、労働人口構成の変化が考えられるが、海外に移動する人材の割合は送り出し国の労働人口に比べて小さいため、

特に非熟練労働者については、その影響は小さいと考えられる。一方、熟練労働者や高い技術を持った人材の移動においては、生産性の停滞、公的サービスの質の低下、人的資本への投資収益の損失、技術サービス価格の上昇など、いわゆる頭脳流出によるマイナスの影響も否定できない。しかし同時に、高いレベルの技術者の海外への移動は、移動先から資本、技術、情報、人脈などを出身国に伝達するために大きな役割を果たし、海外送金という直接の形以外でも出身国の経済発展に貢献する可能性は高い。

　一方、受け入れる側の国にとっても、人材移動には大きな経済効果がある。まず労働力不足の解消によって資本収益が拡大し、生産コストは低下する。先の世界銀行のシミュレーションでは、途上国からの人材の流入によって先進国の労働力が3％増加したと仮定した場合、先進国の国民総所得は0.4％増加するという結果となっている。また、例えば乳幼児や老齢者の世話をする人材が増えることによって、女性の労働市場への参入が進み、労働力人口が増加することも考えられよう。受入国において海外からの人材流入によって最も直接の影響を受けるのは外国からの人材と競合する立場にある労働者であるが、多くの計量分析では、賃金レベルの低下、失業などの負の影響の大きさは小さいことが示されている。流入する人材が技術レベルなどの点で現地労働者と完全に代替的でない限り、受入国の現地労働者の賃金への影響は小さいというシミュレーションの結果も報告されている。

日本にとっての人材交流移動──東アジア共同体へ向けての政策課題

　このように、受け入れる側と送り出す側の両方にとっての利益を合わせて考えると、人材移動によってアジア地域全体に生み出される経済価値はたいへん大きなものとなるはずである。

東アジア地域において貿易や投資だけではなく人の移動も自由化された場合には、東アジア地域の労働市場がひとつになるということであり、域内の人的資本がより効率的に利用され、より高い付加価値を生み出すことにつながる。東アジア共同体を「制度設計する」という観点からは、地域内各国における人材育成や人材移動のパターンについてそれぞれの産業構造を反映した「プラン」を提案することが期待されるのかもしれないが、それ以前に必要なのは労働市場の規制をできるだけ取り除き、人の移動を自由化する努力である。より良い経済機会を求めようとする人々の自然な動きを押しとどめようとして大きな制限が加えられる結果、法的な枠組みの外でその目的を達成しようとする不法外国人労働者が急増している。彼らは移動した先の労働市場で搾取や虐待を受けたり、仲介者へ莫大な手数料を支払ったりと大きなコストを背負うことになる。また、受入国側にとっても、人材の流れを把握して適切に管理することがますます難しくなる。明らかな労働需要が存在するところに移動の制限を強化することは不法外国人労働者の減少にはつながらず、彼らをより危険な移動手段へと追いやるだけである。人道的立場からも、規制の強化ではなく、管理された受け入れを進めるべきである。

　こうした人材移動を拡大させるために実現可能な施策として、時間的な制限を設けた外国人労働者受け入れプログラム（ゲストワーカープログラム）が考えられる。プログラムには、受入国での就労期間が終了した時点で自国に帰国するためのインセンティブを組み込むようにする。外国に就労機会を求めて移動する人々の多くは出身国とのつながりを保ち、いずれ自分の国に帰ることを望んでいる。合法的な出稼ぎが容易にできるようなシステムがあれば、受入国側の需要に応じてコントロールされた人材移動が可能となるはずである。受入国にとっては、永住する移民を減らすことで短期的な外国人労働者受け入れに対

する社会的な反発を減らすことができる。ゲストワーカープログラムに参加する労働者は雇用を保証された一時的な移動者なので家族を同伴することが少なく、受入国にとっては社会サービスに必要なコストも節約できる。また、労働市場の需要に応じて受け入れ人数を管理できるので、自国の非熟練労働者に対する影響が少ないこともこうしたプログラムの長所である。しかしゲストワーカーは短期間で帰国してしまうので、受け入れ側の企業にとってはトレーニングのコストは高い。一方、送り出し国側にとっては、こうしたプログラムは将来の海外送金の流入を長期的に保証するものではないという短所があるが、非熟練労働者の海外での労働機会を拡大するためには、現時点ではこうしたプログラムが唯一実現可能なものだろう。海外に移動する人材の虐待や搾取を防ぎ、彼らの利益を守ることができるという点も考えれば、こうしたプログラムは日本においても積極的に検討されてよい。その際、ドイツ、シンガポール、香港などで実施されてきた同様のプログラムの例を参考にすることができる。

　現在の日本政府の外国人労働者受け入れの基本方針は「専門的、技術的分野の外国人は積極的に受け入れ、単純労働者については慎重に」である。しかし明らかな需要があるのならば、単純労働者も受け入れていくような発想の転換が必要である。障壁を設けて不法労働者を増やすのではなく、管理されたプログラムの中で、外国人労働者の人権を守りながら、日本の社会や経済が必要とする人材を広く地域の市場から受け入れることは理にかなっている。受け入れ体制の整備としては、外国人労働者を社会保険制度に組み入れること、教育、医療、地方自治体サービスなどにおける外国人に開かれた社会サービスの提供などが必要であることに加えて、日本の社会自体がより開かれたものとなる必要がある。国境を越えた人材の移動はこれからも必ず続き、さらに拡大していく。東アジア地域においても、

人材交流移動はわれわれの社会・経済構造の一部として存在し続けるのであって、特に人材を受け入れる側の豊かな国では、「発想の転換」が必要である。「発想の転換」が遅れれば遅れるほど、その代償となる人間のコストは大きい。開かれた労働市場を作ることは大切な国際貢献であり、また自国をも利するものであることをわれわれは理解しなければならない。

30　東アジア中間層の3つの役割

鳥居　高

東アジアの中間層はどう論じられてきたか？

　今から、10年ほど前にインドネシア研究者であるロビンソンらの手による『アジアにおける新しい富裕層（The New Rich in Asia）』という本がラウトリッジ社から刊行された。表紙には同書のサブタイトル「携帯電話、マクドナルド、中間層の革命」を反映し、カジュアルな服装のビジネスパーソンが携帯電話で話している姿が写しだされている。タイトルに「アジア」を掲げながら、その装いには従来のようにアジアという言葉と連れ添って使われた民族色も宗教色もなく、またアジアと非アジアという違いもない「普遍的な存在」としての中間想像を読み取ることができる。

　他方、東アジアの新中間層は社会変動の積極的な担い手としても論じられてきた。時期的には若干差異があるものの、1980年代後半から90年代前半にかけて東アジアの一部の国々（韓国、台湾、フィリピン、インドネシア）で起きた「民主化運動」の担い手として、都市中間層が国内外で注目され、その役割について様々な議論を呼んだ。多くの議論は——期待をも込めて——民主化の担い手としての中間層を論じた、といって差し支えないであろう。そこには①権威主義体制の下での高度経済成長、②その結果として生じた社会階層の変動、特に都市中間層の台頭、③そして政治変動の発生、特に民主化の動きという論理が展開されていた。その論理展開は50年代から60年代の「近代化論」のリバイバルのような状況であった。

このように東アジアの中間層、より狭くいえば都市中間層は、経済のグローバル化や高度成長の達成、また高等教育の浸透などにより台頭して「普遍的な」存在として、また「民主化の担い手」という2つの異なった性格付けから論じられてきたといえよう。

　では、アジアで現象として顕在化した中間層の台頭は、「アジア共同体」という文脈においてはどのような意味を持つのであろうか。まず、東アジアの中間層の現状と特徴を整理した上で、彼らが果たしうる可能性について考えてみることにする。

東アジアの中間層の現状――誰が中間層か？

　東アジアの中間層を論じるにあたって、大きな争点となるのが、「誰が」中間層であり、「どうやって」測るのか、という問題であろう。職業分類ならびに従業上の地位、所得水準あるいは耐久消費財の保有状況などから見たライフスタイルなども重要な指標と考えられよう。特に、「東アジア」中間層という冠言葉をつける以上、そこには何らかの「特質」――換言すれば非アジア社会の中間層との異同――が求められよう。このように中間層の定義は「アジア」中間層の特質に関わる問題へと直結するからである。

　しかしながら、実際に東アジア諸国の中間層の比較研究を進めると、この作業がきわめて難しいことがわかる。筆者も参加したアジア経済研究所の「中間層研究会」では、職業からの階層で範囲を区切り、「経営・管理職」、「専門・技術職」、「事務職」に加えて、ホワイトカラーの販売、一部サービス業の職業従事者を「中間層」と捉えることでより実態に近づくものであると考えた（詳細は、服部民夫・船津鶴代・鳥居高『アジア中間層の生成と特質』アジア経済研究所、2002年）。

　ただし、本小論では紙幅の関係上、データに基づいて論じる際には新中間層に限定してみていくことにする。ただし、ここ

で強調すべき点はアジアの中間層を論じる際に、個人サービス業などに従事する俸給生活者や小規模自営業者層などを含めて考える必要がある点である。言うなれば、東アジアの中間層は、「曖昧な中間層」といった方がその実態に近い。その背景には、農村部と都市部との紐帯が強いアジア諸国の特質が深く関係している。

1997年のアジア通貨・経済危機以前の利用可能なデータに基づけば、主な東アジア諸国の新中間層を見ると（シンガポールを除き、いずれも95年）、シンガポールが第1次産業部門を持たないという特異な経済構造を強く反映し、圧倒的に高く54％、次いで韓国では29％（対総就業者人口）を占め、香港46％、さらに、東南アジアではマレーシアが23％（同）、タイが12％（同）などとなっている。

東アジア中間層の大きな特徴

では、東アジア中間層の特徴は何か、という問いに対し、3つの特徴が指摘できよう。

まず、第1にそもそもこれらの中間層は1980年代後半以降顕在化した存在であることから、階層としての厚み、また中間層が他の階層と区別される価値観や意識などに明確な差が見られない。ましてや階層の再生産という状況ではない。

第2に、東アジア諸国の多くは、多民族社会からなり、階層としての横の繋がりよりも宗教や言語などの「縦」の繋がり——言葉を替えていえばエスニシティーに基づく関係が強い。この結果、中間層に含まれる人々の行動や価値観には「縦の繋がり」がより影響する姿が見えてくる。島嶼部東南アジア諸国の場合——イスラーム圏——、都市部においてムスリムが「穏やかな形で」イスラーム化傾向を強めている。特に9.11事件以降、各国政府がテロリズムや「危険なイスラーム」と一線を画す立場を取ることから、この傾向は強まりつつある。そこには

階層としての繋がりよりも、宗教を核にした繋がりの強さが出ている。

　第3に、東アジア諸国の中間層の創出のメカニズムに大きな共通性を見いだすことができる。彼らは、一義的には持続的な高度経済成長とその過程で生じた産業構造変化を大きな要因として発生してきたといえる。加えて、この間の国内のみならず海外留学も含めた高等教育の量的な拡大もその大きな要因としてあげられよう。しかし、もう1点注目すべきは、中間層創出における国家の関与であろう。確かに、韓国のように公的セクターによる雇用ではなく、民間セクターの拡大によって中間層の形成を見た国もある。しかし、国家主導の経済開発政策を採用した国々おいては、公企業をはじめ公的セクターの拡大に伴い、その「被用者」として中間層が創出されたという特徴を持つことである。また、マレーシアやシンガポールのように国家が多民族社会の「安定装置」として中間層を政策的に創出した、という事例もある。このように創出された中間層には、国家や現体制への依存、支持表明という政治的傾向が強く見られ、民主化の担い手としての側面を持っていない。

　これらの特徴から見えてくる現在の東アジア中間層の特徴は、階層としての厚みがあり、階層間において明らかな境界や地位の差がある、あるいは再生産されつつある横の繋がりを持った社会階層ではなく、一定の同一職業に就く社会集団、といった方が実態に近いのではないだろうか。言葉を換えていえば、"生産途上の中間層"とでも呼ぶことができよう。

東アジアの中間層と共同体

　では、アジアの生産途上の中間層は「アジア共同体」の構築とどのように結びつくのであろうか。筆者はアジア、特に東南アジアを中心に起きていることから3つの紐帯を取り上げてみたい。

まず、消費者としての中間層の拡大であり、そのことは結果として消費者共同体の形成である。一定の職業に就き、その職業に裏打ちされた「消費者」がアジア各国に顕著に出現していることは否定することはできない。そのことは、耐久財や日用品などの消費財メーカーの戦略やコンビニエンスストアのアジア展開によってさらに実体化されたものになっている。「アジア」という1つの市場としての企業の戦略とそれに呼応する「消費者」の集まりとしての共同体という姿である。

　ただし、このことはあくまでも消費者と企業展開という枠組みに支えられてものであって、「東アジア」共同体というものに直接的に結びつくものではない。なぜならば、マニュアル化されたコンビニエンスストアの運営は、アジアに限定されたものではない。また、「アジア市場」に限定されたアジア市場向け消費財も存在するが、これらは必ずしもアジア市場に限定されたものではないからだ。

　次に、都市中間層がポピュラー文化あるいは都市文化の共有化、文化共有者としての側面を持っていることを見ておこう。テレビ、ビデオデッキはいうまでもなく、さらにはパソコンに代表される耐久消費財の普及は、VCDのみならずDVDさえも交えたソフトの多様化と量的拡大を必要とする。東南アジアに限定していえば、それを支えているのがここ数年の韓国、ならびに中国（含む香港、台湾）文化とそれに関する番組や情報の浸透である。これらを通じて、ライフスタイル、価値観などが映像などを通じて共有化されていくことになるであろう。もっとも、そこで共有されるライフスタイルや価値観は、アメリカ的なもの、中国的なもの、さらにはイスラーム的なものが混じり合った——まさしく、アジア社会そのものを体現化した——内容である。

　最後に筆者が最も重要と考えるのが、アジア地域における高等教育のボーダーレス化であり、その結果としてのネットワー

ク化である。現在、東南アジアを中心にして民間高等教育機関の増加が急速に進行しつつある。日本や東アジア諸国の例を挙げるまでもなく、階層変動における高等教育機会の配分はきわめて重要な意味を持つ。この点について少し詳しく見ておこう。

1980年代半ば以降、オーストラリアなど英語圏先進国の大学による積極的な海外展開は、アジア諸国における大学教育の大きな変化をもたらしている。例えば、マレーシアにおけるトゥイン・プログラム制度の導入である。国内での2年＋本校での1年プログラム（2＋1）を皮切りに、本校への留学を一切必要としないプログラム（3＋0）などが展開されている。これは、第1に国内における高等教育機会の大幅な拡大を意味した。第2には、その実施機関としての民間高等教育機関の急増を意味する。現在こうした機関が、東南アジアのみならず、中国にもまた学生「市場」を求める動きを示している。東南アジアを超え、中国などへも広がる「高等教育」のネットワーク化である。こうした高等教育機関の域内での展開は、その産物として人材の域内での共有化へとつながることを意味する。

東南アジアの人々自身が「東南アジア」という言葉を自らの組織を呼んだのが1967年の東南アジア諸国連合（Association of Southeast Asian Nations：ASEAN）の成立である。それから約30年の年月をかけて、ASEANは文字通り、地域概念としての東南アジア10カ国を含むとなった。この歴史的事実を顧みたとき、今後消費者、都市文化の共有、再生産の仕組みとしての高等教育のネットワーク化という3つ「中間層」のチャネルを通じて、共同体的紐帯をはぐくむ可能性を孕んでいると考えられる。

31 自治体ネットワークの役割

佐渡友 哲

都市／自治体の共通課題

　最近の報道によれば、中国、韓国、ロシアなどが発生源と見られる漂着ゴミが、日本海沿岸を中心に急増しているという。ゴミはポリ容器などプラスチック類が多いが、東北から九州の沿岸にかけて、中国語表記がある医療廃棄物が多数打ち寄せられて、漁業に悪い影響を及ぼす被害も指摘されている。廃棄物処理法では、海岸のゴミを処理する責任は自治体にあるとされているが、自治体の財政負担は重くなっている。日本政府は、全国の被害実態を詳細に調査するとともに、自治体の処理費用の一部を助成する方針を打ち出し、中・韓・ロなどと共同で発生源のゴミ減らし対策を検討することにした。

　環境問題が国境を超えた課題となっていることは、いまさら指摘するまでもない。「ナホトカ号事件」（1997年1月）を持ち出すまでもなく、日本海のような半閉鎖水域では、あたかも湖の周りに各国の都市／自治体が運命共同体のような様相を呈しているのだ。日本海と黄海の海洋保全を目指して国連環境計画（UNDP）が提唱して北西太平洋地域海行動計画（NOWPAP）が誕生し、2003年には、NOWPAPの本部事務局が、富山市と釜山に共同設置された（http://www.nowpap.org/; www.npec.or.jp/）。このように、環境問題では、国連や政府間の合意とともに、「生活圏」として最も影響を受ける都市／自治体のネットワークが注目されることになる。

　本稿では、特に北東アジアにおける自治体の機能的な連携と

住民のアイデンティティ、そして国境を超える意識の形成という視点から、地域共同体について分析してみたい。なぜなら国境を超える地域共同体の形成には、国家（政府）が上から政策として押し付けるものではなく、地域住民が共通のアイデンティティを作り上げて行くプロセスに注目する方がより現実的であるからである。EUの形成において、国家の枠を超えた国際的な地域間交流が盛んになり、国境を接する地域でユーロリージョン（Euroregion）と呼ばれるサブリージョン（下位地域）が出現した。ここには都市／自治体が主体となった環境、観光、地域開発などの機能的な連携が展開されている。日本海をめぐる環境や経済の交流もサブリージョンの形成として捉えてよいであろう。東アジアや北東アジアをリージョン（地域）としたサブリージョンのことである。ここではサブリージョンと自治体ネットワークの視点から、地域共同体を考察することになる。

地域アイデンティティの形成

北東アジアのサブリージョナリズムは、日本海沿岸地域における「環日本海交流運動」ともいえる推進力によるところが多い。それは1990年代の国際的環境の変化を基礎としている。すなわち、①冷戦の終結、②ロシアの中央集権能力の低下、③ロシアと中国における市場経済への移行化、④韓国・中国間の国交樹立、⑤図們江（朝鮮名は豆満江）地域の開発、などである。こうした時代の変化に呼応するように、日本海沿岸の住民たちが、これまでの辺境意識からの脱皮と新しいアイデンティティの確立へ向けて動き出したのである。筆者の観測によると、次のような期待が寄せられているようだった。すなわち、①対岸へ向けての「地域の国際化」と民際交流への期待、②中・小規模の企業にとっての国際経済活動参加への期待、③自治体相互間の国境を超える交流とネットワーク形成への期待、④物流・人流インフラの整備・拡充による地域住民生活の利便性向上へ

の期待、⑤新しい生活圏としての環日本海地域（北東アジア地域）の将来への期待、⑥ひとつの生態系としての日本海環境圏への注目、などである。

　これらは生活の場としてのローカル（現場・地域）における人々のアイデンティティが新たに変容していることを現している。私たちは日常、国家よりローカルに強いアイデンティティを感じるものである。そして、ローカルが国際的に開かれればそこに新しいアイデンティティが誕生する。ローカルが国境を超えることによって、経済や環境などを課題に機能的な交流が生まれる。また自治体が他の自治体と連携を結ぶことにより、ローカル同士のお付き合いに「お墨付き」が得られる。こうした交流と連携の集積により、国境を超えた新たなアイデンティティが作られるとともに、新しいリージョンを形成しようとするリージョナリズム（地域主義）の動きが見られるようになる。ローカルが主体となって、新しい生活空間を創造しようという運動は「ローカル・イニシアティヴ」（薮野裕三）といわれるようになったが、この運動はリージョナリズムをも推進する。北東アジアにおいては、国家間の公式な協力関係もなく、国家間による共同体構想などはまだ現実的ではない。この地域では国家の責任はあいまいにされてしまっているのである。

アジアにおける都市間ネットワーク

　ところで、アジアのローカル／都市が、環境対策、産業振興、都市基盤整備などの共通の課題に取り組むために、すでに国際的なネットワークが2つ形成されている。ひとつは「アジア大都市ネットワーク21（ANMC21）」、他のひとつは「アジア太平洋都市間協力ネットワーク（CITYNET）」である。ANMC21は、2000年8月に東京都、ソウル特別市、クアラルンプール市、デリー準州の共同提唱4都市首脳会議がクアラルンプールで開催され、環境、都市問題、芸術・文化及び観光の振興、保健衛生

などの分野で協力して事業を展開する、という「共同宣言」を採択して誕生した。この首脳会議では、共同提唱4都市の他、北京市、バンコク市、ハノイ特別市、香港特別行政区、ジャカルタ特別市、マニラ首都圏、シンガポール国、台北市、ヤンゴン市など9都市に参加を呼びかけることが決められた。北東アジア、東南アジア、南アジアにある13の大都市のネットワークである（http://www.anmc21.com; www.koho.metro.tokyo.jp; www.clair.or.jp）。01年に東京で第1回総会が開かれて以来、02年デリー、03年ハノイ、04年ジャカルタと毎年総会が開かれているが、第5回総会開催予定であった北京市が05年8月に脱退したため、この年は東京にて臨時会議を開催した。

CITYNETは、アジア太平洋地域の都市・団体が相互協力により都市問題の解決や技術移転の促進をめざす国際組織で、1987年に名古屋市で開催された第2回アジア太平洋都市会議（ESCAPと名古屋市の主催）において設立された。89年に上海で行われた第1回CITYNET大会にて「シティネット憲章」が採択されて20都市・8団体が会員となり、横浜市長が初代会長に選出された。全会員の参加による総会が4年に1度、9都市3団体及び事務局設置都市の会員からなる実行委員会は毎年開かれる。現在の会員数は、21カ国・地域にまたがり、63都市36団体で、会長は横浜市、事務局も横浜にある（CITYNET事務局資料：http://www.citynet-ap.org/）。会員都市としては、遠くリヨン（フランス）やエスファハン（イラン）も入っているが、北東アジアではソウル、インチョン、スーオン（韓国）、上海、武漢、南京、南昌（中国）、台北、高雄、台中（台湾）、モンゴルと横浜、その他東南アジア7カ国の24都市、南アジア5カ国25都市、そしてフィジー、オーストラリア（1団体のみ）が含まれる。

CITYNETの特徴は、①大都市だけではなく中規模都市も含んでいる、②都市ばかりではなく研究機関、行政機関、NGO

なども会員になれる、③発展途上国の都市間での技術協力活動に実績がある、④設立時より国連アジア太平洋経済社会委員会（UNESCAP）の支援を受け、国連経済社会理事会（ECOSOC）の「特殊諮問資格」を有している、などである。CITYNETは、都市だけではなく地域のNGOやコミュニティ組織（CBO）を巻き込んでいるということでは草の根的ではあるが、会員都市の地域が広すぎる。それに日本の会員都市は横浜市のみで、国内で「面」としての広がりをもたない。

　一方、ANMC21も北東アジアとASEAN諸国を取り込んでいるが、大都市に限られ1国1都市の参加である。日本からの参加は東京1都市のみである。また、北京市が脱退したことで台北市、あるいは台湾問題という「政治」が表に出てしまっている。ANMC21の構築により「アジアの新しいアイデンティティが必ずできると思う」（石原東京都知事）という主張も、国家間関係の狭間で目立たなくなってしまう感がある。次に「面」を意識した北東アジア地域の自治体ネットワークを考えてみよう。

北東アジアの自治体ネットワーク

　世界で最初の国境を超えた自治体間姉妹提携は、1893年のスイスのベルン市と米国のニューベルン市との間で締結されたといわれている。日本では、1955年12月に長崎市と米国セントポール市の間で姉妹提携が結ばれて以来、70年代は「日本の国際化」の掛け声の中で韓国、中国、ソ連、フィリピン、フランス、ドイツ、南米などの自治体へ、80年代は「地域の国際化」の盛り上がりの中で、台湾、インドネシア、オーストラリア、ニュージーランドなどへの自治体へと提携先が広がり、当時の自治省が「自治体国際協力元年」を提唱した95年には、世界的広がりの中で提携数が1,000件を超えた。今日では、日本における海外自治体との提携数は1,522件（2005年3月31日現在）に

達している（財団法人自治体国際化協会『日本の姉妹自治体一覧2005』）。さらに、こうした自治体間を結ぶ「線」の関係は、特に北東アジアでは「面」の関係へ、すなわち自治体同士のネットワークへと発展した。

　北東アジアにおける国境を超えた自治体間の「面」の交流は、冷戦時代から始まっていた。日ソ沿岸市長会議が開始されたのは、1970年であった。「日ロ」と名称を変えた今日でも、極東ロシアと日本の沿岸都市から30人以上の市長が２年に１回集まっている。そこでの最近の課題は、経済協力、文化交流、環境問題、観光など幅が広くなった。また、県レベルでの国境を超える自治体ネットワークとしては、96年に創設された「北東アジア地域自治体連合（NEAR）」がある。これは、中国、韓国、ロシア、日本、それぞれの省・道・州・県などのレベルによる自治体間の交流・協力ネットワークを形成し、信頼関係を構築してこの地域の全体的な発展と国際平和に寄与すること、を目的に設立された。98年10月に富山県富山市で開催された第２回総会からはモンゴルも参加することになり、2002年９月にハバロフスク地方で開催された第４回総会では初めて北朝鮮の自治体が加わり、６カ国29自治体が参加した文字通り北東アジアで最大規模の自治体ネットワークとなった（http://www.pref.shimane.jp/section/kokusai/NEAR/j/m05.html）。

　NEARは、1993年から毎年開催されている北東アジア地域自治体会議が母体となっている。96年９月に韓国・慶尚北道で開かれた同会議（第１回NEAR総会）にて、「慶尚北道宣言」と「NEAR憲章」が採択されてNEARは始まった。総会は隔年開催され、総会開催自治体の首長が議長を務めることになっている。分科委員会には、①経済・通商、②文化交流、③環境、④防災、⑤一般交流、⑥国境協力、の６つが置かれ、それぞれ毎年のように各地で開催されている。例えば、第４回環境分科委員会（2002年）では、廃棄物処理問題についての各自治体の報

告が行なわれたほか、日本海沿岸の海岸の埋没・漂着物調査など４つのプロジェクトの実施が決められた（大津浩「「北東アジア地域自治体連合」に見る自治体の国際組織作りの現状と可能性」『法学セミナー』No. 525, 1998年；中山賢司「東北アジアの内発的秩序形成──「東北アジア地域自治体連合」の分析を中心に」『予防外交としての環海洋越境広域経営の研究』早稲田大学、2005年）。

まとめと展望

　自治体ネットワークが地域共同体の形成にどのような貢献や役割があるのかについては，まだ明確な回答はできない。これまで述べてきたように、大都市であれ市・県レベルの自治体であれ、それぞれ環境や基盤整備、地域開発、防災など共通の都市問題を抱えている。都市／自治体間の協力は、国家間協力より遥かに「生活圏」に近く、効果的である。自治体の機能的な交流・協力が、経済、文化に及び、人々の国境を超えた交流を促進させるであろう。かつて「互いに経済的メリットがなければ自治体の姉妹提携関係は長続きしない」といわれたことがあったし、今でもそのように考える人は多い。しかし今日、総会あるいは他の会議、委員会に１度でも参加したことがある自治体数が45（中国７、韓国10、ロシア11、日本13、モンゴル２、北朝鮮２）にもなる NEAR のような自治体協力ネットワークにとって、経済的メリットは一義的ではないだろう。NEAR に見られるような交流・協力が地域住民の国境を超える意識の形成、あるいは共通のアイデンティティの形成に向かうかもしれない。こうした傾向は、地域共同体形成の基本となるリージョナリズムを生み出すであろう。

　そのための展望として以下の４点について提案したい。第１に、ANMC21や CITYNET をより国際地域に根ざしたものにするためには、日本国内でもっと会員都市を増やす必要がある。特に、各国から大都市（首都）だけがメンバーになっている前

者では、どうしてもナショナリズムや「政治」が顔を出してしまうからである。第2に、NEARにおける日本側の正式な会員は、青森県、山形県、新潟県、富山県、石川県、福井県、京都府、兵庫県、鳥取県、島根県の10自治体で、すべて日本海側に位置しているが、北東アジアという「面」の広がりをもたせるためには、太平洋側の会員を増やす必要がある。第3に、自治体ネットワークでも自治体間姉妹提携であっても、行政間の活動だけではなく、商工会議所など経済団体、学校／大学などの教育機関、研究機関、芸術団体、市民団体など多様な交流を実現する必要がある。かつて、いわゆる教科書問題のために日韓の間で姉妹都市交流の行事予定の多くが停止されたことがあったが、長い間、教師と学校とがお互い顔の見える交流を続けていた高校の日韓生徒交流事業は実行されたことがあった。姉妹都市も自治体ネットワークも、行政に任せているだけではいけないのである。

　最後に、共通の地域アイデンティティ形成のためには、情報と課題の共有が不可欠であるということを指摘しなければならない。今日、都市／自治体のネットワークでは共通の課題が議論されているが、その議論や関心事を住民レベルまで広げるためには、地域のメディアが重要な役割を果たす。青森県から島根県までの日本海に面する11府県と、有力地方紙10社、そして各府県商工会議所連合会が協力し「北東アジア交流海道2,000キロ実行委員会」を構成している。実行委員会では、有力地方紙での共通特集記事掲載、各地でのシンポジウム開催などを実施し、日本海側の地域アイデンティティを形成しようとしている。こうした地域連携と国境を超える自治体ネットワークが、北東アジア地域の新しいアイデンティティ構築を促進するだろう。そこでは、外交や領土などの主権問題とは無縁の空間が成り立つことが望ましい。

32 越境する民族と東アジア統合
東南アジアの場合

小野澤正喜

　1980年代末に始まった経済のグローバル化の中で、日本を含む東アジアと東南アジア地域は大きく統合されつつある。日本を中心とした経済の軸から観察すればこの動きは85年のプラザ合意に始まる20年間の経済的再編の波動であり、生産基地としての日本と極東地域が換骨奪胎されて東南アジアと中国を巻き込んだ地域経済ブロックを形成したということもできる。「ASEAN＋3」または「東アジア共同体」が問題となり、その中で広域経済圏の一部として論じられることの多い東南アジア地域であるが、視点を変えて考察すれば東南アジア地域は各国固有の歴史的な経緯の中で現在のグローバル化に至っていることを指摘することができる。

　本稿では、ベトナム戦争後の難民を起点にして形成された海外の民族コミュニティと、1970年代以後のアメリカ等の移民政策の変化に対応した東南アジア世界のグローバル化の中で形成された海外民族コミュニティの2つが現在の東南アジア経済の活性化に大きな役割を果たしており、今後の東アジア共同体の統合においても固有のアクターとして存在していることを示したいと思う。

還流するアジアからの難民

　1975年のサイゴン陥落から中越戦争をはさんで80年代に至る間に、インドシナ3国からアメリカ合衆国、カナダ、ヨーロッパ諸国およびオーストラリア、ニュージーランドに難民の移住

がみられ、30年を経た現在、各国にアジア系エスニック集団としての地歩を確立している。当初、厳しい政治的イデオロギー上の対立から彼らの東南アジアの政治や経済へのコミットメントは限られていた。しかし80年代後半以来、ベトナム政府のドイモイ政策の新展開等の中で事態は急変している。既にアメリカ、ヨーロッパ、オセアニアで経済的な地歩を築いたアジア系の本国への関与が相次いでいる。この場合、単純な帰還とは言えず、それぞれの海外エスニック集団の足場は確保しつつ、本国および東アジア経済圏をめざした活動がくりひろげられている。

　こうしたインドシナ難民系の動きを、アメリカ合衆国について見ていこう。

　インドシナ3国からの難民・移民の受入れは1975年から86年までの実績でベトナム系39万284人、ラオス系12万5,889人、カンボジア系8万9,975人　計60万6,148人となっており、この数は75年以後のアジア移民の20％を越えている。この殆んどは難民枠によるものになっている。75～79年のポルポト政権下のカンボジアからは、タイの難民キャンプを経由したルートでの渡航が見られた。アメリカへの定着後、帰化が順調に進んだことから、80年代以後は親族呼び寄せのチャンネルを通した移民の波が記録されている。

　インドシナ難民は、当初アメリカ50州ができるだけ均等に負担する趣旨で、多くの州に分散されたが、定着の直後から2次的な移住が始まり、雇用と教育の機会と生活上の便宜を求めて、州境を越えた移動が行なわれいる。また、同じインドシナ系といっても3国で言語、文化伝統が全く違っており、共通の行動は殆どとっていない。更に、ベトナム系の中は、以下のように複雑に分岐していた。

①サイゴン陥落の直後に、アメリカに直行できたのは、アメリカ軍部と強い関係のあったベトナム系軍属、専門職、高級官

僚であり、彼等は学歴も高く、その多くがキリスト教徒（57％）であり外国生活への適応性をもち、また資産の一部を持込むことができた。難民避難所での一時滞在の後、すぐにアメリカ国内での自由な移住が許され、30年を経た現在多くは社会的上昇を遂げている。

　②サイゴン陥落の後１〜２年の間に、タイ、マレーシア、中国国境を越え、難民キャンプ等を経由してアメリカへの移住が許可されたグループ。構成は民族的にも、ベトナム系、中国系が半々位になり、宗教的にも大乗仏教徒の比率が高くなる。彼等の一部はベトナムでは指導的な地位にあり、高学歴者であるが、ほとんどは逃避行の間に資産を失っている。キャンプからの移民許可の段階で選択が行なわれているため、文盲者は少ないが、英語の能力については大きなばらつきがあった。一部はミャオ族等の山地少数民族からなっている。これはベトナム戦争の遂行過程でアメリカ軍が彼らをレンジャー部隊等に組み込み戦闘要員としていたため、数万人単位の難民受入につながっている。言語習得、生活習慣上の適応で最も大きな問題をかかえたグループである。

　③1979年以降の中越戦争の最中、海路または陸路国外逃亡をはかったいわゆる"ボートピープル"。その構成は多様であり、中国系の比率が高くなり、商工業者、農民、官吏、教師等職業的にも多様である。殆んどが無一物でアメリカに渡ってきており、多くの場合親族や友人を逃亡途中で失う等の体験をもっており、精神的な傷害にかかっている場合が多い。

　上記のような、多様な構成をもったベトナム系の多くが、カリフォルニア州等への移住を進め、ロサンゼルス、サンフランシスコ湾岸等の大都市部に集住地域を形成していった。彼らは首都圏中心地域の低廉な住宅の得られる地帯に集住していった。それぞれの属性に応じてカトリック系教会、プロテスタント系教会、禅宗寺院、浄土宗寺院等における宗教活動を進め、各種

文化組織、教育組織をも整備していった。

　国際的な広がりをもった政治的な諸組織の活動も活発で、政治的な立場の違いにより対立が顕在化していて、それが宗教組織の編成にまで影響を与えていた。しかし、いずれもベトナム本国や難民キャンプからの親族呼び寄せへの配慮から政治的な対立は表面化しないよう慎重な行動がとられていた。

　経済的な側面についていえば、ベトナム系が集住している地域は中国系、韓国系等の民族的コミュニティに隣接している。これを通して彼らはアジア系の広域の消費市場や労働市場に密接に関与しながら、その地歩を確保してきた。中国系ベトナム人たちは、独自の民族組織を結成するなどして、華人コミュニティと新参のベトナム人たちの仲介者としての特異な機能を果たしている。また彼らは新参のカンボジア系、ラオス系と華人を中心にしたアジア系コミュニティを繋ぐ媒介者でもある。

　今後の東アジア共同体の展開を考える上で、現在200万人近くの人口を有するインドシナ系アメリカ人のコミュニティの存在の意味するところは大であると思われる。まずアメリカの分節的な消費市場および労働市場において地歩を築いていることからして、アメリカと東アジアの交易関係、とりわけアジア製品の輸入の販路を掌握し、市場のニーズに習熟した集団が形成されていることを含意していると思われる。更に、難民身分で渡航したとはいえ、殆んどが高い教育水準の人々であり、また一部の集団はベトナム等から資産を移転している。ベトナム戦後30年になる現在、彼らはインドシナ系のビジネスマンとして確立している。東アジア共同体とりわけインドシナ地域へのアメリカからの直接投資に中心的なアクターとして参画するのはこの集団をおいてないと考えられる。

「頭脳流出」集団の還流と東アジア共同体の新展開
　以上述べた難民系とは全く別のアジア系の集団が1970年代以

後、アメリカ、カナダ、オセアニア等において台頭している。その数はアメリカ合衆国の例でみると新規移民の４割に達しており、東アジア共同体の今後を考える上で、極めて重要であると思われる。

こうしたアジア系移民の増大についてアメリカ合衆国の例を中心に見ていこう。

アメリカは独立建国後、5,000万人以上の移民を受け入れてきたが、アジア系を積極的に受入れるようになったのは最近30〜40年のことである。中国人を中心としたアジア系の移民を受け入れるようになった19世紀中葉、中国系労働者の流入は、すぐに「黄禍論（yellow peril）」の議論を引起こしながら、日系によって代替されていった。日本人もほどなくして排外主義運動の攻撃目標となり、1920年代には急減し、世界恐慌、太平洋戦争等の激動の中でアジアからの移民は全面的に停止している。第２次大戦後、移民の受入れが再開されるが、ヨーロッパ系移民は激減し、アジアからの移民にとって替わられている。アジア系移民の中心を占めているのはフィリピン系、韓国系、東南アジア系、インド系、香港系等であり、東南アジア系の中ではタイ系がコンスタントな流れを確保している。

こうした第２次大戦後のアジア系移民の増大の背景にはつぎのような要因がある。

①1965年のアメリカの移民法改正以来アジアからの移民が増大している。新移民法の優先規定により、戦前の農民を中心とした移民から、高学歴、高職能の移民に移民集団の構成に大きな変化が生じている。新しい移民は語学的なハンディキャップも少ないことから、第１世代からすみやかな同化の可能性を持っている。

②アジア諸国の経済成長の結果、アメリカを販売市場または生産拠点として位置付け、移民または長期滞在を行なうアジア人の増大につながっている。

東南アジア移民のうちタイからの移住について見ていこう。タイ人のアメリカへの移住は1960年代に遡る。祖国の経済危機や軍事政権を忌避したタイ人知識層の移住、タイ人留学生のアメリカ残留といった頭脳流出的な要因と、在タイ米人軍属の国際結婚による流入という要因によって70年代まで百人台の流入が継続した。75年以後はインドシナ各国からの大量の難民の流入に伴い、タイ系にとっての経済的機会は拡大し、タイ人の移住も増大しその内部構成も多様化している。80年代後半以後は、タイ経済の発展を受けて輸出入の業務のための渡航が増大している。統計上は10万人余りとされているが、各種の推定はいずれも20万人以上のタイ系の存在を示している。カリフォルニア州に３分の１以上の人口が集中し、ニューヨーク、テキサス、イリノイ、フロリダの各州が次いでいる。特にロサンゼルスのハリウッド地域ではタイ人の集住地域を形成している。医師、建築家、技師等も増加しているが多くはタイレストランやアジア系を顧客とする食料品店、旅行業、交易等の自営業者が中心である。仏教徒が殆どを占め、全米各都市に約30の仏教寺院を設立し、定期的な宗教行事、タイ語教育、伝統文化活動の中心になっている。仏教儀礼にはラオス系、カンボジア系の参加も見られ、ラオス系寺院へのタイ僧侶の派遣も見られる。一部地域にキリスト教への改宗者の集住地も見られる。注目されるのはタイ系の約半数は華人系であり、商業活動やロビー活動で中国系との協力関係も見られることである。

　このような形でアメリカに地歩を築いたタイ人は第２、第３世代でアメリカ社会への同化志向を強めているものの、決してタイ本国ないし東南アジア地域との関係を切ってしまっているわけではない。ビジネスのための旅行、家族旅行等の形で日常的にタイ本国の土を踏んでいる。またかれらの一部はタイ社会に還流し、会社や銀行の役員になったり、高級官僚として復帰するケースもよく見受けられる。タイ側からは、留学生の渡航

に加えて、会社や事務所設立等のためタイ社会の第一線のスタッフが切れ目なくアメリカに渡航している。彼らはタイ本国とインターネットや国際電話でリアルタイムで直結した生活をしている。さらに注目されるのは、アメリカのタイ社会がタイ本国の参照枠組としての機能を強めていることである。新製品の開発、新たなプロジェクトの決定等の際、アメリカのタイコミュニティの意見や反応を確認しながら意志決定が行われることも多くなっている。タイのマスコミや芸能界はより直接的な利用をしている。政治、経済、文化に関わる情報を一度、アメリカのタイコミュニティをくぐらせてタイ社会に発信させることにより、増幅された宣伝効果を得る手法が日常的に使われている。

ロサンゼルスのハリウッド地域にタイトレードセンターの設立をめざす計画は各種選挙の度に大きくクローズアップされているが、このタイ・コミュニティは全米のタイ人の国際活動の中心的な機能をになっている。

タイ人がアメリカで形成したコミュニティは、いずれも仏教寺院を持ち文化的アイデンティティ維持のセンターにしている。キリスト教等への改宗はほとんど見られない。タイ本国の僧侶組織本部（サンガ）はアメリカを重要な布教の対象地域とし法の使節（タンマトート）運動とよばれる布教活動を展開している。この運動に関連して位階的にも上位の外国語能力のある僧侶が派遣され、本格的な儀礼と説教が行われている。寺院ではタイ語やタイ伝統文化維持のための活動が行われているが、白人系を含む他民族に対してもきわめて開放的な組織になっている。そのため、タイ仏教行事の場にはタイ人だけに留まらずラオス人、カンボジア人、スリランカ人、ビルマ人といった上座部仏教系の人々の参加が見られる。これは上座部仏教においてはパーリ語という経典の言語が共有され、教義や儀礼の面で国による違いがみられないという事情によっている。タイ寺院に

おける得度儀礼でラオス人やカンボジア人の青年が僧侶になるといったことが頻繁に見られる。現在ではラオス系、カンボジア系共に、本国の僧侶組織（サンガ）が再興したこともあって、全米数十の寺院に自民族の僧侶をもっているが、1990年代の初めまでは得度式等の重要な儀礼をタイ寺院に依存していた。現在でも儀礼の際はお互いに僧侶を招きあっている。特にタイ系とラオス系では言語的な違いが殆どないことからタイ系主導の協力関係が一般的に見られる。アメリカではタイ仏教の改革派の動きも活発である。タンマカイやサンティアソークといった仏教改革運動の側も海外タイ人コミュニティをターゲットにして布教の拠点づくりを進めている。海外タイコミュニティには教育水準の高い中間階層以上の層が多く、宗教の面でも世俗内倫理を強調する改革派に共鳴する者が多くなっている。いずれの動きも、バンコクの本部と海外の支部が密接な連携をとって布教事業が進められている。注目されるのは、海外支部に派遣される者の中から新たな宗教指導者が養成され、また彼らを核に新たな改革の思想運動が構想されていることである。

　以上述べてきたタイ系におけるアメリカ社会への適応、定着過程と同様な動きは他のアジア系民族集団のいずれにおいても観察することができる。東アジア共同体の発展との関連で重要なことは、これらのアジア系人口が「頭脳流出による移住」の段階から「民族的コミュニティの形成」の段階を経て、現在「アジアとの相互交渉」の段階に入っていると考えられることである。アジアの経済発展の中での「頭脳流出のＵターン現象」が指摘されて久しいが、現在では個人としてのＵターンではなく、社会組織として国際的ネットワークの構築に動いていると考えることができる。現在進行中の「頭脳流出集団の還流」と見られる現象は、実際には「還流」ではない。既にアメリカやオーストラリアで市民権を有し、しっかりとホスト社会に内在化している集団の本国への渡航は、帰国ではなく派遣の

形を取っていることが多い。アメリカ等を代表して本国に働きかけを強めている彼らの行為は既に「故郷に錦を飾る」図式をはなれ、国境をまたいだグローバルな視点からの活動になっている。

越境する民族のネットワークと日本の役割

以上、アメリカを中心にインドシナ難民系、頭脳流出系とそれぞれ歴史的脈絡を異にする移民の流れが力強く渡航先で定着し、民族的なコミュニティを構成していることを確認した。それは今後の東アジア共同体の展開にとって二重の意味を持っていると考えられる。まず彼らがアメリカ等の民族的多元主義の展開の中で固有の集団としての存在感を確立していることである。彼らの存在はアメリカ社会の文化的、民族的多元主義に貢献しているだけではない。彼らはアメリカ社会の分節的な市場において地歩を築いているため、アメリカと東アジア共同体の経済関係、とりわけアジア製品の輸入品の販路、市場のニーズのフィードバック等の面で極めて重要な位置を占めているということができる。第2に、既にアメリカの経済界での地歩を占め、ビジネス分野の人材を有する彼らが自ら進んで、ないし媒介項としての機能を果たしつつ今後東アジア共同体へのアメリカからの直接投資に関与していくと考えられることは重要な考慮点になる。今後太平洋を挟んで展開する東アジア共同体とアメリカとの関係の中で、こうしたアジア移民系のネットワークの果たしている役割を認識しない限り事態の正確な把握が難しくなると思われる。その多元性からしてこれを「華僑・華人ネットワーク」と一括りにすることはできない点を強調しておきたい。

さて、アメリカ等の海外コミュニティの形成において19世紀末から20世紀初頭にかけては世界的な展開を見せていた日本は、第2次大戦後の移民史の中では存在感が乏しくなっている。戦

後の移民が僅少に留まる中で、戦前に移住した日系人たちの第2～5世代は現地社会への同化を完了し、可視的な民族的コミュニティは縮小の一途を辿っている。新世代において日本文化への関心の強まりやアジア系としての文化運動の強化は見られるものの、日本やアジアとの間の経済活動に関心を示す者は限られている。

こうした日系民族集団の縮小傾向とは対照的に他のアジア系民族集団は急速に数を増している。古くからチャイナタウンを構成してきた中国系はもとより、急速に数を増やした韓国系、フィリピン系、インド系等アジア系移民集団は、既にアメリカ社会での地歩を確立しているだけでなく、本国における指導的階層の新規移民が中心であることからして本国または他のアジア諸国との関係を維持・発展させることに強い関心を持っている。東アジア共同体との関連でいけば中国系、韓国系が規模的に圧倒的であることからして最も重要であるが、他の東南アジア系、南アジア系についても認識する必要があることは既に述べた通りである。

こうした全般的な構造の中で、戦後の海外民族コミュニティの形成を欠落させている日本としてはどのような貢献が考えられるのであろうか。国際的な民族的コミュニティを欠落させていることは経済・政治の取組みにおいて自民族系のインターフェイス機能の担い手を欠落させていることに繋がっている。勿論東アジア共同体において日本からの直接投資が大きな部分を占めることは自明であるが、その活動を円滑に進めるためにも文化的なインフラストラクチャーの構築は重要であると考えられる。東アジア共同体諸国において民族的な国際ネットワークを効果的に統合させる組織網を構成する作業はその中でも重要な部分を占めると思われる。ここで着目したいのは各民族的ネットワークが言語や文化に固着した閉鎖性を有し、更に歴史的な厳しい経緯を織り込んでいるため「平和的共存」の状態にな

いことである。日本のODA組織をはじめとする諸活動の真価が問われるのはまさにこの分野での貢献であると思われる。様々な確執をかかえたカウンターパート同士が、相対的に個別利害から自由な日本が仲介者として参画していくことによって前向きな展開を見出していくといったことが今後多く見られるようになると思われるし、日本の関係者がそれを首尾よく遂行していくことを期待したい。そうした課題に対処するためにも錯綜している民族的なネットワークを正確に掌握していく必要があると思われる。

33　共通歴史教材をどうつくるのか
歴史認識の共有化のために

大日方純夫

東アジアにおける地域共同体と歴史認識

「歴史認識」、すなわちかつて日本が行った侵略戦争と植民地支配をどう見るかは、日本にとって、東アジア、とくに対中国・対韓国外交の鋭いトゲとなっている。それは「戦後60年」の年、あらためて東アジアに大きな断層を生じさせた。「歴史認識」は、単なる学問・教育レベルの問題ではなく、東アジア外交上の一大問題であり、それは、日本外交のあり方を左右する質をもっている。

他方、地域共同体づくりのうねりは、東アジアでかつてなく高まっている。2005年11月から12月にかけ、アジア太平洋経済協力会議（APEC）首脳会議と、ASEAN＋日中韓3国など16カ国の東アジア首脳会議があいついで開催されたことにそれは象徴的に示されている。しかし、矛盾と混迷を深める日本外交の様は、そこでも強く印象づけられた。

東アジアにおける共同体づくりに際し、日本はいかなる役割を果すことができるのか、果すべきなのか。「歴史認識」問題がその核心部分を占めていることは疑いない。元外交官の谷口誠（元OECD事務次長）は、「日・中・韓の三経済大国の間は、経済の相互依存関係はますます深まりつつあるにもかかわらず、『共同体意識』は一向に育ってこない」として、「歴史認識、教科書、靖国神社参拝等の問題をめぐり、未だに政治的・感情的な溝があり、それが共同体意識の芽生えを阻んでいるのが現状である」と指摘している（『東アジア共同体』岩波新書、2004年）。

こうした状況のなか、2005年5月末から6月はじめ、韓国・日本・中国でほぼ同時に共通の歴史教材が刊行された。『未来をひらく歴史　東アジア三国の近現代史』(高文研)である。これは、「東アジアに平和の共同体をつくるためには、その前提として歴史認識の共有が不可欠」であるとの立場から、「同じ内容の本を三国の言葉」(同書「あとがき」)で同時に刊行したものである。そこでは、「東アジアに生きる市民が、侵略戦争と植民地支配の歴史を事実にもとづいて学び、過去を克服するための対話と討論を重ねること」を通じて、「歴史認識を共有すること」が展望されている。

　皮肉なことに、3国共通の歴史教材が東アジアに誕生した背景には、世紀転換期、日本社会のなかで、歴史認識の共有化に対する逆流現象が顕著になったことがあった。それを象徴するのが、2001年4月の「新しい歴史教科書をつくる会」教科書の登場である。日本社会の右傾化と戦争・植民地支配を肯定する動きに対する危機意識を背景として、日本・中国・韓国3国の研究者・教員・市民の間で、歴史認識についての連続的な対話が開始されることとなった。「歴史認識と東アジアの平和フォーラム」がそれである。第1回は02年3月中国・南京で、第2回は03年2月日本・東京で、第3回は04年8月韓国・ソウルで、第4回は06年1月北京で、それぞれ開催された。

　3国共通の歴史教材『未来をひらく歴史』は、国家レベルの対抗を越え、市民レベル・個人レベルで対話と交流を重ねようとするこうした機運に支えられて誕生した。第1回フォーラムの際、東アジアの子どもたちが歴史認識を共有するために、3国共同で共通の歴史副教材を作成する計画が話し合われ、これにつづいて3国では、歴史副教材を開発・作成するための委員会が組織された。そして、2002年8月以来、国際会議を10回にわたって開催して、刊行に至ったのである。東アジアの歴史上初めての作品は、「歴史認識」の共有と「平和」の実現という、

未来志向型の対話と教材づくりの取組みを通じて生み出された。

近隣諸国との歴史対話と教材づくり

東アジアで共通教材が生まれたちょうどその頃（2005年6月）、南東ヨーロッパのバルカンでも共通の歴史教材が誕生していた。バルカン諸国11カ国を対象とする高校用歴史教材がそれである。この企画は1998年に立ち上げられた「南東欧共同歴史プロジェクト」からスタートし、まず英語版を刊行して、これを地域の10カ国語に翻訳する段取りであるという（『朝日新聞』2006年1月6日付）。いうまでもなくこの地域は、歴史的に紛争が繰返されてきた地域である。柴宜弘（東京大学教授）は、その背後にはEU（欧州連合）加盟をめざすバルカン諸国の動向があると見ている。EUに加盟するためには、地域が共通の認識を持ってまとまっているか否かが問われるからだという。

ヨーロッパにおけるドイツとフランス、ドイツとポーランドの間の教科書改善のための対話と実践はよく知られている（たとえば、近藤孝弘『国際歴史教科書対話』中公新書、1998年）。東アジアでも、こうした取組みに学んで、とくに日韓の間では、歴史教科書に関する対話が様々に重ねられてきている。しかし、2005年春、東（北東）アジアと南東ヨーロッパで、機を一にして実現したのは、こうした2国間の取組みとは異なって、マルチ・レベルの取組みである点、教科書そのものの改善ではなく、具体的な共通教材を作る取り組みである点に大きな特徴がある。

近隣国との歴史対話には、おおよそ3つのパターンがあり得る。第1は、教科書の検討作業であり、対話を通じて教科書そのものの改善をはかろうとする取組みである。第2は、研究レベルで交流をはかる取組みであり、2001年の教科書問題を発端として日韓の政府間の合意をもとにスタートした日韓歴史共同研究もそれにあたる。昨年6月、詳細な「報告書」が発表されたが、そこでは、この取組みを第1のレベル、つまり教科書に

反映させようと主張する韓国側と、あくまで研究レベルにとどめようとする日本側との、思惑の食い違いが顕著であった。そして、第3が、具体的な作品を作って対話のベースをきずき、共通認識をつくるカギにしていこうとする取組みである。

　3つの取組みは、1国だけで議論を完結させることなく、相互に照らし合わることによって、共通部分と差異点を確認していく作業を伴うという点で共通している。こうした対話を通じて、了解された事項を自明の前提とする内向きの議論だけでは見えない事実や論点が立ち現れてくるのである。

　研究レベルでは、日韓・日中の間だけでなく、もちろん日本のなかにも論争や対立がある。研究という作業にとっては、共通項をつくることよりも、むしろ相違点や論争点を明確にしていくことが重要な意味をもつ。しかし、実際の作品は、対立点を強調するだけではできない。相互の共通性の確認が中心的なスタンスとなるのである。東アジア3国と南東ヨーロッパ・バルカンでの取組みは、前述の第3のパターンに属する。

　『未来をひらく歴史』は、もちろん3国共通の教科書ではない。現在、言葉の正確な意味での共通教科書をつくることは、制度上、不可能である。日本では、周知のように、小・中・高校用の教科書となるためには、文部科学省の検定を通過しなければならない。歴史教科書は、中学校「社会」の場合、「歴史」・「地理」・「公民」の各分野1冊のなかのひとつとして存在している。高校の場合は、地歴科のなかの「世界史」（必修）と「日本史」（選択）が歴史関係の科目である。いずれにせよ、学習指導要領と検定という、2つのハードルを越えなければ日本では教科書となることはできない。

　韓国の場合、現在、教科書は一種教科書（「国定」教科書）と二種教科書（検定教科書）に区分されている。小学校はほぼ一種教科書であるが、中学校では『国史』は一種教科書であるものの、地理・世界史・公民分野などを扱う『社会』は二種教科

書となっている。高等学校でも『国史』は一種教科書である。

中国では、1993年以来、検定教科書の本格的な使用がすすんでおり、2001年以後、教科書編纂・検定の地方分権化がはかられている。現在、すべて検定教科書であるが、やはり中国でも検定を通過しなければ教科書にはなり得ない。

したがって、1国を越えた共通の本が正式の教科書となるのは、制度上、現状では不可能に近い。ただし、こうした教科書制度のもとでも、自国史と世界史をつなぐいわば「東アジア史」とでも呼ぶべき共通の教科領域が設定され、それにふさわしい本が作成されて、これが3国それぞれの検定を通過すれば、共通教科書が誕生することは不可能ではない。しかし、その前に越えなければならないハードルがいくつもある。

共通教材の反響と歴史認識共有化への展望

『未来をひらく歴史』は、日本では編集・執筆メンバーの予想を越えて大きな反響を呼び、発売以来7刷を重ねて7万部が発行されたという（2005年末現在）。出版社には丹念に書き込んだ多くの読者カードが寄せられた。関西のある私立高校では、この本を世界史の副教材に使って、生徒たちの歴史認識に大きな刺激を与えるという実践もあらわれた。

韓国では約5万5,000部が販売され、2005年で最も注目された本のひとつとなったという。東アジア共同体に関する議論の高まりのなか、3カ国という点での初めての成果であること、批判を越えて代案を提示したことに、その意義は認められている。この本をめぐる本格的な議論も昨年10、11月から始まっており、東アジアの歴史としては不十分だが、今できる最善のものとの評価だと聞く。中国では約11万部が発行され、やはりベストセラーとなった。大部分が個人注文であることにも読者の興味が示されており、若者から中年まで広い層に受け入れられているという。中国メディアもこの出版に大きな関心を示し、

無視できない本、統一の歴史観を形成するための試みとして注目しているという（以上、2006年1月の北京フォーラムの際の報告による）。

現時点での読者は、日本の場合、やはり市民が圧倒的なようである。韓国でも、読者は教師レベルが中心であり、学校での副教材化が課題だという。いずれにせよ、共通教材を使った学習と対話の実践が今後の大きな課題となっている。

1982年の教科書問題を契機として、同年11月、日本政府は歴史教科書検定基準のなかに、「近隣のアジア諸国との間の近現代の歴史的事象の扱いに国際理解と国際協調の見地から必要な配慮がなされていること」を加えた。いわゆる「近隣諸国条項」である。

1998年10月には日韓首脳が共同宣言に調印し、新たな日韓パートナーシップの構築・発展に向けた共同の作業に参加するよう呼びかけた。その際、日本側は「過去の一時期韓国国民に対し植民地支配により多大の損害と苦痛を与えたという歴史的事実を謙虚に受けとめ、これに対し、痛切な反省と心からのお詫び」の意を表明した。つづいて同年11月、日中首脳は「平和と発展のための友好協力パートナーシップの構築に関する日中共同宣言」に調印した。日本側はその際、「過去の一時期の中国への侵略により中国国民に多大な災難と損害を与えた責任を痛感」して、「深い反省」の意を表明した。

韓国版・中国版それぞれの『未来をひらく歴史』に寄せた日本側委員会のメッセージは、この「日韓共同宣言」「日中共同宣言」のそれぞれの精神を誠実に受けとめて叙述したと述べている。日本政府の国際的な見解表明を踏まえ、相互理解をさらに促進させたいとの意思表明である。国際的な約束の誠実な実践とそのためのイニシアティブの発揮。少なくとも、1998年に日韓間・日中間で相次いでかわされた共同の約束がさらに促進されるならば、東アジアにおいても、歴史認識の溝が克服され

ていくことは疑いない。

　波多野澄雄は、「歴史問題が日中、日韓両関係を揺るがす危険性を極小化するためには、東アジア外交における「市民社会」次元の重視という観点から、市民レベルの交流拡大による「歴史和解プロセス」を着実に進めると同時に、日本のイニシアティブによって極小化のためのメカニズムを作り上げる必要がある」と指摘している（「『歴史和解』への道標」『現代東アジアと日本1　日本の東アジア構想』慶応義塾大学出版会、2004年）。その基礎となるのは、市民レベルの連帯である。2006年1月、北京で開催されたフォーラムの基調報告で歩平（中国社会科学院近代史研究所）は、共通の認識をつくる基礎は歴史事実を共有することだと強調した。共通の歴史事実にもとづいて一緒に歴史教材をつくり、認識の共通部分を広げることによって、相互信頼と理解、国と国の関係の正常化がはかられるというのである。

　最も重要なことは、国境の向こう側の仲間を知ることである。敵対意識をもつのは、基本的に相手を知らないからである。「対話と討論、そして、未来へ向けての連帯」こそが、「自らを豊かにし、新しい歴史の可能性を開いてくれる」（『未来をひらく歴史』「あとがき」）。韓国側執筆者の1人は、「東北アジアにおける平和連帯は、『未来をひらく歴史』という共同の歴史教科書を発行し、より一層、連帯を強化していくための確かな経験を共有することができた。この過程で相互の人間的信頼と感性的紐帯も深めることができた」と書いている（『クレスコ』2005年8月）。バルカンのプロジェクト代表クリスティーナ・クルリ（ギリシャ・ペロポネソス大学教授）が言うように、「他者を批判するよりもまず自分自身に批判的になること」がその出発点である。

　いずれにせよ、『未来をひらく歴史』はゴールではない。ひとつのスタートであり、東アジアの未来をひらく確実な1歩と

するためには、歴史認識力と相互理解力を高めるという、質的な充実化の課題が目前にある。3国レベルを北朝鮮・台湾などを含む文字通り東アジア・レベルに拡大すること、そして、活発化している東南アジアを含む「東アジア共同体」の構築を展望していくことなど、目標との距離はなお遼遠である。しかし、急がねばならない。新たな歴史を東アジアに構築するために──。

34 「歴史和解」への道

波多野澄雄

歴史認識の変容

太平洋戦争の末期の1944年秋、大東亜共栄圏について匿名原稿を依頼された外交評論家・清沢洌は、その日記に次のように記している。「大東亜だけ仕切って、それに重要性をもたせることは僕の論理が許さない。支那、比島、マライ、ジャバ―どこも日本人の徳に少しも服していないではないか。戦争中に剣を以て維持する共栄圏が、戦後どれだけ足跡を残すだろうか――」。

清沢はこのころ、石橋湛山らとともに、連合国の戦後構想を横目でにらみつつ、日本が提案すべき「戦後国際機構を地域主義（リージョナリズム）の上におくか、それとも一般的国際主義（ジェネラル・インターナショナリズム）の上に置くか」を連日議論し、四五年初頭には石橋が「国際主義の上にたつ地域主義」の構想を外務省に提案するにいたる。

清沢の予言通り、戦前・戦中の「大東亜共栄圏」構想は戦後に何ものも遺さなかったが、「国際主義の上にたつ地域主義」の構想は、「開放的地域主義」や「開かれた地域主義」として戦後アジア太平洋外交の基調となるが、それが日本のイニシアティヴとしてアジア諸国に歓迎されることはなかった。日本盟主論的な大東亜共栄圏構想の再来として警戒されたこと、加えて、戦争の「負の遺産」が日本の外交姿勢を一層慎重なものとしていたことが要因である。

ところで、日本人の戦争観の形成にとって最初の試金石は賠

償問題であった。1950年代に始まるアジア諸国に対する賠償交渉が、双方の経済的利益を優先した「経済協力」という形で決着をみたことは、日本の復興とアジア諸国の経済発展には寄与したが、賠償に込められた戦争の責任や反省という意味を希薄化した。賠償と経済協力を切り離さなければ平和条約の賠償条項の趣旨に反するという議論は平和条約直後には新聞紙上にも見られたが、やがて肯定する議論の変貌してしまうのである。戦争の責任や謝罪という問題が、戦後しばらくの間、国民的規模の議論とならなかったのは、あるいは戦争賠償が経済協力の一環として処理されたことと無関係ではないかも知れない。

いずれにしても、戦争に対する日本人の一般的認識は、まずは「被害者」としての認識であり、隣接アジア諸国の人々の被害に及ぶことは稀であった。論壇の戦争責任論も、戦争の責任主体としての天皇や軍部といった日本国内の政治経済体制のあり方が論点となり、アジア諸国に対する責任や謝罪、すなわち「加害者」として主体のありか、といった問題意識自体が70年代にいたるまで極めて希薄であった。

こうした歴史認識の内容が国際的に問われることになったのは、1982年の教科書記述をめぐる紛糾に始まる80年代であった。戦争賠償が被害に対する物質的な補償をめぐる問題であったとすれば、その背景をなす歴史認識そのものが問われることになったのである。90年代に入ると、アジア太平洋地域における日本の国際的役割と責任の上昇という立場を背景に、日本政府は様々な形で「歴史和解戦略」を展開する。

「歴史和解戦略」を越えて

1992年末、宮沢喜一首相の諮問機関(「21世紀のアジア太平洋と日本を考える懇談会」)の報告書は、日本のアジア・太平洋諸地域との将来の関係構築にとって「過去に対する認識」の問題が重要な位置を占めるとして、次のように指摘している。これ

まで日本は「賠償の問題に国際ルールに従って誠実に対応してきたが、個人の被害について、人道的な理由で追加的な手当が必要となる場合には、これまでの処理との法的な整合性を前提としつつ、アジア太平洋地域の人々の心の痛みに理解をもって対応しなければならない。」

この報告書の背景には、政府間における外交的処理という次元を超えて、戦争責任や戦後補償といった課題に誠実に答えない限り、日本のアジア太平洋外交の発展もありえないという政府内外の認識の定着がある。村山内閣時の「平和友好交流計画」や、「アジア女性基金」の設立構想などは、こうした認識の延長線上に位置づけられよう。

1994年8月末に村山首相が提唱した「平和友好交流計画」は、アジアの近隣諸国との間に相互理解と信頼を築くためには「歴史を直視する」必要がある、との観点から、具体的に歴史資料の収集・保存・研究支援などの「歴史研究支援事業」、知的交流、青少年の交流を通じて各層の対話と相互理解を促進する「知的交流事業」などが盛り込まれた。これら事業規模は最終的に10年間で900億円、延べ60事業にも及んだ。とくに、国が保管する歴史資料をインターネットを通じて内外に公開する「アジア歴史資料センター」設立について、政府は「大きな成果」と位置づけている（「平和友好交流計画──10年間の活動報告」内閣官房副長官補室、2005年3月）。

一方、「アジア女性基金」を生み出した慰安婦問題は、1991年末、3人の元韓国人慰安婦が、国家補償を求めて東京地裁に提訴したことに発端がある。まもなく政府は関係省庁に所在する関係資料の調査に乗り出し、その調査結果を2回にわたって公表した。93年8月の調査結果の公表にあたって、河野官房長官は「当時の軍の関与の下に、多数の女性の名誉と尊厳を深く傷つけた問題である」と官憲の関与を認めた上で、「このような歴史の真実を回避することなく、むしろこれを歴史の教訓と

して直視していきたい。われわれは、歴史研究、歴史教育を通じて、このような問題を永く記憶にとどめ、同じ過ちを決して繰り返さないという固い決意を改めて表明する」と述べた。

1996年以降の教科書における慰安婦の記述の登場は、この河野談話が有力な根拠となっている。また、河野談話は「お詫びと反省の気持ち」を「我が国としてどのように表すか」という点で検討を約束していたが、村山内閣は「幅広い国民参加の途」を探求するという形でこれを継承し、橋本内閣時の95年7月、募金事業を主体とする「アジア女性基金」が発足した。事務的経費と医療福祉事業は国庫から支出し、元慰安婦に対する「償い金」の支給は民間募金に依存するという半官半民組織である。募金は予想を下回ったが4億円を越え、アジアの元慰安婦に「償い金」(200万円)の支給した。償い金の支給と併せて元慰安婦に渡される橋本首相名の書簡は、「心身にわたり癒し難い傷を負われたすべての方々に、こころからのおわびと反省の気持ちを申し上げます」と述べ、政府による明確な謝罪を表現している。今日の法的枠組のなかでは、政府として対応可能な最善の措置であるとされた。

しかしながら、慰安婦問題は、政府の「和解戦略」を越える展開を見せる。すなわち、アジア女性基金構想の発表を契機として、あくまでも国家補償を求める市民団体は、基金による「償い金」の支給を「筋違い」として批判していたが、その是非をめぐる議論を通じて、戦後補償問題や戦争責任問題の象徴と化して行くのである。慰安婦問題を含め、朝鮮人の強制労働、サハリン残留朝鮮人、最近では韓国人のBC級戦犯の問題、軍属や徴用者に対する賃金未払いなど、戦後補償にかかわる裁判の多くが敗訴するなかで、戦後補償問題に取り組む多くの市民団体が形成され、それらは新たな戦後補償立法を求める運動に発展する。1995年には「戦後補償立法を準備する弁護士の会」が発足し、「外国人戦後補償法試案」を発表した。新たな立法

措置やその前提として戦争被害者の全般的調査をもとめる運動は、民主党や公明党をも巻き込んで行く。

とくに、1997年11月に発足した「戦争被害調査会法を実現する市民会議」は、戦争被害調査会法制定を求める100万人署名運動、超党派の国会議員による国会議員懇談会の設置、「戦争被害調査会法案」の検討と提案といった運動目標を掲げ、98年9月には、超党派による「恒久平和のために真相究明法の成立を目指す国会議員連盟」の結成の推進力となった。

さらに、戦後補償問題は、国際的な人道・人権問題の取り組みの一環として位置付けられて行く。慰安婦問題が浮上した翌1992年12月、日本の市民団体は、国連人権委員会のなど人権問題関係者を招き「日本の戦後補償に関する国際公聴会」を開催しているが、この公聴会実行委員会が母体として93年に「日本の戦争責任資料センター」が設立され、政府による補償を前提に活発な調査活動を展開している。また、98年には、国連人権委員会「差別防止・少数者保護小委員会」は「マクドゥーガル特別報告書」を提出し、慰安婦問題について、日本政府に対して補償と関係者の処罰の必要性を指摘している。日本政府代表は同義的責任は認めつつも、アジア女性基金の取り組みなどを強調し、法的責任の受諾は拒絶した。

市民レベルの取り組みの代表例として、「女性国際戦犯法廷」(2000年12月)がある。この国際法廷は、国連北京女性会議の行動綱領に導かれ、国家に代わって市民社会が加害者を裁くという考え方、あるいは国際法の制定には国家だけではなく、市民社会が積極的役割を果たすという、「国際法の市民社会化」の潮流のなかで開廷されたものである。こうして慰安婦問題は、日本と東アジア諸国の枠を越え、普遍的な人権問題とし国際世論や市民社会の次元で扱われるようになる。

「歴史和解」のために

 ところで、「歴史問題」は実は国内問題でもある。そのことを明瞭に示したのは、「不戦決議」にいたる決定プロセスであった。政府の公式的な立場が細川内閣以来、「侵略戦争論」であるにしても、それを受け入れることは戦没者の冒涜につながるという、遺族会や支援団体・支援政党の主張は、政治的圧力となって「不戦決議」の内容を換骨奪胎させてしまうのである。対外的配慮を欠落させた閣僚の靖国参拝が続くのも、多くは国内的配慮の結果であり、「歴史問題」が噴出する根深い原因がそこにある。

 しかし、国内における「歴史和解」の困難性は、対外的な和解政策の行き詰まりを意味しない。「外圧」が国内の歴史摩擦の緩和や解消に有効であるとすれば、「外圧」を自らのものとして「歴史問題」に対処することが可能である。

 そのひとつが「近隣諸国条項」の積極的な活用にあろう。2001年4月、歴史教科書の検定結果の公表にあたって、「福田康夫官房長官のコメント」と「町村信孝文部科学大臣談話」が発表されている。いずれも予想される近隣諸国の反発を考慮したものであった。まず、福田長官のコメントは、日本の検定制度は、「国が特定の歴史認識や歴史観を確定するという性格のものではなく、検定決定を持って、その教科書の歴史認識や歴史観が政府の考えと一致するものと解されるべきものではない」とし、検定過程では、「近隣諸国から懸念が表明されたが検定は学習指導要領、並びにいわゆる『近隣諸国条項』を含む検定基準に基づき、厳正に行われた」と述べた。一方、町村談話も、検定基準のひとつとしての近隣諸国条項の趣旨を体して「国際理解と国際協調の見地から必要な配慮がなされている」と繰り返していた。

 しかし、例えば韓国の『光明日報』(2001年4月19日付)は、1986年の『新編日本史』は太平洋戦争を「アジア解放戦争」と

記述しており、文部省がこの教科書を合格させたことは「近隣条項の精神」に違反している、と指摘した。

このような批判に答えることは、特定の歴史観に立つ教科書の排除を意味し、それは国定教科書でなければ不可能ということになるが、検定そのものはむしろ逆の方向、検定の緩和の方向に進んでいるといえる。したがって、検定の合法性ではなく、やはり歴史記述の内容に及ばざるを得ない。つまり、近隣諸国条項は、他の検定基準とは異なり、国内的な歴史解釈によって適否を判断するのではなく、国際的な次元において検討されなければならない。

近隣諸国条項を受け入れる限り、同条項に従い「近隣アジア諸国との間の近現代の歴史事象」を「国際理解と国際協調」という見地から記述することになるが、そのためには、どのような歴史理解に立つべきなのか、深く検討することが必要である。具体的には、近隣の歴史家を交えた討論と研究が継続的に行われなければならないであろう（近藤孝弘「20年の喧繰と沈黙──日本で歴史教育を語ることの難しさ」船橋洋一編『いま歴史問題にどう取り組むか』岩波書店、2001年）。

このような努力はやがて中韓との「歴史和解」に道を拓くかも知れない。2001年の歴史教科書問題が起こってまもなく、韓国紙『ハンギョレ』（2001年5月10日付）は、「我々が歴史教科書の内容に重大な関心を寄せるのは過去にこだわるからではなく、未来を重視するためである」と述べたうえ、次のように韓国の教科書のあり方にも及んでいる。「日本側が韓国の教科書の記述内容を問題とするならば、論議を拒む理由はない。それが学者・専門家の討論を経て提示されるならば、真剣な検討対象にすべきである。」つまり、適切な議論の場を設けるならば、韓国史の教科書が国定となっている現行制度を変える問題も論議の視野に入ってくるというのである。

すでに台湾においては、植民地期の土地改良や調査事業、農

業改良事業、さらにインフラの整備など総督府の技術分野の努力が、解放後の経済発展の基礎を築いたとして日本の貢献を評価する教科書（『認識台湾』）が出現している。韓国や中国においてはこうした急激な変化は望めないとしても、共同研究を通じて多様な歴史解釈に接することは、中韓の市民社会の対日歴史認識や歴史戦略に変化をもたらすことが可能となろう。

新たな「歴史和解」政策

　細川内閣以来、歴代内閣の公的立場が「侵略戦争論」で一貫するものであるならば、公務員と国会議員の発言については「国益条項」という形で律することが考えられる。ドイツの刑法ではホロコーストを否定する発言を公の場で行うことを禁じているが、公職にある者は「歴史問題」が国益の問題であることを前提に、拘束力のある政策が必要である。船橋洋一氏が説くように「近隣諸国条項」を「国益条項」に抱合し、格上げする措置は有効かも知れない。言論の自由の問題との調整は難しいが、歴史問題が噴出し、外交関係を損なう危険性が絶えずあるとするならば、日本の行政や教育、言論はあまりにも無防備といえる。このような施策の運用を支える措置として、戦後補償にかかわる被害の実態調査を義務付ける部局の新設も考慮に値するであろう。

　さらに、政府の公式的な立場としての「侵略戦争論」は、戦没者の公的慰霊事業は、アジアの犠牲者の慰霊を含むものとする方向を有力な選択肢とするであろう。2001年10月、韓国を訪問した小泉首相に対して、金大中大統領は、靖国神社への公式参拝問題に関連し、内外の人々がわだかまりなく平和の祈りをささげる施設の建設を検討してはどうか、と提案した。小泉首相は、新たな慰霊施設の建設を積極的に検討すると答えた。この新たな慰霊施設は、どのようなものとなるかは明らかでないが、「無名戦士の墓」としての千鳥が淵戦没者墓苑の拡充もひ

とつの案であろう。この墓苑は、宗教的色彩を取り払い、日本人に限らずアジア諸国の戦没者も含めて慰霊する施設となりうる可能性をもっている。1993年8月15日の全国戦没者追悼式において、細川首相は、「アジア近隣諸国を始め全世界すべての戦争犠牲者とその遺族に対し、国境を越えて謹んで哀悼の意を表する」と述べており、そのような条件はすでに整っている。

　以上の提案は、「国際政治の倫理化」という国際関係における質的変化を踏まえたものであり、歴史問題を過去の反省や謝罪としてみるだけではなく、国際協調の課題としてとらえるという歴史問題パラダイムの転換を求めているのである（藤原帰一「抑止としての記憶――国際政治の倫理化とその逆説」『国際問題』第501号、2001年12月）。

　2003年12月の日本・ASEAN東京宣言以来、東アジア共同体構想が、政府を巻き込んで急進展している要因は、共同体への強い政治的意思というより、東南アジアを含む東アジア圏の実質的な経済統合の深まりである。

　とくに小泉内閣がEPA（経済連携協定）に熱心に取り組んでいるのは、EPAがFTA（自由貿易協定）を超え、国内の規制撤廃や経済制度の改革、すなわち東アジアを巻き込んだ構造改革を伴うからであるといえる。こうした東アジア諸国を巻き込んだ経済統合の進展が単純に「負の遺産」の清算を導くわけではない。市民レベルの交流拡大や歴史共同研究の支援などを通じて「歴史和解プロセス」を着実に進めると同時に、日本のイニシアテイヴによって歴史問題の極小化のためのメカニズムを作り上げる必要がある。

注：本稿の多くは、拙論「『歴史和解』への道標」（添谷芳秀・田所昌幸編『日本の東アジア構想』慶応大学出版会、2004年）及び「『負の遺産』の克服」（『外交時報』第1245号、1998年）に拠っている。

あとがき

　東アジア共同体を論じるのがブームとなった。共同体を語ることが夢物語以上のものでしかなかった数年前が嘘のようである。しかしいまこれを、一過的なブームに終わらせてはならない。根気強く新しい東アジア社会を創造していく課題に挑戦していくことが、今日ほど求められている時はない。

　先の敗戦で「奪亜入欧」の夢を打ち砕かれた日本は戦後の冷戦構造のなかで再び発展の軌道を突き進んだ。だが日本を除く東アジアの発展途上地域も、20世紀末には経済成長を達成し、特に中国や韓国の発展で、地域の政治経済の力学構造は根本的変化の過程に入った。情報技術の発達とグローバル化の波が、国境を越える新しい地域社会の創造を促したのである。その過程で浮き彫りにされてきたのが東アジア共同体である。経済成長で育ったアジアの人々のアイデンティティ、グローバル化する経済の不安定性と地域主義への認識の深まり、台頭する中国やASEAN市場の要因が重なり、東アジア共同体への関心が急速に高まったのである。

　共同体創設の課題はアジアの歴史における重要な選択だが、日本にあっても同様である。あたかも「アジアにあってアジアにない」曖昧な日本にとって、東アジア共同体の選択は重大な歴史的選択である。しかもいまであれば、そのアジアの選択において日本は大きな役割を果たすことができる。幸運にもわれわれはそうした歴史的局面にいる。ただ現実問題としてその実現のために、きわめて多面的で多様な問題を政策的にひとつひとつ確認し設計していかねばならない。その作業に少しでも資すべく私たちは、2003年末、アジア共同体研究会（代表　進藤榮一：http://www.s.soka.ac.jp/~ahayashi/asia/sindo.htm）を発足させた。以来、隔月1、2回の研究会と、時にシンポジウ

ムを開催し、今年3月にはソウルで日韓中の国際会議を開くまでに至った。

 そうしたなか、共同体論への否定的な言論も聞かれるようになった現実を踏まえ、その実現に向かって私たちの意見と研究成果を発表し表明しなければならないと企画したのが本書である。とはいえ多面的で多様な問題を扱うため研究会員以外にも、志を共にする多くの研究者、実務家、ジャーナリストの協力を得なければならなかった。それゆえ、基本構想と出版社との交渉は進藤が中心となり、平川がそれに全面協力する形で本書を刊行することになった。新宿東口のライオンで最初の構想を話し合ってから、優に3年近い歳月が流れたことになる。

 テーマの性格や問題の多面性に対処すべく、30名を超える多くの執筆者の献身的協力をいただいた。専門的内容を一般読者にわかり易い表現で書いていただくなど、限られた分量と時間のなかで無理な依頼をし、校正でも集中的作業をお願いしなければならなかった。ご協力賜ったことに改めて深謝します。また多数の原稿の収集では、アジア共同体研究会事務局長の林亮教授の助力を仰ぎました。

 日本経済評論社の安井梨恵子氏には、本書出版のため集中的な編集・校正作業をお願いしたが、見事にそれをこなしてくれた。刊行の意義を理解し、お引き受け下さった日本経済評論社に感謝すると共に、安井氏には深甚の御礼を申し上げます。

　　2006年4月5日　「中央アジア＋日本」対話・東京会議の日に

　　　　　　　　　　　　　　　　　　　進藤榮一・平川　均

執筆者紹介 (50音順、＊編著)
生年、勤務先・所属機関等、専門分野

岩浅昌幸 いわさ まさゆき
1964年生まれ。社会福祉法人慈陽会常任理事、成蹊大学講師。保健法政策学、公法学。

小野澤正喜 おのざわ まさき
1945年生まれ。筑波大学大学院人文社会科学研究科教授、地域研究研究科長。文化人類学、タイ研究、アジア系移民研究。

大日方純夫 おびなた すみお
1950年生まれ。早稲田大学文学学術院教授。日本近代史。

加々美光行 かがみ みつゆき
1944年生まれ。愛知大学現代中国学部教授、同国際中国学研究センター所長。現代中国論、東アジア国際政治論。

加藤朗 かとう あきら
1951年生まれ。桜美林大学国際学部国際学科教授。国際政治。

金子由芳 かねこ ゆか
1964年生まれ。神戸大学大学院国際協力研究科教授。アジア経済法。

上川孝夫 かみかわ たかお
1950年生まれ。横浜国立大学経済学部国際経済学科教授。国際金融論、金融論。

姜英之 かん よんじ
1947年生まれ。北陸大学未来創造学部教授。東アジア国際関係論、韓国・北朝鮮経済研究。

黒川修司 くろかわ しゅうじ
1949年生まれ。東京女子大学現代文化学部地域文化学科教授。国際政治学、平和研究。

後藤康浩 ごとう やすひろ
1958年生まれ。日本経済新聞論説委員兼編集委員。エネルギー問題、産業論。

佐渡友哲 さどとも てつ
1948年生まれ。日本大学法学部政治経済学科教授。国際関係論。

澤井安勇 さわい やすお
1944年生まれ。総合研究開発機構(NIRA)理事、法政大学大学院・帝京大学客員教授。都市政策、公共政策。

朱建栄 しゅ けんえい
1957年生まれ。東洋学園大学人文学部国際文化学科教授。国際関係論、中国現代史。

首藤もと子 しゅとう もとこ
1953年生まれ。筑波大学大学院人文社会科学研究科教授。国際関係論(東南アジア)。

白石昌也 しらいし まさや
1947年生まれ。早稲田大学大学院アジア太平洋研究科教授。国際関係論。

進藤榮一＊ しんどう えいいち
1939年生まれ。筑波大学名誉教授、江戸川大学教授、東アジア共同体評議会(CEAC)有識者議員。国際公共政策論。

鈴木隆 すずき りゅう
1974年生まれ。作新学院大学総合政策学部総合政策学科助教授。国際政治経済学、アジア政治論。

趙佑鎮　ちょう　うじん
1966年生まれ。青森公立大学経営経済学部助教授。マーケティング、ベンチャー支援制度研究。

堤雅彦　つつみ　まさひこ
1968年生まれ。内閣府計量分析室参事官補佐。国際経済学、開発経済学。

豊田隆　とよだ　たかし
1947年生まれ。東京農工大学大学院共生科学技術研究院教授。農業経済学、国際地域開発政策学。

鳥居高　とりい　たかし
1962年生まれ。明治大学商学部教授。東南アジア地域研究（マレーシア、ブルネイを中心に）。

萩原伸次郎　はぎわら　しんじろう
1947年生まれ。横浜国立大学経済学部国際経済学科教授。現代アメリカ経済政策史。

波多野澄雄　はたの　すみお
1947年生まれ。筑波大学大学院人文社会科学研究科教授。日本政治外交史。

林亮　はやし　あきら
1955年生まれ。創価大学文学部社会学科教授。国際関係論、現代中国・安全保障問題。

平川均* 　ひらかわ　ひとし
1948年生まれ。名古屋大学大学院経済学研究科附属国際経済政策研究センター教授。アジア経済論、国際経済論。

広井良典　ひろい　よしのり
1961年生まれ。千葉大学法経学部総合政策学科教授。社会保障、公共政策。

廣吉勝治　ひろよし　かつじ
1946年生まれ。北海道大学大学院水産科学研究院教授。漁業経済学。

丸川知雄　まるかわ　ともお
1964年生まれ。東京大学社会科学研究所助教授。中国経済。

箕輪真理　みのわ　まり
1957年生まれ。筑波大学大学院人文社会科学研究科国際政治経済学専攻助教授。開発経済学。

安田英土　やすだ　ひでと
1967年生まれ。江戸川大学社会学部経営社会学科助教授。イノベーション・マネジメント。

山下英次　やました　えいじ
1947年生まれ。大阪市立大学大学院経済学研究科教授、東アジア共同体評議会（CEAC）有識者議員。国際通貨システムの再構築、ヨーロッパに学ぶアジア地域統合。

尹文九　ゆん　むんぐ
1962年生まれ。東京福祉大学社会福祉学部社会福祉学科助教授。福祉政策、高齢者福祉。

李鋼哲　り　こうてつ
1959年生まれ。総合研究開発機構（NIRA）国際研究交流部主任研究員、中国黒龍江大学経済管理学院教授。国際開発金融論、東北アジア経済論。

李志東　り　しとう
1962年生まれ。長岡技術科学大学経営情報系助教授。エネルギー経済論、環境経済論。

李鍾元　りー　じょんうぉん
1953年生まれ。立教大学法学部教授。国際政治。

東アジア共同体を設計する

2006年6月24日　初版第1刷発行　定価（本体2000円＋税）

編者　進藤榮一・平川均
発行者　栗原哲也
発行所　株式会社日本経済評論社
〒101-0051　東京都千代田区神田神保町3-2
電話　03（3230）1661
Fax　03（3265）2993
振替　00130-3-157198

装幀者　静野あゆみ
印刷　株式会社文昇堂
製本　根本製本株式会社

Ⓒ SHINDO Eiichi　HIRAKAWA Hitoshi　2006 Printed in Japan
四六判（19.4cm）　総ページ336
ISBN4-8188-1875-5
日本経済評論社ホームページ　http://www.nikkeihyo.co.jp/

・本書の複製権・譲渡権・公衆送信権（送信能化権を含む）は株式会社日本経済評論社が保有します。
・JCLS 〈㈱日本著作出版権管理システム委託出版物〉
本書の無断複写は著作権法上での例外を除き禁じられています。複写される場合は、そのつど事前に、㈱日本著作出版権管理システム（電話　03-3817-5670、FAX 03-3815-8199、e-mail: info@jcls.co.jp）の許可を得てください。

乱丁・落丁本のお取り替えは小社まで直接お送りください。

国際公共政策叢書

[全20巻]

総編集：進藤榮一

- ❶ 公共政策への招待　　進藤榮一編
- ② 国際公共政策　　　　進藤榮一著
- ③ 政治改革政策　　　　住沢博紀著
- ④ 環境政策　　　　　　植田和弘著
- ⑤ エネルギー政策　　　長谷川公一著
- ⑥ 科学技術・情報政策　増田祐司著
- ❼ 通商産業政策　　　　萩原伸次郎著
- ⑧ 金融政策　　　　　　上川孝夫著
- ❾ 中小企業政策　　　　黒瀬直宏著
- ❿ 農業政策　　　　　　豊田隆著
- ⑪ 労働政策　　　　　　五十嵐仁著
- ⑫ 地域政策　　　　　　岡田知弘著
- ⑬ 都市政策　　　　　　竹内佐和子著
- ⑭ 福祉政策　　　　　　宮本太郎著
- ⑮ 教育政策　　　　　　苅谷剛彦著
- ⑯ 自治体政策　　　　　藪野祐三著
- ⑰ 外交政策　　　　　　小林誠著
- ⑱ 安全保障政策　　　　山本武彦著
- ⑲ 開発援助政策　　　　平川均著
- ⓴ 国連政策　　　　　　河辺一郎著

白抜き数字は既刊

四六判上製・各巻平均200頁，本体価格2000円

日本経済評論社